中国人民大学书报资料中心重要转载来源

CHINA TOURISM REVIEW 2021. NO.3

中国旅游评论：

2021第三辑

中国旅游研究院 主编

中国旅游出版社

目　录

专题研究

论城乡融合进程中的休闲共享

戴　斌①
（中国旅游研究院，北京 100005）

一、新时代城乡居民对美好生活的向往，推进休闲权利的均等化和休闲产业的高质量发展

休闲均等化是城乡融合发展战略的必然要求。习近平总书记多次就城乡融合发表重要讲话："要把乡村振兴战略这篇大文章做好，必须走城乡融合发展之路。我们一开始就没有提城市化，而是提城镇化，目的就是促进城乡融合""要建立健全城乡基本公共服务均等化的体制机制，推动公共服务向农村延伸、社会事业向农村覆盖"[1]。"要推动城乡融合发展见实效，健全城乡融合发展体制机制，促进农业转移人口市民化。要把县域作为城乡融合发展的重要切入点，赋予县级更多资源整合使用的自主权，强化县城综合服务能力"[2]。党的十九大对城乡融合做出了重大决策部署，党的十九届五中全会明确提出要建设一批文化特色鲜明的国家级旅游城市和街区。在全面建成小康社会，全面开启社会主义国家现代化建设新征程的今天，保障城乡居民的旅游休闲权利，满足人民群众对美好生活的新期待，是"十四五"期间各级党委、政府的重点工作，也是各类投资机构和市场主体的战略机遇。长期以来，我国城市与乡村在经济社会发展水平，城乡居民在生活水平、发展机会、旅游休闲的获得感方面存在明显的差距，而且这种差距在短期内看不到明显的缩小迹象。在事关全局性的若干重大关系中，城乡发展不平衡仍是最大的不平衡，农村发展不充分仍是最大的不充分。城乡融合发展是破解新时代社会主要矛盾、解决发展不平衡不充分问题的胜负手。从城乡关系层面看，解决发展不平衡不充分问题，必须更加重视新型城镇化，积极推进乡村振兴。城镇和乡村是互促共进、共生共存的，城镇化是城乡协调发展的过程，不能以农业萎缩、乡村凋敝、农民休闲权益的弱化为代价。弱乡村不可能有强中国，要实现"两个一百年"奋斗目标及乡村振兴战略愿景，需顺应城乡融合大趋势，重塑新时代城乡关系，同步提升农村居民和城市居民的旅游休闲所承载的生活质量。为此，既要引导城市到乡村去旅游、居住和休闲，也要鼓励农村居民到区域中心城镇和大城市去旅游、居住和休闲，更要在文化、体育、科技、教育等领域向县域中心镇村提供更多的公共服务，建设更多更好的文化场馆。

经济社会发展为城乡居民休闲权利提供了根本保障和现实基础。改革开放以来，特

① 此文为戴斌院长近期带领研究团队就"新发展阶段的国民休闲"进行专题调研，与政府机构和企事业单位进行座谈研讨时的专题发言。

别是党的十八大以来，我国经济社会高速发展，人民生活水平稳步改善，持续向好，作为美好生活重要选项的休闲产业获得了长足进步。无论是休闲氛围、休闲政策，还是休闲参与度、休闲综合效应，都取得了令人瞩目的发展成绩。全面建成小康社会以后，国民休闲将迎来迅猛发展和大幅提升的新阶段。“仓廪实而知礼节，衣食足而知荣辱”，解决了“两不愁、三保障”以后，以精神享受和文化消费为代表的休闲活动成为生活水平高不高、内需动能新不新、创业创新活跃不活跃的重要指标。当前，国民休闲的人口基数和消费基础空前扩大，线上和线下文化消费已经深度嵌入城乡居民的日常生活场景。中国旅游研究院（文化和旅游部数据中心）的最新调查显示：超过 50% 的受访者在线体验了歌剧、舞剧、音乐会、博物馆、美术馆的云展演和云展出，并愿意付出一定的费用。从实体空间和线下休闲体验来看，57% 的受访者走进博物馆、美术馆、文化馆、图书馆等公共文化场馆，60% 的受访者有都市商圈和休闲街区的体验经历，48% 的受访者去了城市郊区和乡村旅游[3]。与此同时，国民休闲需求更趋个性化和多样化，公共服务更趋于均等化，市场供给方式更加灵活，发展效能更高质量。

旅游业助力休闲进入国民大众的日常生活，外来游客和本地居民共享美好生活新空间。按照旅游发展基本规律和国际经验，国家和地区人均年出游率低于 3 次，处于旅游发展的早期阶段，旅游是少数人的生活选项。人均年出游 3~5 次，旅游发展进入内涵式增长阶段，旅游开始成为大众的日常生活方式，旅游和休闲需求旺盛。人均年出游 5 次以上，标志着所在国家和地区旅游发展进入成熟阶段，更加多元、更多层次的消费需求将被释放出来。2019 年，我国已经形成 60.06 亿人次，6.63 万亿元总收入的国内旅游市场规模，人均年出游近 4.3 次[4]，进入了大众旅游全面发展新阶段。与此同时，休闲已成为城乡居民的基本诉求。60.06 亿人次国内出游人数中，初次出游的仅占 15% 左右，约 50 亿人次是“老”旅游者所形成的常规旅游行为，这意味着国民出游习惯已经养成。据中国旅游研究院（文化和旅游部数据中心）测算，2021 年劳动节五天假期，全国旅游出游 2.3 亿人次，其中农村居民占到出游总数的 14.5%。如果算上县城和中心城镇居民，这一比重还会更高，充分说明了旅游休闲领域的消费升级和市场下沉的时代特征。在异国他乡的行程中，旅游者当然要欣赏美丽风景，更要共享当地居民的休闲空间并深度体验目的地美好生活。事实上，公共文化和休闲场景已经成为旅游目的地竞争的关键要素，也是旅游业高质量发展和市场主体创业创新的全新动能。

二、城乡融合、休闲共享的经验与误区

城乡融合离不开包容共享的休闲空间，城市休闲既要重视项目建设和场景营造，更要关注休闲资源的平等、开放和包容。基础设施、公共服务和商业环境所构成的美好生活新空间，已经成为现代城市的共同追求，也是城乡居民幸福感、获得感和满意度的关键支撑。2002 年，杭州西湖率先实施免门票模式，还湖于民，还湖于游客，西湖被游客称为“全国性价比最高的 5A 级景区”。全国很多城市公园已经或者正在进行开放和共享

导向的更新改造，将绿地、绿道、广场和公园等休闲空间还给市民和游客。越来越多的城市坚持以人民为中心的发展理念，将公共空间和休闲活动的尺度变得更加宜人。宽阔的街道和宏伟的建筑是城市发展的要素，却不是城市休闲的全部。无论是街区景观小品的建设，还是消费业态的培育，越来越多的城市有意识地降低空间规划的集中度，分散融入市民的休闲空间。澳门本岛仅有 9.39 平方千米，城市道路平均宽度只有 9.7 米，道路交叉口平均间距仅 129.39 米；绿地斑块量多体小，平均斑块面积仅 669.73 平方米，平均每平方千米多达 230 个，城市休闲资源已完全融入居民的日常生活中。城市管理者和社会各界共同认识到：世界级旅游城市和国家级旅游休闲街区，并不取决于其全部资源服务少数人的力度，而取决于公共服务和商业环境服务多数市民的温度，取决于对外来游客的开放、包容和满意度。在香港、在深圳，在澳门、在珠海，在广州、在粤港澳大湾区的每一座城市，我都能看见政府和社会对历史文化的保护、传承与活化，对市井百态的包容和人间烟火的欣赏，以至于经常能够在现代化的广场上遇到操着乡音销售地方特产的乡村居民。这种无所不在的开放，真诚而自然的包容，才是城市休闲的本质，才是旅游品质的源泉。

乡村休闲重在农业产品的产业化赋能和基础设施的休闲利用。无论是从客源地、目的地，还是集散地的角度，城市一直都处于我国旅游经济和休闲活动的主导地位，并深刻影响了农村休闲的价值取向和发展方向。在乡村振兴战略框架下，我们有必要对农业生产环境进行休闲化改造，积极发展休闲农业、观光农业。近年来，我国休闲农业规模迅速扩大，已经成为农村三产融合的重要载体。湖南省实施休闲农业与乡村旅游精品工程，开展休闲农业示范创建工作，涌现大批休闲农业示范农庄和休闲农业集聚发展示范村。2019 年，全省休闲农业经营主体达 2 万家，接待游客超 2 亿人次，经营总收入达 480 亿元，为乡村产业振兴提供了有力支撑。在乡村旅游发展体系中，要重视农村居住环境的休闲化改造，稳步发展乡村民宿业态和庄园经济模式。当城市居民的乡愁情结逐步转化成市场动能，当乡村生活成为平行于城市的品质空间，常态化的乡村休闲便具有了市场基础和现实可能。每逢周末和节假日，北京市民就会携家带口走进近郊的青山绿水间的传统村落，住民宿、品民俗，农民也在乡村休闲游的市场中谋发展、得收益，城市和乡村以休闲的名义实现了融合发展和现代化转型。2019 年“十一”黄金周，北京市怀柔区就实现了精品民宿户均收入 3.7 万元、平均出租率 80% 的可观效益。在新型城镇化的进程中，要对乡村的生活环境特别是公共服务体系进行现代化提升，营造高品质的休闲环境。从美丽风景到美好生活是国内旅游的发展趋势，也是农村休闲发展的宏观基础。通过基础设施建设、农村环境整治、美丽乡村建设等配套完善，农村的文化休闲开始向城市社区看齐，越来越多的农民住在村里就能享受城市的文化场景。主客共享的美好生活和休闲氛围的形成，构建了乡村休闲和乡村旅游长远发展的现实基础。

我们还要看到，非均衡的公共供给、不充分的商业服务、传统的治理体系还在制约城乡融合和休闲共享。片面追求投资增量与硬件扩充的粗放发展方式，造成了城市生产、生活与休闲空间的隔离。为了留下主政者的印记，有的城市盲目追求标志性建筑、大而无当的公共空间、宽阔笔直的街道。一届政府一张图，拆了建建了拆，城市功能破碎了、文脉断裂了、生活与休闲空间脱节了，宜居宜游的休闲空间也就不存在了。有的城市无视城市发展的历史基础和现实条件的差异，你有的我也要有，你上的我也上，同质化发展和恶性竞争现象明显。有的城市过于倚重历史文化等传统资源禀赋，忽视微观层面的居民与游客共享休闲空间的营造，导致项目建设有空间无项目，有项目无内容，有内容无消费场景。

我们还要看到，城乡规划分割体制造成了休闲供给的结构性失衡，制约了城乡融合和共同富裕。重城市、轻乡村的规划体系，导致资源、项目和服务既无法流通，也无法共享。城市规划体系包含公园、绿地、影剧院、图书馆等文化和休闲设施，乡村规划则普遍存在有新房没新村、有新村没新貌的现象，基础设施、休闲场所和公共服务布局整体上缺乏科学指引。以规划为指引的项目和资金不到位，客观上导致了休闲供给的空间失衡。过分倚重城市而忽视农民的基本休闲需求，导致了城乡休闲市场的非均衡发展。农村的休闲发展，长期以城市居民为市场目标，很少顾及农民自身的休闲需求。调查表明，农民休闲活动种类单一，看电视、打牌、走亲访友、串门聊天成为主要的休闲内容；休闲方式低俗化倾向明显，村口小卖部成了“休闲中心”，打麻将、推牌九，围观者数十众，甚至赌博靡然成风；大部分农村虽根据国家规定建设有文化站、图书室、村活动室等文化馆所，大多无人问津、处于空置。农村居民无法通过积极休闲提升生活品质，只能通过消极休闲打发时光，进一步强化了文化洼地的位势。由于缺乏本地休闲市场的需求，乡村旅游休闲目的地建设呈现出明显的“钟摆效应”，旺季门庭若市，淡季则门可罗雀。

三、培育城乡融合、主客共享的休闲生活新空间，助力旅游业高质量发展

在国家《“十四五”文化和旅游发展规划》、世界级旅游城市、世界级旅游景区和度假区、国家级旅游休闲城市和街区建设体系中，进一步提升国民休闲的战略摆位，进一步彰显旅游休闲的关联带动作用。随着大众旅游的全面发展，我们即将迎来小康旅游和国民休闲的新时代。当旅游成为人民群众的日常生活选项，休闲更是以不可逆转的态势加速融入新型城镇化和乡村振兴的发展体系。休闲时间的增加、休闲消费的升级和休闲品质的提高，已经成为全面小康时代美好生活的重要指标，这是国民经济持续健康发展的必然结果，也是全面建设社会主义现代化国家的内在要求。此次新冠肺炎疫情发生以来，早期的居家防控阶段，出门休闲被阻断，人们只能以线上线下相结合的方式居家休闲。中期的防控型复工阶段，远距离出游趋于谨慎，国民休闲和周边游成了人们亲近自然、舒缓疫情带来的焦虑情绪的主要方式。人民对文化消费、精神享受和旅游休闲的美好新生活的向往，如同春天播下的种子，已经在这块美丽的土地上展现了旺盛的生机和

活力，田园荒芜的时光一去不复返了。

国民经济和社会发展的综合管理部门正在制定面向新时代的国民休闲发展规划，文化和旅游、体育、电影、广播电视、新闻出版等行政主管部门也在总结和提炼地方和企业的发展经验，并加强对各地国民休闲的指导工作。城市的休闲供给不只为城市居民服务，农村的休闲供给也不只为农民服务，城镇和乡村是互促共进、共生共存的有机整体，休闲供给要共建共享。粤港澳大湾区、长三角、京津冀、长江中游、关中、中原和成渝等城市群已经成为休闲市场培育、产业链条延展、生态系统创新的重点区域。在国民休闲规划颁布实施后，宜抓紧研制城市群休闲协同发展规划，重点解决城市和村镇公共服务均等化、休闲服务品质和休闲治理体系现代化等现实课题。

坚持城市融合、主客共享的新发展理念，切实做好城乡休闲的空间开放、交通互连和服务链接。立足大众旅游全面发展、智慧休闲落地生根的新阶段，坚持城乡融合、主客共享的新发展理念，面向国内大循环为主体、国际国内双循环相互促进的新发展格局，稳步有序地推进国民休闲大发展。在满足城市居民的休闲基础上，城市要以更加包容的态度对待农民的城市休闲需求。在承接市民休闲溢出的乡村旅游发展体系中，更加注重农村居民的休闲意识觉醒、休闲权益保障和休闲服务供给。重点做好外地居民的休闲增量与本地居民的休闲需求存量的叠加趋势，统筹推进自然环境与社会环境的融合、村容村貌和公共卫生的现代化改造、公共文化的建设、非物质文化遗产的传承与利用工作。需要指出的是，推进国民休闲高质量发展，并不意味着一定要走小众、高端、奢华路线，而是紧紧依托城乡居民的日常生活，打造一批可亲近、可感受、可触摸的休闲新空间和新场景。多元共生的价值观和生活方式，将成为城乡融合和共同富裕的新引擎。

以城乡居民的获得感和满意度为导向，稳步推进城乡融合和休闲共享。旅游目的地是生活环境的总和，城市和乡村的空间布局、基础设施、公共服务、生态环境等社会要素，都影响着休闲环境的品质、休闲服务的获得感和游客满意度。城乡融合好不好，休闲品质高不高，老百姓最有发言权，要耐心细致地倾听基层和一线的声音。为此，要做好休闲需求的统计、调查和研究工作，千万不能弄成“你给的不是我要的，我要的你却给不了”的局面。空间融合后的城市与乡村不是对立的，也不是都市以摊大饼的方式对乡村空间的蚕食，而是看得见山、望得见水、记得住乡愁的组团式布局和融合式发展。城市的交通、科技、教育、文化、新基建等基础设施和公共平台向乡村延伸，医疗和社会保障互联互通，如此一来，农村将不再是城市的对立，而是另一种高品质的生活空间。对于粤港澳大湾区这样的城市群而言，休闲规划的重点不在于“有没有”“缺不缺”，而在于“好不好”“精不精”；休闲发展的突破口不在于场馆和设施，而在于内容和品质；休闲创新的方向不在于增量拉动，而在于存量优化。要相信人民群众的判断力，更要相信市场力量和企业家精神，一旦政策指明了方向，数据昭示了发展的前景，供给就会满足需求、创造需求和引领需求的。为此，我们需要静下心来倾听市民的声音和游客的诉求，充分发挥市场的力量，释放更多的休闲新需求，培育更多的休闲新业态。

一个国民休闲的时代已经到来，它是人民的权利，是政府的责任，也是投资机构和市场主体的机遇。无论是旧资源，还是新物种，只要与民族复兴和人民幸福的中国梦相向而行，都将大有可为，大有作为！

注释：

[1] 2018年9月21日，习近平在十九届中央政治局第八次集体学习时的讲话。

[2] 2020年12月28—29日，习近平在中央农村工作会议的讲话。

[3] 见2021年7月9日中国旅游研究院（文化和旅游部数据中心）官方网站、官方微信，《2021年上半年全国文化消费数据报告》。

[4] 数据来源于文化和旅游部官方网站的《2021年文化和旅游发展统计公报》。

基于IPA模型的乡村旅游地居民对旅游发展满意度分析

王海弘[1]，沈　茜[2]，倪秀茹[2]
（1. 中国旅游研究院，北京 100005；
2. 辽宁大学商学院，辽宁 沈阳 110136）

摘　要：本文以乡村旅游地发展现状为背景，通过对辽宁省本溪市本溪满族自治县参与乡村旅游发展的308位村民进行调查，采用重要性—绩效分析法（IPA分析法），探究乡村旅游地居民对旅游发展的满意度。揭示了乡村旅游目的地发展效应与乡村旅游地居民的预期的差距，其中获得经济收入、进行与旅游相关的商品经营活动、改变生活方式三个因素是今后乡村旅游目的地发展的重点。

关键词：旅游发展；旅游地居民；满意度；IPA分析法

一、引言

经济发展问题是各国共同关心的话题，实践证明，乡村旅游的发展能显著带动农村区域经济发展。早在20世纪80年代，我国就开始通过乡村旅游来解决农村经济增长较慢、居民人均收入低下、产业形式单一等问题。随着共同富裕的到来，国内旅游市场更加繁荣，基于旅游地居民视角的旅游发展满意度研究也越来越受到学者们的重视。旅游行业进入壁垒低的特点恰好能使经济基础薄弱、技术水平不高、文化程度较低的乡村居民找到发展之路；同时，在乡村旅游服务层面，居民是主体之一，以乡村旅游地居民为研究对象是从根本解决景区游客满意度不高的有效途径，进而促进乡村旅游发展更好更快地进行。

因此，基于乡村旅游地居民的视角对旅游发展满意度进行实证研究，有利于提高旅游规划的针对性和科学性。本研究通过构建乡村旅游地居民满意度评价指标，对乡村旅游地旅游发展满意度进行评价。并运用IPA分析法（重要性—绩效分析法），深入分析影响当地居民对旅游发展满意度的要素，确定乡村旅游目的地旅游发展优势及问题所在，提出相关解决方案，并为乡村旅游景区开发建设以及旅游发展规划提供理论参考与支持。

1977年，作为营销分析方法之一的重要性—绩效分析法由两位国外学者首先提出，该分析方法之后逐渐被运用到航空、酒店、旅游等研究领域。IPA分析法被广泛应用于分析消费者满意度与产品服务质量方面，通过分析结果来改进产品与服务，但应用在乡

［基金项目］辽宁省社会科学规划基金重点项目“乡村旅游视角下辽宁农民创业绩效问题研究”（L18AJL005）。

［作者简介］王海弘（1982—），女，辽宁清原人，中国旅游研究院博士后，研究方向为乡村旅游，E-mail：770323583@qq.com；倪秀茹（1994—），女，辽宁开原人，辽宁大学商学院硕士，研究方向为旅游服务营销，E-mail：2447349603@qq.com；沈茜（1993—），女，黑龙江绥化人，辽宁大学商学院硕士，研究方向为旅游营销，E-mail：572390649@qq.com。

村旅游满意度评价方面的研究较少。因此，本研究以乡村旅游地居民旅游发展满意度评价为主体研究对象，使用 IPA 分析法对其进行实证研究，深入剖析乡村旅游目的地旅游发展优势及问题，提高 IPA 分析法在旅游行业的普适性与应用度，丰富基于居民视角的旅游发展满意度评价的研究成果。同时基于此研究提高乡村旅游目的地的旅游总体竞争力，促进中国乡村旅游的发展。

二、调查与样本分析方法

（一）研究设计

本研究以乡村旅游地居民为调查对象展开调查，鉴于本文测试的是参与过旅游发展的乡村旅游地居民的实际感受，调查对象不包括在乡村旅游目的地进行旅游的外乡游客，也不包含在景区工作的外来务工人员。在本研究中的相关分析数据主要来源为问卷调查，即通过问卷设计将乡村旅游地居民对旅游发展的具体感受量化，通过量化数据来体现被调查对象对乡村旅游地旅游发展的满意度。

调查问卷包括以下两部分内容：一是人口统计特征相关的内容，包括年龄、性别、职业、婚姻、受教育程度以及年收入 6 项内容；二是旅游发展要素对乡村旅游地居民的重要程度以及具体表现的调查。本文的研究变量主要采用李克特（Likert R A）5 点式量表进行测量，采用以往研究中已被实证检验过的成熟量表，具体测量方法如下。

重要程度评价中，“1”为“非常不重要”，“5”为“非常重要”，表示被调查对象对旅游发展满意度影响因素的重视程度；实际表现评分中也使用 5 点式量表，“1”对应“非常不满意”，“5”对应“非常满意”，表示被调查对象对相关因素在实际发展过程表现中的具体评价。

本研究在通过与旅游领域专家和景区管理部门在影响乡村旅游地居民满意度要素上进行交流与访谈，最终确定 22 项乡村旅游地居民对旅游发展的满意度的影响因素，并进行了相关项目先导研究，在 2018 年 3 月初对 20 名村民进行预调查，并在预调查基础上改进问卷结构设计，以确保问卷评价要素的有效性和合理性。

（二）数据采集

本研究数据收集时间集中在 2018 年 4—5 月，主要在辽宁省本溪满族自治县这个旅游发展较为典型的地区发放问卷。本次调研随机发放 350 份问卷，共计回收问卷 324 份，剔除无效问卷（超过两个数据缺失或所有题目选择相同选项即视为无效）16 份，剩余有效问卷 308 份，有效回收率为 95.06%。将问卷收回后，对数据进行整理，通过 SPSS 24.0 数据分析软件对问卷进行信度分析，同时运用描述性统计分析对被调查者的基本信息进行分析，并对参与到旅游发展过程中的乡村旅游地居民满意度影响因素重要程度进行排序。根据 22 个指标的实际表现值及其重要性的计算值，最终形成 IPA 定位模型图。

（三）分析方法

首先，本研究采用了相关性检验分析，力求分析出乡村旅游地居民自述的旅游发展要素满意度和重要性的相关性。其次，采用频数、平均值和标准偏差等描述性分析，对乡村旅游地居民对各项旅游发展项目相关的认知度进行了测量。本文应用 IPA 分析法的步骤分为 3 步：第一步是确定数据的重要性中值与实际表现的中值，并基于中值建立坐标轴；第二步为建立 IPA 定位模型图，并将 22 项指标以坐标形式反映到模型图中，从而对比得出引申重要性和自述重要性数据之间的差异。

三、乡村旅游地居民对旅游发展满意度的 IPA 分析

（一）样本人口及社会学特征分析

在本次调查的 308 份样本中（表 1），男性占比为 48.05%，女性占比为 51.95%，比例较为平衡，女性略多于男性；年龄结构以中青年为主，30~39 岁、40~49 岁、50~59 岁 3 个年龄段分别占比 24.68%、39.29%、18.18%，18 岁及以下和 60 岁及以上年龄段的样本较少，大致符合旅游发展中从业者的年龄段分布；从年收入分布情况来看，被调查者以低收入与中等收入者为主，高收入者比重较小，2800~3 万元收入层占样本的 52.27%、3 万 ~8 万元收入层占样本的 22.08%；学历构成方面，被调查者以中等学历为主，高中占比 25.00%，初中占比 37.67%；在职业构成方面，被调查者中农民为第一职业类群，占比为 40.58%，景区工作人员及其他为第二职业类群，分别占比 19.49%、20.78%，私营业主（旅社、餐馆、农家乐等）占比 10.39% 为第三职业类群，运输人员、商品销售其他职业均有一定的样本分布，但占比都不高，表明乡村旅游地居民人口职业类型多样，旅游业的发展带动了一部分人从事旅游相关行业。

表 1 人口统计特征

项目		基本情况		项目		项目状况	
		人数	百分比（%）			人数	百分比（%）
性别	男	160	48.05	年收入	2800 元及以下	56	18.18
	女	148	51.95		2800~3 万元	161	52.27
年龄	18 岁及以下	4	1.30		3 万 ~8 万元	68	22.08
	19~29 岁	39	12.66		8 万元及以上	23	7.47
	30~39 岁	76	24.68	婚姻状况	未婚	59	19.16
	40~49 岁	121	39.29		已婚（无孩子）	8	2.59
	50~59 岁	56	18.18		已婚（有孩子，孩子 18 岁以下）	136	44.16
	60 岁及以上	12	3.89		已婚（有孩子，孩子 18 岁及以上）	105	34.09

续表

项目		基本情况		项目		项目状况	
		人数	百分比（%）			人数	百分比（%）
文化程度	未上学	24	7.79	职业	农民	125	40.58
	小学	20	6.49		运输人员	16	5.19
	初中	116	37.67		景区工作人员	60	19.49
	高中	77	25.00		私营业主（旅社、餐馆、农家乐等）	32	10.39
	大专	23	7.47		商品销售	11	3.57
	大学本科及以上	48	15.58		其他	64	20.78

（二）信度与效度分析

本研究运用 SPSS24.0 对 308 份样本进行了 Cronbach's α 系数检验，总问卷 Cronbach's α 系数值为 0.961，符合社会科学研究中对 α 系数的相关要求，即应高于 0.6 的基准值，这说明样本通过一致性检测，问卷的信度较高。其中重要性的 Cronbach's α 系数值为 0.975，满意度的 Cronbach's α 系数值为 0.979，结果表明，问卷的重要性与满意度的测量指标高度一致，具有较高的信度。

（三）乡村旅游地居民对旅游发展满意度影响因素重要性及满意度排序

为了反映被调查者心目中各影响因素的重要性，本研究分别计算了乡村旅游地居民对各影响因素重要性评价的均值。由表 2 可知，绝大部分影响因素重要性获得了调查对象的较高评价，评价均值分布在 3.56~3.99，介于“一般”和“比较重要”之间，这表明调查对象较重视相关影响因素。

通过排序重要性均值可知，其分值自高向低分别为“改善了当地基础设施（水电交通）”“加强了对外界的了解”“意识到教育的重要性”“生活更有保障”“增加就业机会”“提高了生活质量”“获得经济收入”“有更多挣钱方法”“农产品更加好卖”“更愿意居住在家乡”“当地领导者思想进步”“开展相关经营活动时资金更充裕”“进行与旅游相关的商品经营活动”“改变生活方式”“思想观念进步”“意识到致富不能只看眼前利益”“政策实施更加公平”“具有风险意识并认为成功需要承担一定的风险”，以上数据分析结果体现了乡村旅游地居民的具体利益要求，即对旅游发展实际效果有着较高的期望，希望旅游发展能够真正提高其生活水平，从而实现长远发展。

相比之下，其对“种地必要性下降”“参与到景区的开发规划中”“参与相关政策的制定过程中”“更少在乎同村人的想法”四个因素的重要性评价较低，处于“比较不重要”和“一般”之间，这是因为政策的制定以及景区开发规划更多的是政府的工作任务且需要相关的专业背景，而乡村旅游地居民受制于知识储备，因此其未深切感受到这些因素对旅游发展满意度的重要程度。而种地必要性以及同村人的想法是与乡村旅游地居民的日常生活息息相关，这两个因素的变化并不会明显地提高或降低居民对旅游发展的满意度。

总体上，各影响因素满意度的评价获得了乡村旅游地居民较高的评价，满意度平均分值介于 2.49~3.99，调查对象满意度排名靠前的因素为“改善了当地基础设施（水电交通）”“加强了对外界的了解”“生活更有保障”“意识到教育的重要性”“更愿意居住在家乡”“农产品更加好卖”，且这些因素之间的差值较小，这说明乡村居民对这些要素的认同度高，乡村旅游地在通过旅游改善当地环境、增加当地就业机会、加强文化交流等方面的努力得到了当地居民的普遍认同。

评价较低的 4 个因素为“种地必要性下降”“参与到景区的开发规划中”“参与到景区相关政策的制定过程中”“更少在乎同村人的想法”，这说明，尽管在重要性评价中，乡村旅游地居民对于这四个因素没有给予较高评价，但其却成为影响满意度的重要因素。且这 4 个因素分值之间差值较大，这说明调查对象评价差异相对较大，这主要是因为调查对象年龄差距以及职业类型的不同，进而导致对旅游发展过程中相关部门与乡村旅游地居民充分沟通、充分尊重其意愿、代表其利益有着不同的敏感度和感知。

表 2　影响因素重要程度及满意程度排序

重要性排名	影响因素	重要性均值	满意度均值	表现性排名
1	改善了当地基础设施（水电交通）	3.99	3.99	1
2	加强了对外界的了解	3.97	3.89	2
3	意识到教育重要性	3.96	3.85	4
4	生活更有保障	3.94	3.88	3
5	增加就业机会	3.90	3.68	11
6	提高了生活质量	3.84	3.74	8
7	获得经济收入	3.84	3.57	13
8	有更多挣钱方法	3.83	3.75	7
9	农产品更加好卖	3.82	3.82	6
10	更愿意居住在家乡	3.79	3.84	5
11	当地领导者思想进步	3.78	3.72	10
12	开展相关经营活动时资金更充裕	3.75	3.73	9
13	进行与旅游相关的经营活动	3.73	3.52	17
14	改变生活方式	3.71	3.47	18
15	思想观念进步	3.65	3.57	14
16	意识到致富不能只看眼前利益	3.62	3.56	15
17	政策实施更加公平	3.61	3.64	12
18	具有一定风险意识并认为成功需要承担一定风的险	3.56	3.55	16
19	种地必要性下降	3.36	2.88	21

续表

重要性排名	影响因素	重要性均值	满意度均值	表现性排名
20	参与到景区的开发规划中	3.29	3.38	19
21	参与到景区相关政策制定过程中	3.19	3.18	20
22	更少在乎同村人的想法	2.52	2.49	22

（四）IPA 分析

研究中选用 22 个观测项目，综合考察乡村旅游地居民对当地旅游发展的满意程度。根据测量结果，重要性和表现性的总体均值分别为 3.67 和 3.58。由此确定重要性与表现性在点（3.67，3.58）处交叉，并依据此交叉点形成了 IPA 分析模型的四个象限。如图 1 所示，第一象限包含观测项目数量为 11 个，第二象限包含 1 个，第三象限包含 7 个，第四象限包含 3 个，在此基础上，进一步运用 T 检验来配对样本，从而体现调查对象对问卷中题项重要性和表现性认知的差异。

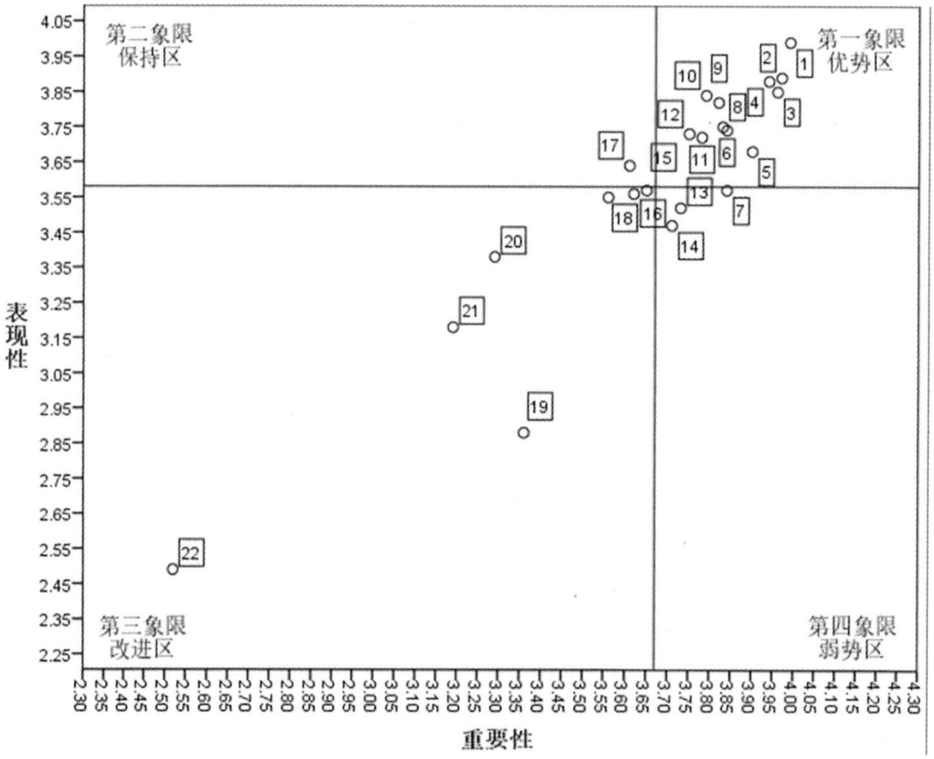

图 1　旅游发展满意度重要性与表现性 IPA 模型

注：1. 改善了当地基础设施（水电交通）；2. 加强了对外界的了解；3. 意识到教育重要性；4. 生活更有保障；5. 增加就业机会；6. 提高了生活质量；7. 获得经济收入；8. 有更多挣钱方法；9. 农产品更加好卖；10. 更愿意居住在家乡；11. 当地领导者思想进步；12. 开展相关经营活动时资金更充裕；13. 进行与旅游相关的经营活动；14. 改变生活方式；15. 思想观念进步；16. 意识到致富不能只看眼前利益；17. 政策实施更加公平；18. 具有风险意识并认为成功需要承担一定的风险；19. 种地必要性下降；20. 参与到景区的开发规划中；21. 参与到景区相关政策的制定过程中；22. 更少在乎同村人的想法

如表 3 所示，第一象限（优势区）：根据 IPA 模型显示结果，第一象限中包含 11 组观测项目，分别是“改善了当地基础设施（水电交通）”［t 值为 0，p 值为 1（$p > 0.05$）］、“加强对外界的了解”［t 值为 -1.0，p 值为 0.3（$p > 0.05$）］、“生活更有保障”［t 值为 -0.5，p 值为 0.62（$p > 0.05$）］、“意识到教育重要性”［t 值为 -0.1，p 值为 0.31（$p > 0.05$）］、“更愿意居住在家乡”［t 值为 0.6，p 值为 0.58（$p > 0.05$）］、“农产品更加好卖”［t 值为 0，p 值为 1（$p > 0.05$）］、“有更多挣钱方法”［t 值为 -0.7，p 值为 0.47（$p > 0.05$）］、“提高了生活质量”［t 值为 -1.1，p 值为 0.29（$p > 0.05$）］、“开展相关经营活动时资金更充裕”［t 值为 -0.1，p 值为 0.9（$p > 0.05$）］、“当地领导者思想进步”［t 值为 -0.5，p 值为 0.6（$p > 0.05$）］、“增加就业机会”［t 值为 -1.7，p 值为 0.09（$p > 0.05$）］，根据 IPA 分析原理，表明在乡村旅游地居民的心目中对这些要素的重要性感知和满意度评价之间没有显著性差异，也就是说乡村旅游地居民对以上方面的表现是比较满意的，是乡村旅游地发展的保持项目与优势所在。

表 3 影响因素重要性与满意度的差异比较

满意度影响因素观测变量	P–I 均值差	t 值	双尾 p 值
第一象限	优势区		
改善了当地基础设施（水电交通）	0	0	1
加强对外界的了解	–0.08	–1.0	0.3
生活更有保障	–0.06	–0.5	0.62
意识到教育重要性	–0.11	–1.0	0.31
更愿意居住在家乡	0.05	0.6	0.58
农产品更加好卖	0	0	1
有更多挣钱方法	–0.08	–0.7	0.47
提高了生活质量	–0.10	–1.1	0.29
开展相关经营活动时资金更充裕	–0.02	–0.1	0.9
当地领导者思想进步	–0.06	–0.5	0.6
增加就业机会	–0.22	–1.7	0.09
第二象限	保持区		
政策实施更加公平	0.03	0.2	0.84
第三象限	改进区		
思想观念进步	–0.08	–0.8	0.4
意识到致富不能只看眼前利益	–0.06	–0.5	0.65
具有风险意识并认为成功需要承担一定的风险	–0.01	–0.10	0.92
参与到景区的开发规划中	0.09	0.57	0.56
参与到景区相关政策的制定过程	–0.01	–0.09	0.93
种地必要性下降	–0.48	–2.3	0.03

续表

满意度影响因素观测变量	P–I 均值差	t 值	双尾 p 值
更少在乎同村人的想法	−0.03	−0.2	0.86
第四象限	弱势区		
获得经济收入	−0.27	−1.98	0.05
进行与旅游相关的经营活动	−0.21	−1.89	0.06
改变生活方式	−0.24	−2.11	0.04

第二象限（保持区）：从 IPA 定位模型中可以看出，使“政策实施更加公平”这一变量位于第二象限区域。位于第二象限的被观测变量相对于第一象限来说重要性较低，但是对乡村旅游地居民的发展满意度有一定作用，实际的表现高于第一象限。从表 3 差异分析可知，“政策实施更加公平”的 t 值为 0.2，p 值为 0.84（p ＞ 0.05），这表明乡村旅游地居民对该变量重要性与表现性评价差距较小。从均值差来看，表现性则大于重要性，说明“政策实施更加公平”这一因素在乡村旅游地居民对旅游发展满意度影响因素中较为重要，并且实际取得了较高乡村旅游地居民的满意度，是提高旅游发展满意度的积极因素，需继续保持。

第三象限（改进区）：从 IPA 定位模型中可以看出，位于第三象限的 TDI 观测变量共有 7 组，分别是“思想观念进步”“意识到致富不能只看眼前利益”“具有风险意识并认为成功需要承担一定的风险”“参与到景区的开发规划中”“参与旅游相关政策的制定过程中”“种地必要性下降”“更少在乎同村人的想法”。根据分析原理，位于该象限的观测变量重要程度低，并且在旅游发展过程中的表现性也较差。其中“种地必要性下降”的 t=−2.3，p=0.03 ＜ 0.05，数值表明乡村旅游地居民对这一变量并不看重，但由于这一变量的实际感知明显低于心理预期水平，仍需积极改进实际效果以提高满意度。

第四象限（弱势区）：根据 IPA 定位模型图观察到，共有 3 组 TDI 观测变量存在于第四象限中，即“获得经济收入”（t=−1.98，p=0.05 ≤ 0. 05）、“进行与旅游相关的经营活动”（t=−1.89，p=0.06 ＞ 0. 05）、“改变生活方式”（t=−2.11，p =0.04 ＜ 0.05）。根据 IPA 分析法的分析原理，以上数据表明乡村旅游地居民对“获得经济收入”“改变生活方式”两个影响因素的满意度显著低于重要性。即在乡村旅游地居民心目中，以上两个因素非常重要，但乡村旅游发展工作在这两方面的实际表现却欠佳，不能达到乡村旅游地居民的预期，进而导致满意度低。这反映了乡村旅游地发展亟待解决的问题：①旅游发展带动经济收入增加程度不显著。虽然乡村旅游的发展为部分乡村旅游地居民提供了就业机会，但收入增加比例不大，这可能与乡村旅游地居民对旅游发展的认知不足与相关行业技能缺乏有关。②乡村旅游地居民对旅游发展改变生活方式的感知与其期望差距显著，这可能与乡村旅游开发并没有深入当地村民生活中有关，旅游活动的开展并未实现与当地村民生活密切相关。基于此，应把这三个要素尤其是“获得经济收入”“改变生活方式”作为乡村旅游发展的重点。

四、小结

本研究以乡村旅游地居民为创新调查对象进行实证分析，可以为以后相关领域研究提供全新的视角和参考，研究分析过程和结果可以为有关决策的制定提供理论支持和参考依据。

本文运用 IPA 分析法对乡村旅游地居民旅游发展满意度进行了实证分析。通过对 22 项影响因素的分析得出，乡村旅游发展实际效果与影响得到了乡村居民的肯定，其中“改善了当地基础设施”“加强对外界的了解”“生活更有保障”“意识到教育重要性”“更愿意居住在家乡”“农产品更加好卖”“有更多挣钱方法”“提高了生活质量”“增加就业机会”“当地领导者思想进步”“开展相关经营活动时资金更充裕”11 项 TDI 观测变量是目前乡村旅游发展的优势影响因素。乡村旅游地居民对其中 9 项优势影响因素的重要性与表现性感知基本一致，但是对“意识到教育重要性”“增加就业机会”的感知低于预期，这意味着乡村旅游地相关部门在旅游发展过程中教育与就业指导投入力度欠佳，在今后旅游发展工作中应重点关注教育与就业领域。

近年来，乡村旅游发展取得了较大成果，大部分乡村旅游地居民支持当地旅游发展。但综合来看，乡村旅游地居民对相关旅游发展项目的满意度低于重要性的特征，说明乡村旅游发展对于实现乡村居民满意度提高的目标还有一定差距，旅游发展还有较多工作要做。本文从乡村旅游地居民视角出发，基于 IPA 分析法对其满意度进行研究，有助于旅游发展相关措施的科学落实与精准实施，有助于乡村旅游发展效果的提升，促进区域旅游业快速发展，从而带来更好的社会效果。从多角度进一步完善旅游发展满意度评价指标体系是进一步研究的具体方向。同时，研究可能存在影响因素选取不全面、忽略部分要素指标的问题，其中的不足会在今后的研究与实践中补足与完善。

参考文献

［1］陈旭.IPA分析法的修正及其在游客满意度研究的应用［J］.旅游学刊，2013，28（11）：59–66.

［2］程溪苹，孙虎.基于IPA方法的中国历史文化名城游客满意度分析——以韩城市为例［J］.资源科学，2012，34（7）：1318–1324.

［3］崔曦，麻学锋.旅游地居民感知度、满意度对其旅游态度的影响机制——以张家界为例［J］.西安财经学院学报，2014，27（4）：91–96.

［4］范香花，程励.共享视角下乡村旅游社区居民旅游支持度的复杂性——基于fsQCA方法的分析［J］.旅游学刊，2020，35（4）：36–50.

［5］郭安禧，郭英之，李海军，等.居民旅游影响感知对支持旅游开发的影响——生活质量和社区依恋的作用［J］.经济管理，2018，40（2）：162–175.

［6］郭安禧，郭英之，王红兵，等.旅游地居民生活质量量表开发与实证检验［J］.地域研究与开发，

2020，39（1）：100–106.

［7］黄德林，樊玉瑶.基于社区居民满意度的景区开发与管理质量研究［J］.旅游学刊，2018，33（3）：98–104.

［8］贯衍菊，李昂，刘瑞，等.乡村旅游地居民政府信任对旅游发展支持度的影响——地方依恋的调节效应［J］.中国人口·资源与环境，2021，31（3）：171–183.

［9］李海娥.基于游客视角的旅游地主客交往行为研究［J］.学习与实践，2015（4）：67–73.

［10］李瑞，吴殿廷，殷红梅，等.民族村寨旅游地居民满意度影响机理模型与实证——以社区、政府和企业力量导向模式的比较研究［J］.地理学报，2016，71（8）：1416–1435.

［11］宋子斌，安应民，郑佩.旅游目的地形象之IPA分析——以西安居民对海南旅游目的地形象感知为例［J］.旅游学刊，2006（10）：26–32.

［12］粟路军，唐彬礼.旅游地居民生活质量：研究回顾与未来展望［J］.旅游学刊，2020，35（6）：78–95.

［13］王莉敏.基于城乡居民需要的乡村休闲旅游项目选择与开发研究［J］.农业经济，2020（3）：42–44.

［14］吴净.旅游可持续发展的指标体系构建及其评价——以青岛为例的实证研究［J］.经济问题探索，2013（10）：64–70.

［15］吴云青，张再生，蔡为民.城乡建设用地增减挂钩区农户满意度的IPA分析——以天津市华明镇为例［J］.东北大学学报（社会科学版），2013，15（2）：175–181.

［16］许娟，程励.复杂性视角下乡村旅游地居民旅游满意度研究［J］.人文地理，2020，35（6）：149–160.

［17］杨延风.基于IPA分析的乡村旅游餐饮服务满意度评价实证研究——以陕西袁家村为例［J］.资源开发与市场，2018，34（3）：408–412，366.

［18］叶小青，朱跃波.乡村振兴背景下旅游社区居民生活质量感知实证研究［J］.湖北社会科学，2020（12）：58–70.

［19］余勇，田金霞.基于IPA分析的旅游目的地形象感知研究——以武陵源风景名胜区为例［J］.资源开发与市场，2011，27（12）：1128–1131，1142.

［20］张大钊，马秋芳，赵振斌.乡村旅游地居民相对剥夺感的前因和后果研究：基于个体心理学视角［J］.人文地理，2020，35（4）：32–39，98.

［21］张欣然.社区居民对都市近郊乡村旅游影响的感知与态度的实证研究——以成都花香果居景区为例［J］.中国农业资源与区划，2016，37（12）：243–248.

［22］章杰宽，姬梅，朱普选.国外旅游可持续发展研究进展述评［J］.中国人口·资源与环境，2013，23（4）：139–146.

［23］赵承华.乡村旅游推动乡村振兴战略实施的机制与对策探析［J］.农业经济，2020（1）：52–54.

［24］周永博，魏向东，梁峰.基于IPA的旅游目的地意象整合营销传播——两个江南水乡古镇的案例研究［J］.旅游学刊，2013，28（9）：53–60.

新田园主义视域下田园综合体规划路径与启示
——以桂林市“雁鸣乡思”田园综合体为例

赵　耀

（桂林旅游学院，广西 桂林 541006）

摘　要：田园综合体规划建设是新时代背景下乡村振兴的重要抓手，对加强“三农”工作有着重要的现实意义，本文通过系统探讨新田园主义所倡导的理念和其内涵，并针对当前田园综合体规划中存在的误区来进一步阐明新田园主义理念如何在田园综合体规划建设中发挥作用，并以此带给我们三个方面的启示：田园综合体的规划建设要体现“三农”特征、要以乡村情怀来重塑田园风格、要以落地运营来实现乡村治理。

关键词：新田园主义；田园综合体；规划路径

乡村振兴战略的提出推动了众多以乡村风貌改造、农业产业现代化、城乡有机融合等为发展方向的改革。2017 年 2 月，中央一号文件首次提出了“田园综合体”的概念，“支持有条件的乡村建设以农民合作社为主要载体、让农民充分参与和受益，集循环农业、创意农业和农事体验于一体的田园综合体，通过农业综合开发等渠道开展试点示范”[1]。随后，国内各地广泛开展了田园综合体建设的探索，如何从战略层面更好地将乡村资源打造成为适应市场发展需要的多元化特色产业，从而有效盘活大量的农村土地资源，促进乡村振兴战略的实施，这成为国内各地田园综合体建设实践努力解决的问题，其中最为关键的环节是需要一套系统化的顶层设计与实施方案作为后续工作开展的蓝图。

一、新田园主义的理论内涵分析

（一）新田园主义的概念

新田园主义最早源自西方国家对乡村经济和乡村生活方式的开发，它强调的是一种崇尚与自然和谐相处、不受外界干扰的生存发展状态，是一种诗意栖居地的向往。随着追求新兴、美好乡村生活理念的扩散，新田园主义的思想也逐渐丰富完善起来。现代汉语词典中对“田园”的解释是风光自然的乡村，不同于中国古人所追求的超然出世，具有浪漫主义的田园意境。新田园主义是后工业化社会背景下综合开发利用乡村资源的一种产业融合实践理念，它遵循的是一整套系统化的规划、设计、建设、运营思维，它唤

［基金项目］国家社会科学基金项目《滇桂黔民族地区乡村旅游精准扶贫效果评估及长效机制构建研究》（编号：17BMZ094）阶段成果；广西教育科学规划 2021 年度课题——广西应用型旅游本科院校服务乡村振兴战略的路径研究（2021B150）阶段成果。

［作者简介］赵耀（1981—），河南扶沟人，硕士，副教授，桂林旅游学院专任教师，研究方向为旅游经济与乡村旅游，E-mail：zhaoa006@qq.com。

起了现代都市人群对乡村生活的向往并随着其发展不断深入呈现出越来越丰富多彩的内容[2]。

（二）新田园主义概念下的田园综合体

从新田园主义的理念来看，现代田园综合体的建设是对其核心要义的一次实践，只不过是其更强调的是在产业融合、对接三农发展的基础上实现驱动经济循环可持续发展，实现城乡互动和环境保护。随着全国性田园综合体建设工作的全面展开，当前社会各界对田园综合体的关注与讨论已经有了初步的认识与判断，众多学者也逐渐开展了对田园综合体的研究，这些研究主要集中以下几个方面：①政策和建设要求的解读。比如张诚作为国内田园综合体的实践者，他认为乡村通过发展现代农业和旅游业才能更好地应对城乡二元结构的困境，并以田园东方综合体的建设实践来进一步说明如何推动城乡经济协调发展[2]；郑健壮对田园综合体的基本内涵、主要类型及建设内容进行了探讨[3]，主要涉及规划编制的内容和标准、建设个案的探讨等方面。②规划设计方案与策略。如黄亚平等对华中地区田园综合体类型谱系及规划策略进行了分析[4]；李泉、张雨、吴振芳均从各自的研究实际对田园综合体规划建设进行了解读[5-7]。③建设标准与评估规范。部分地方不仅出台了有关田园综合体建设的要求和评定政策，而且通过发布地方标准进一步规范田园综合体建设活动的开展，如 2018 年广西壮族自治区住建部门组织编制并发布了工程建设地方标准《田园综合体建设规范（2018）》，同年山东省也陆续发布了《田园综合体建设规范总则》（DB 37/T 31771—2018）、《田园综合体建设规范规划编制指南》（DB 37/T 31772—2018）两个地方标准，江西省也在 2019 年发布了《田园综合体建设规范》的地方标准，可以看到各地都将田园综合体的建设视为推动乡村振兴战略的有力抓手，并且进行了大量的投入，至于这些投入产生了什么样的效果，还需要假以时日进行验证。

二、田园综合体建设的内涵要求

（一）强调农业底色与现代科技的结合

党的十九大、十九届三中、四中全会明确提出要加强农业科技社会化服务体系建设，不断增加农业科技的有效供给，建设田园综合体应该在促进农业产业现代化的同时增强农业产品科技含量，推动园区建设主体采用较高的田园生产效率和农业科技服务水平，通过以点带面的示范效应来进一步提升农业产业的整体发展质量。

（二）注重田园风光与人居环境的结合

现代的都市人因种种压力渴望摆脱钢筋混凝土的城市丛林，向往诗意盎然的乡村生活，但是又无法忍受隔绝网络、失去城市便利设施等这样颠覆性工作生活状态改变。因此，未来的乡村既要有乡土气息，又要有现代魅力，在保持田园特色的同时实现良好的居住、休闲功能体验，生产与生活的衔接更加地顺畅，从发展趋势来看，田园综合体将成为城乡基础设施提升与公共服务均等化的有力载体，在人文与自然的前提下做好乡村的现代化，并且在乡村景观的营造上更加突出自然法则，以乡村美学来展现乡野生活的闲致。

（三）主张三产有机融合与可持续性发展

田园综合体的建设是将一二三产业有机融合的良好契机。第一产业可以实现农牧结合、种养循环，形成良好的综合利用循环系统。第二产业不是单纯地利用初级农产品进行精加工，而是更加地面向消费市场，如为旅游消费者提供便携化、多样化的旅游商品。第三产业主要是“旅游 +”，以旅游消费者为中心，构建集住宿、交通、餐饮、休闲、购物等多业态有机融合的产业聚集，这是今后田园综合体打通生产与消费有效连通的关键环节，也是当前消费型社会发展的需要。有助于推动其构建内外部的双循环系统，保障其实现可持续性发展（图 1）。

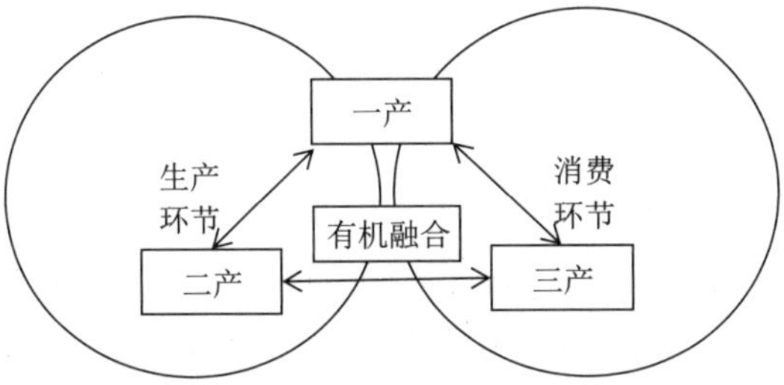

图 1　三产融合循环过程示意

（四）注重旅游先导与开放共享的结合

优美宜人的田园风景是新田园主义致力打造的画卷，一方面是开展旅游活动的基础，健康有序的旅游活动有效促进田园综合体各类产品的生产销售以及业态的丰富完善，尤其是对于旅游资源丰富或是依托良好旅游客源市场的区域来说，以旅游为先导推动“三产”持续互动，构建农副产品在地化、多渠道、高附加值的发展方式，是整合利用多方资源、实现综合效益的关键要素，从另一方面来看，田园综合体的建设成果尽可能多地惠及项目区内及周边区域乡村社区，同时也是带给游客不一样的欣赏与体验。

三、田园综合体的规划路径与策略

（一）田园综合体的规划误区

1. 政策衔接不够有效

国家层面、省级层面乃至地级市层面相继出台了针对田园综合体建设的相关政策促进措施，然而这些政策在衔接过程中出现了异化，从地方建设田园综合体的实际来看，这种异化一方面主要表现在不同层面对如何建设具有地方特色的田园综合体所关注的内容和重点有所差异。比如，国家层面更强调政策的保障与制度的创新，并希望能通过各地的建设实践来总结一套成熟的模式进行推广；而地方层面则对田园综合体主题特色与实际发展效果更为关注，主要表现在产业带动效应与土地价值的综合利用。另一方面，异化本身让地方在执行国家政策的过程中存在材料阐释的现象，如通过制作材料来描述对田园综合体建设的设想，而不是真正去打造。这些异化必然影响政策执行的效果。

2. 功能定位不够清晰

从田园综合体建设的主体功能来看，三产融合与三生协调是主旋律，在此基础上地方宜结合实际来凸显田园综合体的特色与魅力。然而，在实践中发现一部分田园综合体项目的功能定位较为单一，综合性不高，虽然田园综合体建设的重点依然是特色农业产业的现代化，但是如何利用产业融合发展的理念来整合地方资源，形成面向市场的多样化产品供给能力还需要因地制宜地采取多种手段和措施。这其中，旅游导向型的土地利用和产品开发成为产业融合发展的一个重要方向，也是多地在田园综合体建设过程中比较重视的一个关键点。当然，也有部分专家学者提出要防止将田园综合体建设成为旅游综合体[4]，这种观点具有一定的积极意义，但依然要结合地方经济发展的实际需求，既不能搞一刀切，也不要脱离其建设发展的初衷。

3. 产品体系没有突出地方特色

在产品体系规划中，很多田园综合体一方面比较偏重农业为主的产品设计，但另一方面这种偏重往往是将其他地方的产品直接移植过来，没有有效挖掘自身的特点和优势，容易造成水土不服。从供给侧改革的角度来看，田园综合体的规划建设是对土地价值的一次全方位的开发利用，其所打造的产品类型除了围绕特色农业做文章之外，更要关注农旅产品、生态产品、精深加工产品等二、三产业相关产品的开发。这种开发一定是体现其主导产业特色、地方文化特色、开发模式特色，从而区别于其他田园综合体而独树一帜。

4. 管理运营机制不够灵活

田园综合体的建设遵循“政府引导、企业参与、市场化运营”的总体思路，走市场化道路就需要一个具有一定实力的企业来主导整个田园综合体的运营实施，在实际的打造过程中，往往出现由政府作为主要的建设与实施方，企业参与度不高、市场化程度不高的情形，在一定程度上影响了田园综合体建设进度的综合效益。另外，一些地方没有针对田园综合体的建设提出有针对性的土地利用细则，影响了项目的落地与运营。因此，全面拓展田园综合体的管理机制，采取创业基金、PPP 模式、股份资本等多样化的运营方式有利于进一步推动田园综合体的建设实施。

（二）新田园主义理念下的规划实践

1. “雁鸣乡思”田园综合体基本概况

项目选址位于雁山区大埠乡李汕坪村委及周边区域，项目区涉及李汕坪村、平立山村、李家湾、都贵村以及灵口村，人口 1481 人，规划总面积约 537.1 公顷，李汕坪村土质非常好，目前正在大力发展优质果蔬种植产业，其中萝卜、凉薯等农产品品质优良，其次，村内大量种植了砂糖橘，通过发展果蔬种植，李汕坪村经济产业发展良好（图 2）。

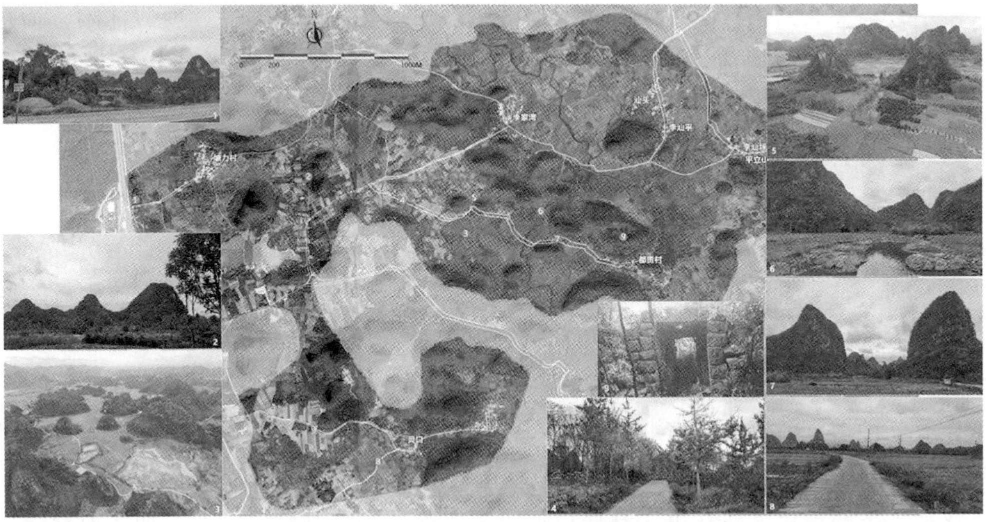

图 2 “雁鸣乡思”田园综合体现状分析

2. 新田园主义理念下的规划路径

（1）政策上

系统梳理中央一号文件以及广西壮族自治区人民政府有关田园综合体的文件精神，从推动农业供给侧改革、破解城乡二元结构、推进农村城镇化和加快农村现代化以及提高财政支农效果的战略高度，充分认识田园综合体建设的重要性；将国家、自治区和桂林市的田园综合体政策方案进行衔接，为雁山“雁鸣乡思”田园综合体建设提供政策保障和资金保障。

（2）功能上

注重在新田园主义理念下的综合功能打造（图 3），主要依托高品质的山水田园生态环境、以田园养生度假旅游为旅游核心客群，以桂林传统民俗文化为内涵，以“特色农业 + 田园社区”的模式进行乡村整体提升，通过“田园休闲”“田园养生”“田园产业”

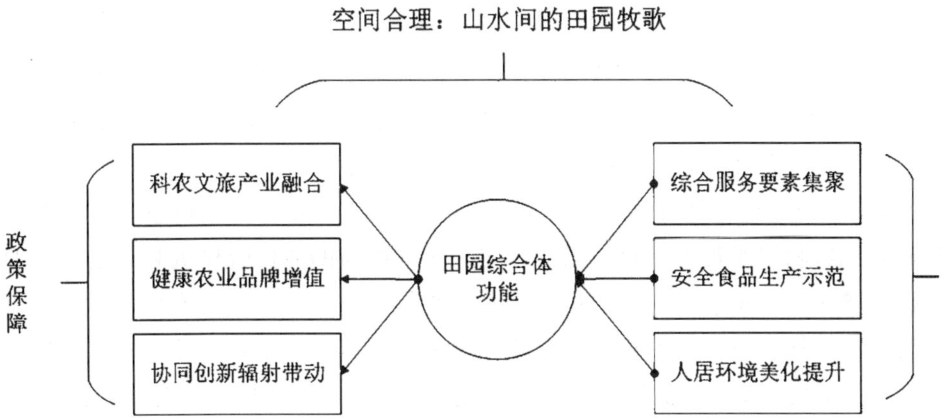

图 3　功能分析

的有机结合与关联共生，实现生态农业产业、乡村研学、修身养性、度假休闲、治疗疾病、颐养天年、田园居住等复合功能，建设田园果蔬文化展览馆和现代农业示范基地，打造成为独具桂林特色的田园康养度假农旅综合体。

（3）空间上

按照农业与农村、生产与生活融合发展要求，结合项目资源分布实际情况，以“一核两廊三区”为项目的总体空间布局。空间布局遵循“适度集聚，产业融汇，产品聚生”的总体原则，整体景观系统上形成“田园相依，城乡共融，天人和谐，农旅生辉”的格局。“一核”是利用规划区都贵村的中心区位和农业资源，将其作为规划区的核心，周边各主要功能片区、景观节点和特色村落有机结合，形成完整的田园综合体。“三区”分别是依托蔬菜种植产业资源打造北部高效农业生产示范区、依托雁山骑行绿道等资源打造南部乡村休闲拓展区、依托农业种植示范基地打造农业景观引导区。“两廊”分别是以桂阳公路进入李汕坪村道路和进入都贵村道路为农业休闲景观廊道、通过加强道路绿化和导览标识形成完善的旅游景观。

（4）产品上

田园综合体建设发展初期往往会借助休闲项目来进一步盘活乡村土地价值，推动农业产业的可持续发展，随着经营的逐步深入，在产品体系上，“雁鸣乡思”田园综合体一方面注重与市场的衔接，园区周边毗邻多个旅游景区和度假区，具有较大的客流优势，可以通过差异化的项目建设来分流客源；通过项目建设既要满足现实的消费需求，同时也积极引导消费的趋势。另一方面比较注重突出“农业 + 文化”“农业 + 创意”“农业 + 科技”“农业 + 康养”“农业 + 大数据”等多样化的内容，以农业产业集群和休闲产业集群来逐步形成农业体验、科普研学、食农教育、文化创意、乡村运动、民俗休闲、康养度假、美食体验八大业态，满足不同层次消费偏好，打造具有可持续性、可转化性、可营利性的田园产品体系（图 4）。

（5）机制上

以国家政策为指导，因地制宜，不断优化管理体制机制。从地方观的视角来看，田园综合体的名称必定要突显其地方特色和产业主题，以此来形成自身鲜明的文化符号。从市场化运作的角度来看，在地方政府总体引导的前提下，以行之有效地促进政策来吸引龙头企业广泛参与地方田园综合体的综合开发与建设，通过进一步丰富企业参与田园综合体开发的形式与渠道来提升田园综合体运营管理的活力。

“雁鸣乡思”田园综合体在建设中注重开发企业、合作社和农民利益联结机制的形成，构建由规划区村民委员会、合作组织、龙头企业参与的股份合作机制。建设管理股份制公司设立董事会，董事由村民委员会、合作组织、龙头企业负责人组成，设立董事长和监事各一人。运营过程中的重大事项均须董事会决策，再由董事长组织落实各组成机构团体执行。形成村集体组织、合作组织、龙头企业等共同参与，再通过村集体组织、农民合作社等渠道让农民参与田园综合体建设管理机制，盘活田园综合体内存量资源，调动各方积极性，激发田园综合体建设和运行内生动力。

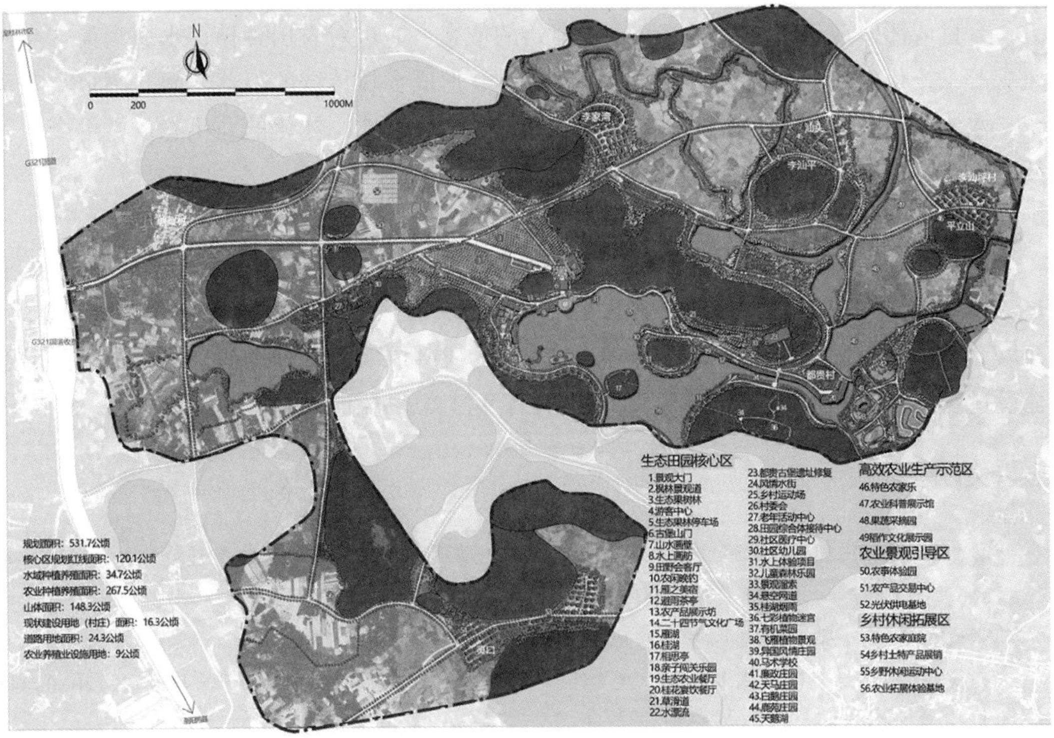

图 4 “雁鸣乡思”田园综合体总平面图

四、结论与启示

（一）结论

随着乡村振兴战略的深入开展，新田园主义的理念依然会随之发生新的变化，但其所追寻的诗意栖居地的目标将保持相对的稳定。田园综合体是一二三产业融合发展的升级载体，它的规划建设符合中国传统农耕社会的文化环境和自然环境，将进一步激活乡村价值，给都市生活的人群带来更强的归属感，也表明了田园综合体的规划建设就是回归乡村、振兴乡村的一场革命。

（二）启示

1. 田园综合体的规划建设要体现“三农”特征

从总体上看，新田园主义也要求与“三农”加强联系，因此在规划过程中要提出针对“三农”方面的主要措施。农村方面，规划注重乡村基础设施和人居环境的改善，实现乡村现代化和新型城镇化的联动发展，打造要“乡村＋休闲＋社区”的生态圈；农业方面，规划注重整合产业链来发展新兴特色农业、科技农业和绿色农业，提升效率和附加值；农民方面，通过乡村创客孵化计划和园区内部岗位机制来保障农民充分就业，实现从传统农民到新型农民和乡村创客的转变。

2. 田园综合体的规划要以乡村情怀来重塑田园风格

乡村情怀体现了对乡土环境和乡土建筑的依恋，通过对农田种植、水塘沟渠、乡村风貌等系统化的梳理，通过科技化手段的融入，形成乡村传统的院落空间、雨水收集系统、水体净化系统、河塘水系系统和生态循环系统，打造一体化的原生态乡村生产、生活和生态空间，从而获得更长久的市场吸引力和生命力。

3. 田园综合体的规划要以落地运营来实现乡村治理

通过深入利用各类政策，以土地流转、土地整理、乡村集体用地改革等多种方式来盘活乡村土地资源，完成乡村要素集聚、人才集聚和产业集聚，统筹协调农民、集体、政府、企业、消费者和金融机构等多方利益，形成多层次、全方位的合作模式，在规划建设过程中逐步完善乡村治理机制，打造具有乡村美感的新型田园社区。

参考文献

[1] 庞玮，白凯. 田园综合体的内涵与建设模式［J］. 陕西师范大学学报（自然科学版），2018，46（6）：20–27.

[2] 张诚. 解读新田园主义［J］. 中国房地产，2017（26）：18–20.

[3] 郑健壮. 田园综合体：基本内涵、主要类型及建设内容［J］. 中国农业资源与区划，2020，41（8）：205–212.

[4] 黄亚平，朱雷洲，郑加伟，等. 华中地区田园综合体类型谱系及规划策略［J］. 规划师，2021，37（2）：13–20.

[5] 李泉. 田园综合体建设：实践探索与路径选择——以兰州市榆中县李家庄为例［J］. 石河子大学学报（哲学社会科学版），2021，35（2）：31–39.

[6] 张雨. 基于层次分析法的“田园综合体”核心区设计研究［D］. 邯郸：河北工程大学，2021.

[7] 吴振方. 山东西部田园综合体建设路径研究［J］. 经济论坛，2021（1）：48–55.

乡村振兴中的民宿发展现状及对策研究

——以安徽省为例

战冬梅

（中国旅游研究院，北京 100005）

摘　要：自党的十九大提出乡村振兴战略以来，民宿在发展乡村旅游，推动乡村振兴中发挥着日益显著的作用。在方兴未艾的民宿发展潮流中，安徽省民宿以前所未有的数量和质量优势日益走进国内外游客的日程中，成为安徽省乡村振兴的重要抓手。本文通过问卷调查和访谈，总结安徽民宿发展的基本特征及发展优势，提炼出安徽民宿独特的发展经验，同时，对安徽省民宿发展中的短板与问题进行剖析，据此提出乡村振兴中民宿发展的对策与建议，以期通过安徽民宿的研究为后发地区乡村振兴提供安徽思路，为全国民宿高质量发展提供有意义的借鉴。

关键词：乡村振兴；安徽；民宿

自党的十九大提出乡村振兴战略以来，随着党中央和国务院有关乡村振兴的系列部署和相关政策文件落地，民宿从浙江、江苏、云南等东南、西南地区迅速向中部地区乃至全国发展。

与此同时，也要看到我国民宿整体上还处于发展的初级阶段，还存在一些问题和制约，这就需要政府主管部门、研究机构、产业界等的共同努力与合作，通过理论与实践的紧密结合，为实现乡村振兴做出更有意义的探索。在此方面，安徽省的民宿发展给我们提供了一个很好的典范。安徽省的民宿发展经验在于，在各级政府包括民宿主管部门从上到下的积极引领和推动下，充分利用本省丰富的乡村旅游资源和良好的乡村生态环境，深深地扎根于厚重的本土文化，一边发展，一边破解发展中的难题。从“徽州民宿”品牌的创建，到全省民宿大会，再到《关于促进旅游民宿发展的指导意见》的出台，都能看到民宿正在成为全省文化和旅游消费的新热点，越来越成为全省乡村振兴的重要抓手。

一、安徽省民宿发展基本特征

（一）安徽省民宿基本情况

1. 民宿总量：持续增长

目前，安徽共有 3000 多家民宿，其中黄山市有 2000 多家，也是安徽省唯一突破千家民宿的城市（图 1）。从大的区域分布情况来看，按皖南、皖中、皖北呈现出明显的梯

［作者简介］战冬梅（1975—），女，山东烟台人，管理学博士，中国旅游研究院（文化和旅游部数据中心）产业所助理研究员，研究方向为旅游产业运行与旅游景区发展研究，E-mail：23809936@qq.com。

次划分。全省大部分民宿集中在皖南地区，共 2788 家，约占总数的 94.86%；131 家民宿位于皖中地区，约占 4.46%；20 家民宿位于皖北地区，约占 0.68%（图 2）。

结合各市的 A 级旅游景区资源分布情况，不难发现，本地旅游景区资源较为丰富的城市，其民宿数量较多，民宿产业较为完整，这些城市大多旅游业发展水平较高，客源稳定，且各项配套设施较完善，给当地大部分依靠旅游景区设立的民宿经济的发展提供了一个良好的环境。

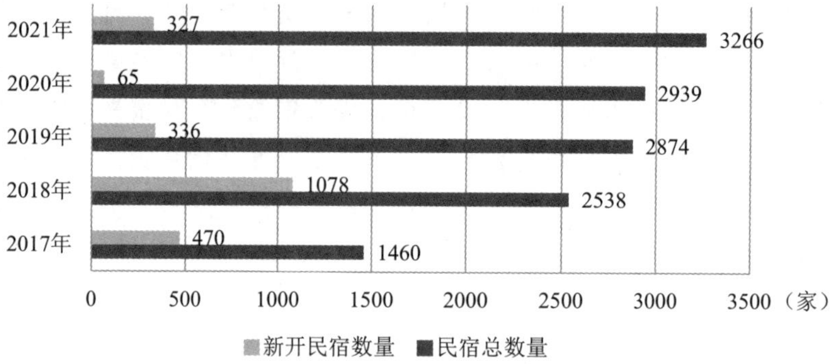

图 1　民宿总量变化

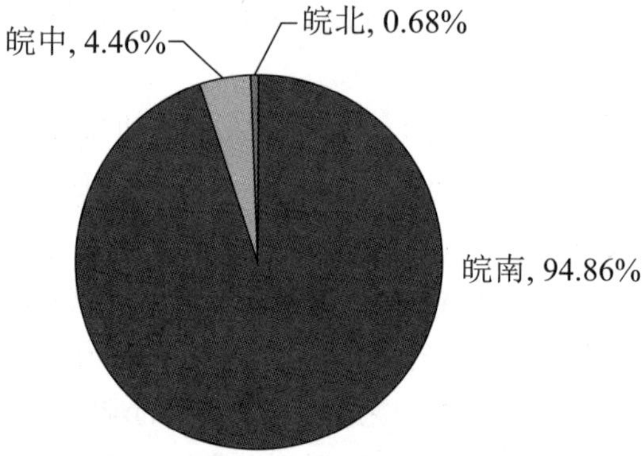

图 2　区域民宿数量分布

2. 民宿营收：相对集中

安徽省民宿营收相对集中，68.75% 的民宿营收集中在 50 万元以内，这与访谈中多数民宿以个人单体式的形式经营民宿相对应。而且这部分民宿由于形式灵活，成本可控，在应对疫情冲击中体现了很高的灵活性，营收受疫情影响较少，恢复也较快。此外，全省 18.75% 的民宿营收在 50 万元到 100 万元，12.50% 的民宿营收在 100 万元以上（图 3）。

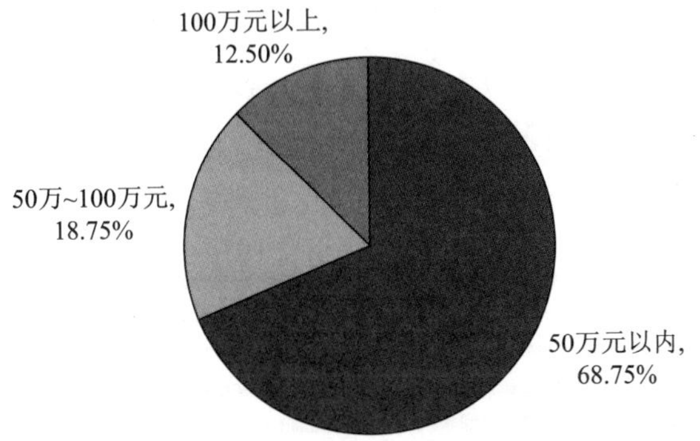

图 3 安徽省民宿市场营业收入比例

3. 民宿发展：渐成集群

调查发现，安徽省内较受欢迎、客流量较大的旅游景区周边多数形成了不同规模的民宿集群，尤以黄山、天柱山等高 A 级景区以及黄山、宣城等皖南地区的民宿集群规模效应突出。典型代表如黄山屯溪黎阳、休宁祖源、黟县民宿集群、合肥六家畈民宿集群、宣城泾县蔡村民宿集群。

（二）安徽省民宿运营特征

1. 民宿类型

一是从城乡分布来看，当前各市民宿基本都以乡村民宿为主，约占总体的 81%（图 4）。一方面是因为许多自然景区都建立在靠近乡村的位置，大量的民宿依靠景区得以建设；另一方面是近年来在快速发展的城镇化进程中，乡村怡人的自然环境越来越具有吸引力，人们贴近自然生活的情怀也越来越强烈。

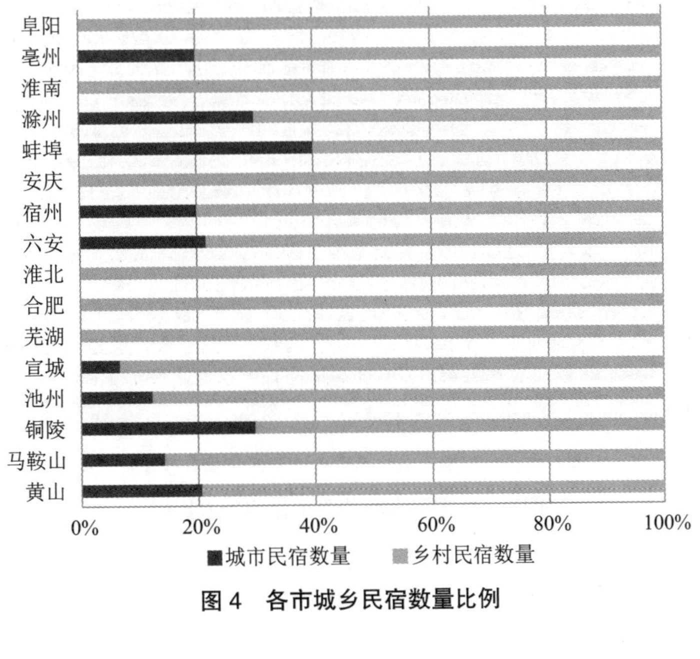

图 4 各市城乡民宿数量比例

二是从经营形式上来划分，省内各地区民宿多以单体民宿和自营民宿为主，连锁民宿和其他经营形式相对较少（图 5）。其中单体民宿约占整体的 91%，自营民宿约占整体的 87%（图 6）。单体自营民宿多数有明显的差异化，普遍呈现出小而美的特色，能够满足不同游客的差异化需求和不同的体验感。

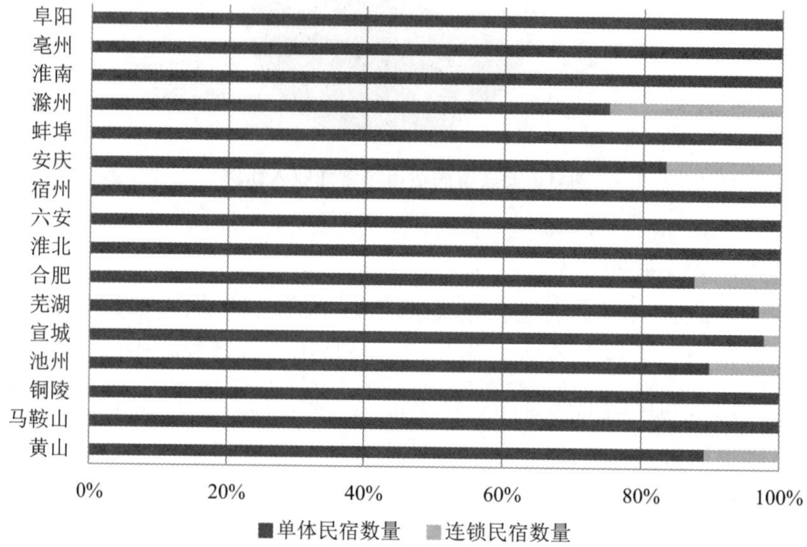

图 5 单体民宿与连锁民宿比例

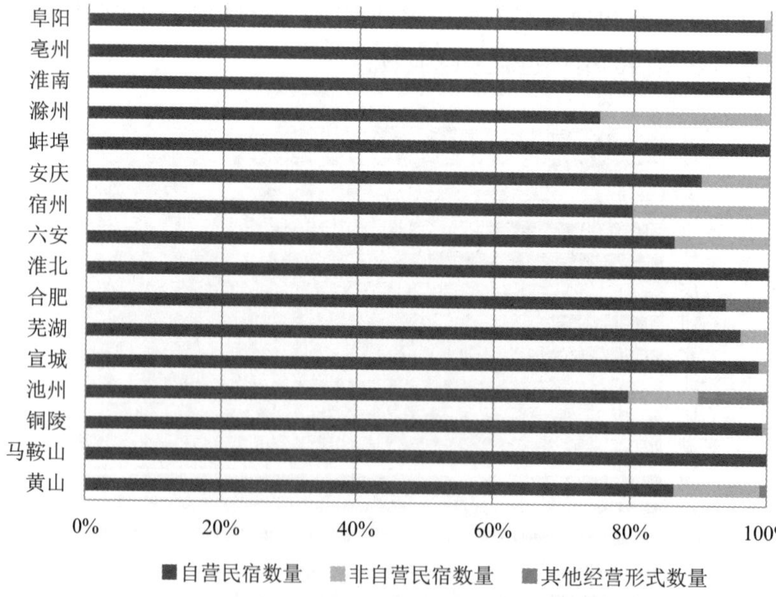

图 6 各市不同经营方式民宿所占比例

2. 民宿投资

与全省单体、自营民宿居多的情况相对应，民宿投资额在 51 万 ~100 万元的约占 28.81%；200 万元以内的投资约占 63.01%（图 7）。

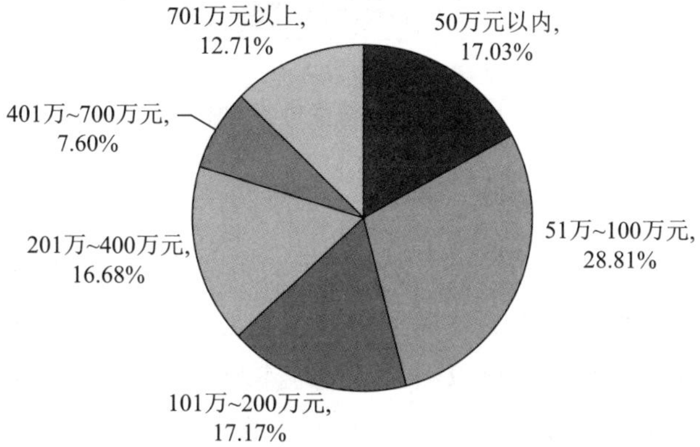

图 7　各市民宿平均投资额比例

分区域投资额度调查发现，皖南、皖中和皖北地区民间投资均集中于 100 万 ~500 万元；投资在 1000 万元以上的，皖南、皖中地区占比超过 13%（图 8~ 图 10）。

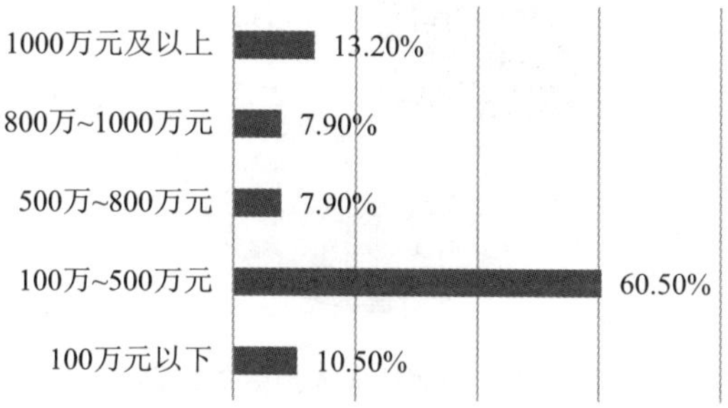

图 8　皖南民间投资占比

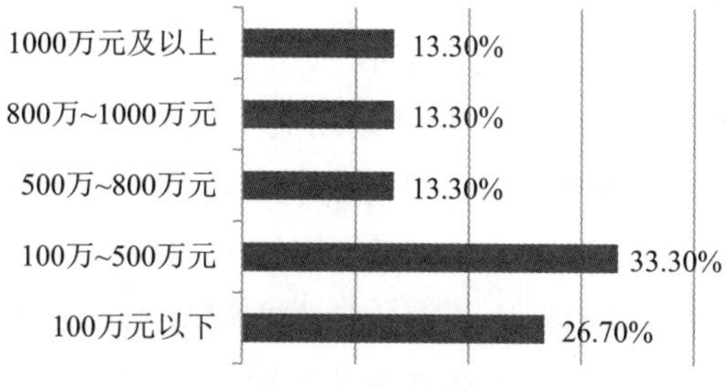

图 9　皖中民间投资占比

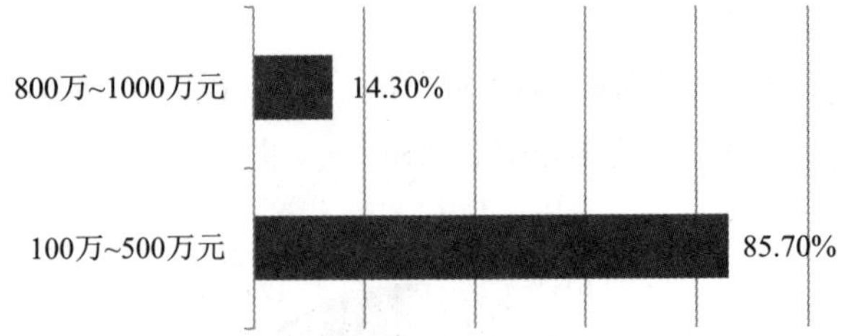

图 10　皖北民间投资占比

3. 员工规模

与省内民宿多以单体自营为主的基本情况一致的是全职员工数量为 2~4 人的民宿占比最多，约占样本总体的 37.65%；体现了高效、务实的个体民宿经营特征。这类民宿在淡季员工保持在 2~4 人，旺季则可以随时从本地本村本镇招收兼职员工。其余有 5.01% 的民宿全职员工为 1 人，29.46% 的民宿有 5~8 人的全职员工，27.88% 的民宿有 8 人以上的全职员工（图 11）。

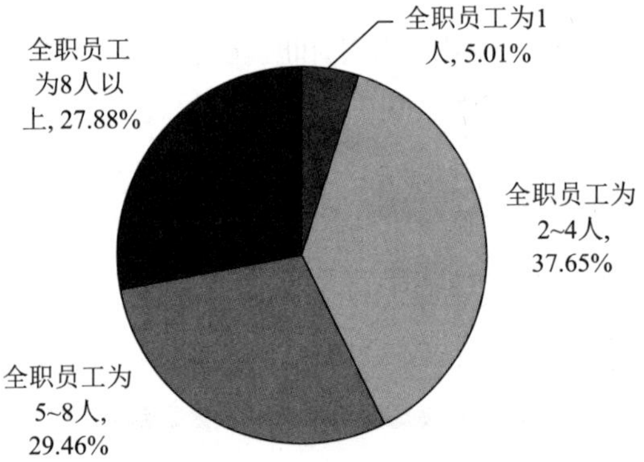

图 11　民宿从业人员数量比例

4. 员工薪酬

本节所指薪酬包括兼职和全职员工在内的员工平均年收入。调查显示，48.45% 的员工年收入在 5 万元以内，35.04% 的员工年收入在 5 万 ~7 万元，13.49% 的员工收入在 7 万 ~10 万元，3.01% 的员工年收入在 10 万元以上（图 12）。对比 2020 年《安徽省统计公报》数据：2019 年安徽省城镇非私营单位就业人员年平均工资为 79037 元，安徽省城镇私营单位就业人员年平均工资为 48461 元，考虑到民宿从业人员多数为兼职的普通员工，可以看出，安徽省民宿员工平均薪酬比较有市场吸引力，访谈调研中也发现，由于民宿员工多数是本土人员，不离开家乡且能就近照顾到家庭并获得稳定收入，员工普遍幸福感较强。

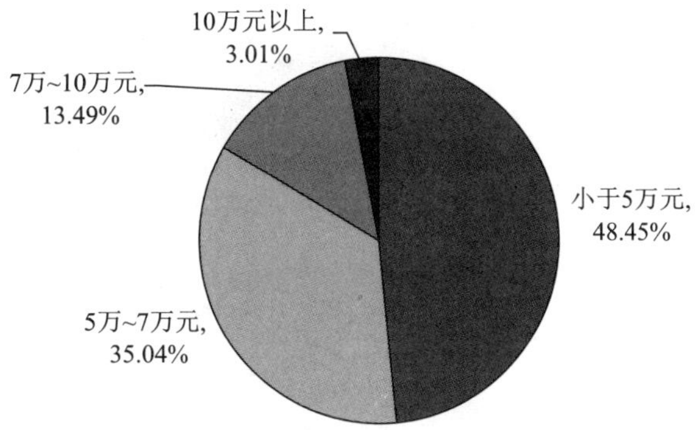

图 12　员工年收入情况

（三）安徽省民宿客源特征

1. 客源消费

调查显示，安徽民宿客源日均总消费（包括房价及餐饮、购物、娱乐等其他消费支出）中，占比最高的是 201~400 元，占比为 33.65%。其次是 200 元以内的消费，占比 21.44%。此外，18.40% 客源日均总消费在 401~600 元，11.28% 的客源日均总消费在 601~800 元，10.12% 的客源日均总消费在 801~1000 元，5.11% 的客源日均总消费在 1001 元以上（图 13）。安徽省这一客源消费情况既是目前我国旅游业基本面的消费情况投射，也符合现阶段民宿发展的基本趋势，既有差异化的需求，也反映了普遍的消费共性。

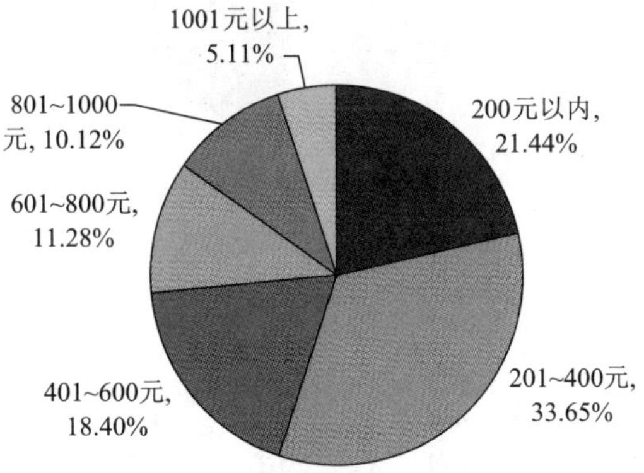

图 13　客源日均总消费

2. 客源渠道

调查显示，安徽省民宿的主要客源渠道来自线下，约占总客源市场的 64%，主要包括自来客、朋友介绍以及回头客等；线上各平台获得客源约占 36%，其中微信朋友圈获得的客源所占比例最大（图 14）。

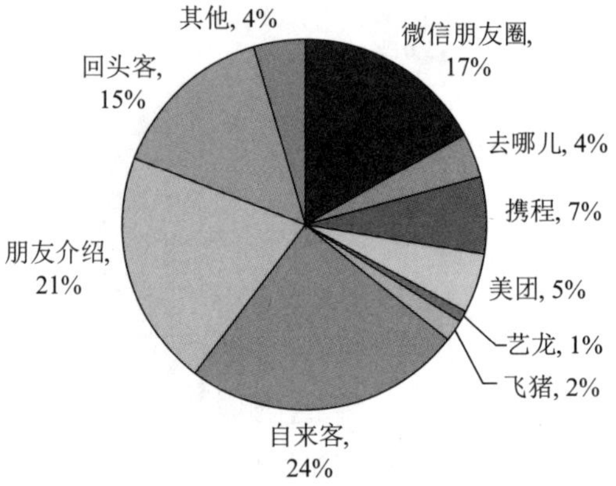

图 14　客源渠道分布占比

目前安徽各市的客源市场主要集中于当地的周边地区，约 49% 的客源来自本市区，本市区外的省内客源约占总客源市场的 19%，省外长三角地区客源约占 18%，长三角外的游客占比约为 14%（图 15）。

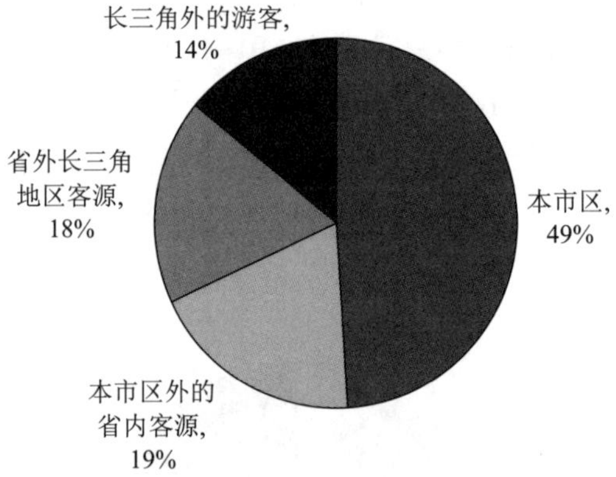

图 15　客源市场分布

3. 客源偏好

通过构建民宿的消费者画像，发现安徽民宿消费者的消费预算多在 500~800 元，又以 1200 元以上的民宿最受欢迎。此外，48% 的消费者偏好“家庭式”的服务。很多消费者还表达民宿有增值服务的愿望，增值服务涉及行程定制、定制餐饮、亲子游乐及养生等。调查发现，安徽民宿最能打动消费者的因素有以下三方面：一是选址选在好山、好水；二是设计融合环境、以人为本；三是服务用心、有亲切感。

二、安徽省民宿发展的优势与问题

调查发现，安徽省民宿在发展的过程中，同样存在一些全国性的普遍问题与短板，必须认识到这些问题。安徽省民宿发展取得长足进步的同时，也要看到民宿发展中的短板与具体问题，有针对性地进行探索和布局，以实现全省民宿的可持续发展和高质量发展。

（一）安徽省民宿发展的独特优势

1. 景区资源出众

截至 2019 年年底，安徽省共有 A 级旅游景区 605 个，其中 5A 级景区 12 个、4A 级景区 191 个。2021 年“五一”假期，黄山入选“五一”期间游客最想去的国内旅游目的地前十名。应当说，突出的景区资源是安徽省旅游经济的坚实载体，也为全省的民宿发展奠定了良好基础，提供了坚实支撑。如黄山市各地级市中 5A 级景区数量最多，拥有全省 12 家 5A 级景区中的 3 家，与之相应的，全省 3000 多家民宿中，有 2000 多家民宿在黄山，其中精品民宿 300 多家。不难看出，因为黄山的驰名中外，黄山的民宿从质量和数量上，也都走在全省乃至全国的前列。景区的存在为民宿的发展提供了可能和机会，部分民宿更是成为自带流量的网红旅游目的地。

2. 本土文化厚重

文化是民宿的灵魂，是核心竞争力。民宿开发和建设中一个很重要的方面就是展示乡风乡貌、乡情乡愁的本土文化的融入，在凸显地域特色文化中丰富民宿内容、提升民宿品位。安徽省文化积淀深厚，徽文化是中国三大地域文化之一，是中华文明的瑰宝。徽州地区的生活方式、民俗习惯、传统技艺，特别是古镇、古村、古民居、古祠堂、古牌坊，包括“文房四宝”、徽剧、徽菜等，都给民宿的发展提供了丰厚的土壤和取之不竭的源泉，而越来越多的精神享受和文化消费正加速成为城乡居民的生活选项，在民宿中所占消费比例正稳步提升。正是由于有了徽文化的扎实底蕴，以徽文化为根基与灵魂的安徽民宿，已经走出一条与众不同、生机勃勃的发展道路。

3. 生态环境优良

绿水青山就是金山银山的理念，是习近平生态文明思想的核心内容，是习近平新时代中国特色社会主义思想的重要组成部分。近年来，安徽提出加快打造经济社会发展全面绿色转型区，积极探索建立生态价值转换机制，把生态优势转化为发展胜势，把绿水青山更好地转化为金山银山。这种良好的生态发展氛围，无疑对未来安徽省民宿的发展提供了最为现实的助力。生态是民宿发展的优势，民宿的发展反过来也是生态优势的体现。因为从目前发展情况来看，安徽省乡村民宿的快速发展很大一部分原因是基于良好的生态环境这一前提。

（二）安徽省民宿发展中存在的问题

1. 民宿区域发展不均衡

根据调查，全省民宿分布按皖南、皖中、皖北呈现出明显的梯次划分。全省大部分民宿集中在皖南地区，约占总数的 94.86%；皖中约占 4.46%；皖北地区，不到 1%。出现这种情况，既有安徽省经济社会发展存在区域化差异的原因，也与各地民宿发展的先决条件有关。如皖北，因大部分地区为平原，缺乏有核心吸引的山水景区，而且高铁等现代快速交通设施相对落后，导致民宿发展基础条件较差。

2. 民宿规模效应不足

安徽省民宿虽然近年来发展速度较快，实现了“由点到面”的转变，但与民宿发达地区如浙江、江苏相比，从数量到质量上以及规模效应上，都仍有一定的差距，一方面全省民宿整体起步较晚，另一方面，相比其他沿海经济发达地区，安徽省经济社会发展水平还有一定差距。

3. 民宿产品供不应需

安徽民宿客源日均总消费（包括房价及餐饮、购物、娱乐等其他消费支出）中，400 元以内日均消费占比达 55%。而课题组通过构建民宿的消费者画像，发现安徽民宿消费者的消费预算多在 500~800 元，又以 1200 元以上的民宿最受欢迎。一是由于民宿提供的衍生产品较少，购物、娱乐活动等产品不多；二是精品民宿较少，在旅游旺季满足不了更多的游客需求。

三、安徽省民宿发展经验

安徽省民宿在数量上大踏步前行的同时，更强调因地制宜走高质量发展之路，根据民宿在皖南、皖中、皖北区域的梯次分布，结合安徽省区域经济发展情况，民宿在皖南、皖中、皖北各有鲜明的地域特征，形成了各有代表的不同发展经验。

（一）皖南的黄山经验

黄山是省内开民宿之先的地方，黄山民宿也因为黄山而有着其他地区民宿无法比拟的优势，并为皖南地区其他经济发达城市发展民宿树立了可参照的模本。黄山民宿的发展经验在于：

一是由于有独一无二的资源优势，依托核心吸引物，自带流量，发展民宿水到渠成；二是地处长三角经济发达区域，客源地经济实力强，客源消费需求旺盛，消费能力足；三是旅游业发达，旅游基础设施配套相对完善，为民宿发展提供了便利的基础条件。涌现了喜新恋旧、拾庭画驿、黄山云上、西街一号、澍德堂等一批精品民宿，建设了屯溪黎阳、黟县塔川、休宁祖源、徽州区西溪南、黄山区汤口等一批民宿集群。

（二）皖中的肥东经验

肥东隶属合肥市，东望南京，南滨巢湖，西融合肥，虽然没有驰名国内甚至省内的景区资源，但依托重要的区位优势，加上独特的巢湖风光，民宿发展独树一帜，为环巢湖皖中地区民宿的发展提供了一种亦城亦乡亦动亦静的模式。其经验特点在于：

一是背靠两个人口巨大、发展潜力巨大的城市合肥和南京，客源优势显著。合肥市和南京市均为拥有 800 多万常住人口的城市，都是长三角区域里的城市发展领头羊，为肥东的民宿发展提供了坚实的客源基础。二是独特的巢湖风光为民宿发展提供了适宜的静态元素，为城里人的乡愁提供了去处。三是交通优势明显，高铁线路发达，为不同距离客源提供了多种交通选择。目前，巢湖东岸不仅有四顶山居、畈塘 · 拾吾社、花田·侨乡里等一批高端民宿亮相市场，而且逐步形成了环巢湖民宿集聚区、民宿集群，成为环巢湖国家旅游休闲区的重要组成部分。

（三）皖北的宿州经验

皖北在整个安徽省经济发展中相对比较滞后，旅游业从资源禀赋到基础设施上都不占据优势，但皖北的民宿发展在充分发挥后发优势的基础上因地制宜，独辟蹊径，形成了自己的发展理念和模式，其中以宿州隐宿为较突出的代表。其发展基础与经验在于：

一是依托本市巨大人口，满足本市居民的需求。宿州虽然没有任何可与市域外争高低的自然资源，但本市人口众多，常住人口 500 多万，在主客共享的大趋势下，满足本地人多频次的消费，成为宿州市民宿的制胜之道。

二是发挥后发优势，从一开始就走正规渠道，充分借鉴已有优秀民宿的做法，以高起点、高标准、差异化和好口碑来赢得市场的声誉和尊重，并以本地人的口碑扩展迅速提高知名度，借助于自媒体的传播力，从最开始的服务于本地人扩展到北上广，做到一间难求，一夜难求。

皖北民宿虽然起步较晚，目前数量也较少，但后发优势明显。各地如能进一步借鉴优秀民宿的成熟经验，融百家之长，并在充分考虑自身特色和优势的基础上，摸索出适合自己的发展路径，皖北民宿将在未来安徽民宿发展史上写下浓墨重彩的一笔。

四、乡村振兴中民宿发展的对策与建议

（一）加强统筹协调，进行系统规划与引领

近年来，安徽民宿的快速发展，一个很突出的经验就是各地政府、文化和旅游主管部门的重视与推动。但从各地市的发展情况来看，虽然部分地区已经出台民宿发展规划或者相关文件与扶持政策，但多数地区尚未有全面的、完善的民宿发展规划，配套政策相对缺失，少数地区民宿发展尚处于自发状态。

因此，各地民宿的发展应借助目前“十四五”规划的契机，在摸清本地区民宿发展具体情况的基础上，结合本地发展民宿业乃至旅游业的优势，科学合理制定本地区民宿发展规划，将民宿的发展纳入旅游业乃至国民经济整体发展进程中。并根据实际情况，制定切实可行的配套政策，引导鼓励民宿发展。同时需要注意的是，民宿的发展不是文化和旅游部门一个部门的事情，需要在地方政府的足够重视和强力推动下，由文化和旅游部门牵头，发改、公安、住建、自然资源、卫生健康、市场监管等各相关部门的通力合作，以加强统筹引领和资源调配，在更宏观的视野下，对本地区民宿发展加以规划和布局。

（二）夯实协会建设，充分发挥协会联动作用

安徽省民宿发展较早、发展较快的地市多数有健全的民宿协会等行业组织，如黄山市民宿协会在推动黄山市民宿发展的同时，协会的整合力量也逐步加强，成立了全省民宿发展的平台。在一些民宿发展起步相对较晚的地区，调查中发现一些相熟的民宿业主

会自发建立一个互助的朋友圈，以提供相应的信息并定期交流。由此可见，民宿的可持续发展需要整合的意识和平台，需要全行业的共同努力，尤其需要有意识地加强行业协会的力量。行业协会服务的对象不仅是已经成立民宿的会员，更需要对潜在的民宿业主提供民宿建立前的一系列准备支持，以减少民宿开办的盲目性，避免民宿后期经营中的一些问题，提高民宿经营和服务质量。

（三）因地制宜，深入挖掘在地丰厚文化

安徽作为文化大省，省内各地区文化也各有特色，但在调查中发现，作为重要文化载体的民宿，并没有完全体现出各地本土的特色文化。这在全国的民宿发展中也是一个普遍存在的现象。部分民宿顾客消费后的反馈，也存在这个问题。

为此，一要积极引导专业人才加大对民宿的关注和投入，让专业的人做专业的事，对当地民宿文化进行持续深入的挖掘和呈现。二是要合理引导民宿业主用专业思维进行民宿的开设和运营，加大前期的指导和培训力度，对已有民宿法规法律政策进行宣讲。三是进一步强调因地制宜，民宿的发展不能在风口期一哄而上，更不能在环境变化时一哄而散，全省民宿三个明显的发展梯次中，都各有突出的典型代表，可以分区域组织学习、交流经验。

（四）重视人才保障，系统培育多元人才梯队

缺乏专业人才不仅是全国民宿业发展中存在的问题，也是制约旅游业高质量发展的瓶颈之一。安徽省的民宿调研中，也普遍存在缺乏中高端管理与营销专业人才的问题。部分连锁民宿尚能实现内部循环和培训，规模较小的自营单体类民宿，多数只能依靠业主自行摸索。此外，基层服务员有相当数量是从当地村镇招来的人员，受过系统住宿业培训的较少，培训渠道也较少。

一是各省应制定民宿发展规划，其中要有详细的全省民宿人才培训培养计划，为各市县的民宿发展输送中高级专业人才。

二是充分发挥各县市的能动性，与省内外院校合作，与当地职业学院学校等建立联系，建立人才培养培训基地，在加大招收涉民宿相关专业学生的同时，对已有民宿从业人员进行职业培训。

三是与知名民宿品牌合作，建立企业合作培训基地，进行民宿专业人员的交流与培训。

（五）筑牢党建根基，发挥党员带头作用

“十四五”开局之年适逢党的百岁华诞，党在各行各业的先锋带头作用愈加突出。民宿行业的发展和壮大，除了各级政府主导、民宿协会的服务与支持和民宿从业人员的努力，更需要高度重视党的组织建设，充分发挥党建的力量和党员的先锋模范作用。如在民宿协会中成立党支部，以服务协会成员、推动民宿发展为目的，探索党建引领当地民宿产业高质量发展的路径，充分发挥党建工作在民宿发展中的“助推剂”和“黏合剂”作用。

参考文献

［1］张芷瑜，郭宇航."乡村旅游+民宿"可持续发展的现状与对策［J］.白城师范学院学报，2021，35（4）：45–48.

［2］骆高远．民宿：一种乡村经济的新业态［J］．湖北理工学院学报（人文社会科学版），2021，38（4）：1–6.

［3］吴元浩．乡村旅游市场中的民宿发展现状及对策［J］.现代农业科技，2021（12）：249–251.

［4］檀杰涛.乡村振兴背景下民宿发展的问题与对策分析［J］.农村经济与科技，2020，31（19）：86–87.

［5］焦凌云．乡村振兴视域下旅游民宿发展探析［J］.内蒙古财经大学学报，2021，19（4）：95–98.

文旅融合背景下乡村旅游地居民生计方式变迁与态度研究

——以仙桃市梦里水乡为例

罗湘阳[1, 2]，张诗汝[1, 2]

（1. 中国旅游研究院武汉分院，湖北 武汉 430079；
2. 华中师范大学城市与环境科学学院，湖北 武汉 430079）

摘　要：旅游生计方式是乡村地区重要的生计选择，对文旅融合以来乡村旅游地居民生计方式变迁过程和影响进行研究，是分析文旅融合效果和探索乡村旅游可持续发展路径的重要选择之一。本文以生计变迁和旅游发展态度的相关理论为基础，以湖北省仙桃市梦里水乡文化旅游区为案例地，综合运用深度访谈和问卷调查的方法，揭示文旅融合背景下乡村旅游地居民生计方式变迁与旅游发展态度演化的动态过程，探寻实现文化旅游类景区与周边居民良性发展互动的路径。研究发现：①在文旅融合发展的驱动下，旅游主导型和旅游兼业型已成为当地居民主要的生计方式；②旅游生计方式居民的旅游满意度和支持度明显高于传统生计方式居民。本研究不仅有助于丰富乡村地区生计变迁研究的理论体系，并且可以为文化旅游类景区发展实践提供借鉴。

关键词：乡村旅游地；生计方式变迁；旅游发展态度；文旅融合；梦里水乡

一、引言

党的十九届五中全会通过的《中共中央关于制定国民经济和社会发展第十四个五年规划和二〇三五年远景目标的建议》，明确提出了“推动文化和旅游融合发展”。文化和旅游是促进国民经济增长的重要引擎，着力推动文化和旅游的深度融合，能够高质量满足人民日益增长的旅游美好生活的追求，对于应对新发展格局的新形势新要求具有明显优势。从文旅融合的实践效果来看，自 2018 年文化和旅游部成立以来，文旅融合发展已经成为我国文化产业与旅游业发展的新指向[1]。而对于微观尺度的旅游景区而言，文旅融合也成为其大力进行对外营销推广的宣传口号。但与此同时，文旅产品质量低、简单片面型的融合、缺乏深入交融等矛盾突出，千篇一律打造文旅融合产品的景区建设活动，使得景区产品、地方文化越发趋于同质，周边居民面临“地方文化丧失与重建”的危机。在此背景下，文化旅游类景区发展对于周边居民产生的影响逐步成为当前研究的热点。自 2018 年来，发表在核心刊物上的“文旅融合”相关文献逐年增多，涉及旅游学、地理学、文化学、管理学等学科，研究主要涵盖概念辨析、理论构建、资源分布与开发等内

［作者简介］罗湘阳（1997—），湖南娄底人，中国旅游研究院武汉分院助理研究员，华中师范大学城市与环境科学学院 2019 级硕士研究生，研究方向为旅游地社区参与，E-mail：xiangyangcp1029@163.com；张诗汝（1997—），女，湖北武汉人，中国旅游研究院武汉分院助理研究员，华中师范大学城市与环境科学学院 2019 级硕士研究生，研究方向为旅游地居民生计，E-mail：765759736@qq.com。

容[2-5]，尚处于理论宏观构建和顶层设计阶段，而忽视了微观尺度下以景区代表的文化旅游融合发展对于周边居民产生的影响。

景区周边居民被认为是旅游发展过程中的重要利益主体[6]，其参与旅游发展是充分尊重居民参与性主体地位和体现旅游人民性内涵的重要依据。而生计作为居民最基本的行为方式[7]，高度重视居民的生计发展与变化，是实现旅游业高质量发展和检验旅游扶贫效果的重要目标。旅游发展的过程就是乡村地居民生计方式变迁的过程[8]，旅游生计方式为乡村地区带来的经济、社会和文化等方面的积极效应已得到业界的广泛认可[9-10]。与传统乡村旅游目的地不同，文旅融合背景下的乡村旅游地兼具传承地方文化特色的特殊功能，在由农业经济主导向现代服务业主导的过程中，特殊的发展情境将使得居民旅游影响感知与态度呈现多维度、多层次、多内涵的特点。基于此，本文从文旅融合视角出发，选取文化旅游融合成熟的梦里水乡景区为案例地，识别周边居民生计方式变迁类型，刻画生计变迁类型时空演化特点，分析居民生计变迁感知与态度，以期在理论层面拓展文化旅游融合发展研究内容，在现实层面推动乡村旅游地居民生计方式多样化转型升级。

二、文献梳理

（一）生计变迁

反贫困被认为是全人类共同面临的重要议题。2000 年，英国国际发展部门（DFID）为了改善乡村地区居民贫困问题提出了可持续生计框架（Sustainable Livelihoods Framework），涵盖了生计资本五边形、生计策略、生计结果和社会化服务四部分，被普遍认为是反贫困和农村发展生计分析的重要工具[11]。其中生计资本是指居民所拥有的可用于生产的资源，包括人力资本、自然资本、物质资本、金融资本和社会资本[12]，生计策略是指人们为了实现生计目标而对自身所拥有的生计资本进行优化配置的方式以及选择的范围与组合[13]，生计结果是指生计策略或目标的实现或结果[13]。

旅游发展为地方带来广泛的经济、社会和文化效应已得到广泛的认可，旅游生计方式成为乡村地区重要的生计选择。已有研究表明，旅游驱动下的生计方式变迁将会导致原有社会结构的变化、民族地区文化原真性的丧失以及土地利用和景观格局的演化等诸多问题[14-16]。具体来看，Ooi 等在洛杉矶西部山地度假区的研究发现农场主为保护自身生计方式，会通过非正式的集体努力拓宽社会关系[17]。王新歌等的研究也发现大连金石滩旅游度假区经历由传统乡村聚落到现代滨海旅游度假区转变的同时，当地社区居民生计也完成由“农民”向“市民”的转变[18]。随着现代化进程的加快以及文旅的融合与发展，乡村地区所面临的内外部环境出现剧烈的动荡，地方特色文化面临传承与更新的困境。客观分析旅游驱动下生计方式变迁造成的影响，探讨生计方式演化机理，是科学评判乡村旅游可持续发展的重要依据。

（二）旅游发展态度

旅游地的可持续发展不仅依赖于目的地产品的供给，也取决于当地社区居民的支持[19]。在旅游发展的过程中，社区居民的日常生活和生产方式会受到旅游开发的影响，但反过来，他们的态度和行为也会影响旅游的开发和管理[20]。作为一种社区外部的扰动力量，旅游的到来对于乡村地区的自然环境、社会氛围等产生较大影响。特别地，居民作为乡村地区社会经济活动最基本的单元和行为决策主体[21]，为避免旅游开发带来的风险，居民主动或被动参与旅游经营活动，促使其生计行为发生转变和演化，进而影响其旅游发展态度。张爱平等在农业文化遗产地哈尼梯田的研究发现，居民生计影响感知对于旅游发展态度具有显著后向影响，需充分重视旅游实践与传统农业生计的关系[22]。也有研究发现，对旅游业的经济依赖程度是影响居民支持度的重要因素[23]，即经济收入依赖旅游业的居民，更倾向于支持旅游业发展。实行旅游生计策略的有利影响主要通过收入水平提高、贫困居民从业技能和服务意识提升、改善贫困者生计环境等方面[24-25]呈现出来，但同时也会带来村民土地需求难以为继、社会关系奔溃、传统生计知识消失等[26]新的乡村脆弱性问题。旅游与可持续生计是乡村发展过程中无法回避的两大话题[27]，识别旅游发展背景下乡村旅游地居民生计变迁特点及响应结果，对于把握社区居民生计变迁全过程具有重要意义。

三、研究设计

（一）案例地概况

仙桃市是湖北省文化旅游资源融合发展的代表地区，位于长江经济带的核心地带，江汉平原腹地，东连武汉，西接荆州，南靠长江，北依长江最大支流汉江[28]。总面积2538 平方千米，共辖 15 个建制镇、3 个市属街道办事处、6 个农牧渔场、703 个行政村。梦里水乡文化旅游区位于仙桃市赵西垸林场，整体规划面积为 4820 亩①，涵盖如古村居、湿地公园、生态园、房车营地等旅游功能板块。该地是仙桃市大力开发的旅游景区，在乡村振兴和文旅融合进程叠加下，多年来一直保持强劲的旅游发展势头，对市内旅游业发展和经济社会发展产生巨大作用，是文旅融合背景下乡村地区开发的典型景区。但是，在旅游高速发展的背后，景区周边居民在脱贫致富上的问题也越来越突出，集中表现在：景区征地开发导致周边农户耕地资本被强制剥夺，缺乏稳定的收入来源；赔偿政策落地缓慢并伴有不公现象；地方文化在开发势头下趋于没落，居民文化自豪感受到影响；原有邻里关系网络动摇，社会结构解体；传统生计方式衰退，而旅游生计知识匮乏；等等。梦里水乡文化旅游区当前发展中暴露出的核心问题在于生计方式变迁导致的居民心理感知上的冲突以及地方特色逐渐丧失的困境，这些问题都是乡村地区、文旅融合趋势下普

① 资料来源：仙桃梦里水乡文化旅游区官网（http：//www.hbmlsx.com/about.aspx ？ channel_id=11&category_id=82）

遍存在的问题。

（二）研究方法

本文课题组于 2019 年 11 月中旬赴仙桃市梦里水乡文化旅游区进行深入调研，采取深度访谈和问卷调查相结合的研究方法。深度访谈对象主要包括景区内部从业人员、周边居民等，访谈内容主要包括：第一，对梦里水乡景区开发前社区居民的生计状况进行调查；第二，了解景区建立开发的过程和阶段；第三，探寻旅游发展，尤其是文旅融合以来给当地居民生活状况、社交关系、生计方式等带来的影响。访谈人次共计 20 位居民，访谈时间为 30~50 分钟不等。同时发放调查问卷，问卷由生计变化情况、旅游满意度、发展支持度和人口统计学特征四个部分组成，共回收有效问卷 42 份，样本人口统计学特征见表 1。

居民问卷调查基本信息显示：男女比例较为均衡，受访者大多是中青年，文化程度主要集中在高中以下。职业构成中与旅游相关职业比例高达 78.5%，收入来源依赖旅游的居民达 78.6%，旅游已成为当地居民的重要经济渠道。

表 1　样本人口统计学特征

项目	分类	比例（%）	项目	分类	比例(%)
性别	男	47.6	职业	景区工作人员	45.2
	女	52.4		餐饮经营者	14.3
年龄	≤ 25 岁	4.8		住宿经营者	4.8
	25~35 岁	21.4		纪念品销售	14.3
	35~45 岁	66.7		个体劳动者	4.8
	＞ 45 岁	7.1		其他	16.6
学历	初中	23.8	生计类型	旅游主导型	31.0
	高中及中专	50.0		旅游兼业型	47.6
	大学（含大专）及以上	26.2		传统型	21.4

四、研究结果

（一）旅游发展前后生计变迁结果

梦里水乡文化旅游区建立之前，当地居民主要从事种地、牲畜售卖等传统生计活动，属于典型的以发展农业为主的地区，符合江汉平原地区整体的地理和人口经济特征。旅游发展使得当地部分社区精英发家致富，在社会示范效应的引领下大量居民投身于旅游开发热潮。“以前这里是林场，大家都很穷，景区建起来之后大家都赚钱了。”（X05）①

同时由于景区自身开发的需求迫切要求扩大管理面积，周边农田的征收与租借使得当地农户丧失了原有的耕地资本，收入渠道单一，收入来源不稳定。“我们的地都被征收

① 为了符合学术伦理规范，对受访对象采取了化名处理，其中“X05”表示第 5 位受访人，下同。

了，以前还可以种地，现在都没工作，只能在家带小孩了，家里就靠我男人。”（X11）

调查样本人口特征也佐证，近八成居民从事旅游相关的经营活动。根据家庭现有谋生方式、主要收入来源及所占比重、主要劳动力投入方向三大标准[29]，将其分为旅游主导型和旅游兼业型两种生计方式，各占 31.0% 和 47.6%（表 2）。

表 2　旅游发展前后生计变迁

生计方式	旅游发展前	旅游发展后
旅游主导型	0%	31.0%
旅游兼业型	9.5%	47.6%
传统型	90.5%	21.4%

（二）不同生计方式居民旅游满意度和支持度差异

从居民旅游满意度来看，旅游主导型和旅游兼业型生计方式居民态度得分均高于传统型生计方式居民（表 3）；从旅游发展支持度来看，前两者居民态度得分也均高于后者且三者得分均在 3 分及以上，对于梦里水乡文化旅游区的发展均表示不同程度的支持。

从旅游满意度的具体指标来看，旅游主导型居民旅游参与和旅游获得满意程度高于旅游兼业型，但是对于景区发展的满意程度低于后者。原因可能在于随着文旅融合、全域旅游、旅游扶贫等诸多政策的到来，当地居民对于旅游发展的认识达到了一个新的高度，旅游必将成为当地居民最主要的收入来源。而传统生计居民旅游满意度的指标得分均在 3 分以下，作为参与旅游发展的后来者，虽然有着较为强烈的参与旅游发展的愿望，但缺乏参与旅游活动的素质与能力，生计资本较为匮乏，面临着生计方式转型的困境和障碍，使其难以获得满意的生计结果，进而导致农户满意度较低。“大家都在搞农家乐我家也想，但是很多知识和技能我们都没有，竞争不过别人。”（X13）同时在文旅融合的背景下，景区片面地将文化和旅游产品进行融合打造，不仅使得文创产品趋于同质化，更破坏了当地传统的文化氛围，解构了地方的文化特色。“景区的建设好像和其他地方差不多，名字叫作梦里水乡，也就是表面的景点看起来是这样。”（X08）

从旅游支持度的具体指标来看，旅游主导型居民支持景区目前发展进程的程度明显高于其余两种居民，原因在于对于首批旅游获益的先行者而言旅游发展的获益显著高于其余居民。而当问到是否支持景区发展时，旅游主导型和旅游兼业型居民均表示支持，传统型居民表示中立。“我没事都在家，有时候外出打工，景区的开发对我影响不大，我也没赚多少。”（X02）旅游发展的进程必然使得当地社区群体出现分化，逐步划分为精英群体和边缘群体，这也验证了乡村旅游地社区居民内部异质性的问题[30]。文化氛围的破坏对于社区居民间的社会网络产生了巨大的冲击，地方文化传承延续受阻，而由于农户自身文化素质的限制导致简单地归因于旅游的发展，直接表现为旅游发展的支持程度。“以前我们关系都还挺不错的，现在互相之间多多少少还是有竞争关系，全年的游客也不是很多。”（X14）

表 3　不同生计类型居民态度均值

生计类型	旅游发展满意度			旅游发展支持度	
	旅游参与程度	旅游获益程度	景区发展程度	景区发展进程	景区发展程度
旅游主导型	3.85	3.77	3.69	4.08	4.31
旅游兼业型	3.40	3.20	3.75	3.6	4.15
传统型	2.63	2.38	3.13	3.00	3.00

五、结论与讨论

本研究以湖北省仙桃市梦里水乡文化旅游区为研究案例地，利用深度访谈和问卷调查收集的数据，梳理旅游发展前后尤其是文旅融合以来当地居民生计变迁的结果，分析不同类型生计方式居民的旅游满意度和支持度。得到如下结论：①旅游发展后当地居民生计类型可以分为旅游主导型、旅游兼业型和传统型，其中前两者是最主要的生计方式类型，这与在几个乡村旅游目的地所做的研究结果相一致[31-32]；②旅游生计居民（旅游主导型和旅游兼业型）旅游满意度和支持度明显高于传统型生计居民，这与现有结果基本一致[33-34]。

根据上述结论，并结合访谈收集的数据，针对其中存在的问题，就三种生计方式居民提出以下对策建议：①对于旅游主导型生计居民而言，在整体层面需出台相关旅游培训政策和补贴规定，加强农户生计动态能力建设，同时不断加快仙桃市旅游业整体发展，分散单一个别景区周边居民从业竞争压力，带动仙桃市旅游业高质量发展。在个体层面，旅游主导型生计居民也应重视新生计技能的学习培训，不断地学习新的技能或是改善已有技能以获得更好发展。②对于旅游兼业型生计居民而言，在整体层面出台鼓励的积极创业政策，开展除了旅游住宿接待以及农家乐之外的其他旅游项目，从而避免因扎堆从事农家乐和住宿接待而引起的旅游同质化竞争现象，加强农户生计系统建设，不断提高生计多样性。在个体层面，旅游兼业型农户也应不断丰富职业选择，避免因旅游业季节性以及容易受到外部事件因素影响（如新冠肺炎疫情等）的特点而加剧生计的脆弱性。③对于传统型生计居民而言，在整体层面出台资金扶持政策不断拓宽其生计渠道和方式，通过引导居民与当地企业的合作，提供较为稳定的就业岗位。同时，当地应充分利用土地资源、区位、政策等优势，积极创造宽松的投资环境，切实加大招商引资力度，吸引社会资本进入，以此破除当地旅游、社会发展资金较为匮乏的困境。在个体层面，加强对于采用旅游生计方式优点和弊端的认识，重视生计内生性参与能力的建设，减少生计脆弱性。

同时针对文旅融合景区对于周边居民带来的有利和不利影响，应该认识到旅游发展导致地方文化产品商品化、原真性丧失已经成为旅游目的地发展初期必然面临的问题，因而在正确看待旅游业的发展可以提升传统文化景观的旅游价值、丰富目的地的文化景观等作用的同时[35]，也应明确文化传承的内源性动力是文化持有者群体的文化自觉，重视文旅融合中人民主体性地位。

参考文献

[1] 曾博伟，安爽．“十四五”时期文化和旅游融合体制机制改革的思考［J］.旅游学刊，2020，35（6）：3-6.

[2] 徐翠蓉，赵玉宗，高洁.国内外文旅融合研究进展与启示：一个文献综述［J］.旅游学刊，2020，35（8）：94-104.

[3] 马波，张越.文旅融合四象限模型及其应用［J］.旅游学刊，2020，35（5）：15-21.

[4] 胡婷，许春晓，王甫园.文化旅游资源市场价值及其空间分布特征——以湖南湘西州为例［J］.经济地理，2020，40（7）：220-230.

[5] 马斌斌，陈兴鹏，马凯凯，等.中国乡村旅游重点村空间分布、类型结构及影响因素［J］.经济地理，2020，40（7）：190-199.

[6] 王翔宇，翁时秀，彭华.旅游地乡村社区居民利益诉求归类与差异化表达——以广东南昆山核心景区为例［J］.旅游学刊，2015，30（5）：45-54.

[7] 刘相军，孙九霞.民族旅游社区居民生计方式转型与传统文化适应：基于个人建构理论视角［J］.旅游学刊，2019，34（2）：16-28.

[8] 孙九霞，刘相军.生计方式变迁对民族旅游村寨自然环境的影响——以雨崩村为例［J］.广西民族大学学报（哲学社会科学版），2015，37（3）：78-85.

[9] SIMPSON B. Tourism and tradition from healing to heritage［J］. *Annals of Tourism Research*，1993，20（1）：164-181.

[10] YANG L. Ethnic tourism and cultural representation［J］. *Annals of Tourism Research*，2011，38（2）：561-585.

[11] DFID. Sustainable Livelihoods Guidance Sheets［M］. London：Department for International Development，2000：68-125.

[12] 王永静，胡露月.乡村旅游视角下农户生计资本对生计策略影响研究——基于重庆乡村旅游地农户调查数据［J］.生态经济，2020，36（3）：143-148，196.

[13] 赵雪雁，刘江华，王伟军，等.贫困山区脱贫农户的生计可持续性及生计干预——以陇南山区为例［J］.地理科学进展，2020，39（6）：982-995.

[14] 姜辽，苏勤，宗斌.21世纪以来旅游社会文化影响研究的回顾与反思［J］.旅游学刊，2013，28（12）：24-33.

[15] 保继刚，林敏慧.历史村镇的旅游商业化控制研究［J］.地理学报，2014，69（2）：268-277.

[16] 席建超，王新歌，孔钦钦，等.旅游地乡村聚落演变与土地利用模式——野三坡旅游区三个旅游村落案例研究［J］.地理学报，2014，69（4）：531-540.

[17] OOI N，LAING J，MAIR J. Sociocultural change facing ranchers in the Rocky Mountain West as a result of mountain resort tourism and amenity migration［J］. *Journal of Rural Studies*，2015，41：59-71.

[18] 王新歌，席建超，陈田.社区居民生计模式变迁与土地利用变化的耦合协调研究——以大连金石滩旅游度假区为例［J］.旅游学刊，2017，32（3）：107–116.

[19] 汪德根，王金莲，陈田，等.乡村居民旅游支持度影响模型及机理——基于不同生命周期阶段的苏州乡村旅游地比较［J］.地理学报，2011，66（10）：1413–1426.

[20] RASOOLIMANESH S M，RINGLE C M，JAAFAR M，et al.Urban vs. rural destinations：Residents' perceptions，community participation and support for tourism development［J］. *Tourism Management*，2017，60（6）：147–158.

[21] 郭秀丽，周立华，陈勇，等.典型沙漠化地区农户生计资本对生计策略的影响——以内蒙古自治区杭锦旗为例［J］.生态学报，2017，37（20）：6963–6972.

[22] 张爱平，侯兵，马楠.农业文化遗产地社区居民旅游影响感知与态度——哈尼梯田的生计影响探讨［J］.人文地理，2017，32（1）：138–144.

[23] SNAITH T，HALEY A. Residents' opinions of tourism development in the historical city of York England［J］. *Tourism Management*，1999，20（5）：595–603.

[24] 崔晓明，陈佳，杨新军.乡村旅游影响下的农户可持续生计研究——以秦巴山区安康市为例［J］.山地学报，2017，35（1）：85–94.

[25] HALL，MICHAEL C. Pro–Poor Tourism：Do 'Tourism Exchanges Benefit Primarily the Countries of the South'? ［J］. *Current Issues in Tourism*，2007，10（2）：111–118.

[26] LI Y，YU H，CHEN T，et al. Livelihood changes and evolution of upland ethnic communities driven by tourism：A case study in Guizhou province，southwest China［J］. *Journal of Mountain Science*，2016，13（7）：1313–1332.

[27] 郭华，杨玉香.可持续乡村旅游生计研究综述［J］.旅游学刊，2020，35（9）：134–148.

[28] 罗蕾，罗静，田玲玲，等.基于改进区位配置模型的农村就医空间优化布局研究——以湖北省仙桃市为例［J］.地理科学，2016，36（4）：530–539.

[29] 贺爱琳，杨新军，陈佳，等.乡村旅游发展对农户生计的影响——以秦岭北麓乡村旅游地为例［J］.经济地理，2014，34（12）：174–181.

[30] 尹寿兵，刘云霞.风景区毗邻社区居民旅游感知和态度的差异及机制研究——以黄山市汤口镇为例［J］.地理科学，2013，33（4）：427–434.

[31] 刘俊，张恒锦，金朦朦，等.旅游地农户生计资本评估与生计策略选择——以海螺沟景区为例［J］.自然资源学报，2019，34（8）：1735–1747.

[32] 蒋焕洲，尚海龙，韩学阵，等.贵州重点乡村旅游地农户生计适应力测度研究——以黔东南州4个村为例［J］.西南大学学报（自然科学版），2020，42（7）：83–91.

[33] 刘秀丽，张勃，杨晓东，等.农户生计资本对旅游区农户生活满意度的影响——基于五台山景区的调查数据［J］.干旱区资源与环境，2018，32（11）：195–201.

[34] 唐晓云，吴忠军.农村社区生态旅游开发的居民满意度及其影响——以广西桂林龙脊平安寨为例［J］.经济地理，2006，26（5）：879–883.

[35] FATIMAH T. The Impacts of Rural Tourism Initiatives on Cultural Landscape Sustainability in Borobudur Area［J］. *Procedia Environmental ences*，2015，28：567–577.

浙江省乡村旅游效率评价研究

戚文静

（湛江科技学院管理学院，广东 湛江 524000）

摘　要：运用 DEA-Malmquist 扩展模型对浙江省乡村旅游效率进行解析评价，通过对乡村旅游业整体及各地级市效率的测评，揭示了浙江省乡村旅游业的发展水平、演化规律及其主要影响因素。研究表明（1）2012—2018 年浙江省乡村旅游综合效率偏低，仅有个别城市达到综合效率最优；（2）技术效率对总效率的制约和影响能力强于规模效率；（3）浙江省乡村旅游的全要素生产率年平均以 20.9% 的速度增长，其中贡献最低的要素为纯技术要素变动率。根据以上发展情况，未来应扩大规模、技术、人才的投入，提升其经营管理的能力，优化产业结构以及积极推进区域性乡村旅游协作。

关键词：DEA 模型；Malmquist 指数；乡村旅游效率

乡村旅游自兴起以来就一直受到国内外的广泛关注，我国在 20 世纪 80 年代到 21 世纪初期发展乡村旅游，并且在几十年间将乡村旅游产业发展壮大，使其成为人们旅游活动中的重要组成部分。但由于旅游资源禀赋、地区之间经济发展水平以及区位因素等差异，乡村旅游区域发展不平衡、供需失衡仍是主要问题。乡村旅游作为连接农业与旅游业的纽带，同时肩负城市与乡村的发展，对促进乡村发展，实现城乡一体化具有重要的作用。随着乡村旅游研究的深入，人们在前人研究的基础上提出了乡村旅游发展的各种优势以及各项改进策略，改善乡村旅游发展不充分不平衡的情况，走乡村优质旅游的发展道路。现阶段，我国乡村旅游发展势头迅猛，学者们对乡村旅游研究主要集中在乡村旅游的扶贫研究[1-4]、发展模式研究[5-6]、可持续发展研究[7-10]、主客观效应研究[11-14]等方面，而有关效率测量的研究较少。因此，选取浙江省 11 个地级市为研究对象，运用 DEA-Malmquist 扩展模型综合测算乡村旅游发展效率，以便更好地发挥乡村旅游城乡统筹的作用。

一、研究方法

（一）数据包络分析方法

DEA（Date Envelopment Analysis）也称数据包络分析，是多门学科交叉研究形成的一个新领域，广泛运用于不同的行业与部门，解决投入与产出的问题，是一种相对效率的评价方法。1984 年 Banker 和 Charnes 提出了规模收益可变的 DEA 模型 BCC 模型，该模型下的 DEA 有效决策单元为技术有效，未必满足规模有效。本文拟采用 BCC 模型，

［作者简介］戚文静（1995—），女，广西贵港人，湛江科技学院专任教师，硕士，研究方向为乡村旅游及海岛旅游开发，E-mail：958507932@qq.com。

利用该模型测算浙江省乡村旅游相对综合效率、纯技术效率和规模效率，用以反映同一时期资源配置情况、技术水平、发挥程度及规模优势发挥程度，且综合效率可以分解为纯技术效率和规模效率，其水平由二者共同决定。其中，以投入为导向的 BCC 模型为：

$$\begin{cases} \min\left[\theta-\varepsilon\left(e^{-T}s^{-}+e^{+T}s^{+}\right)\right] \\ \sum_{j=1}^{n}\lambda_j x_j+s^{-}=\theta x_0, s^{-}\geqslant 0 \\ \sum_{j=1}^{n}\lambda_j y_j-s^{+}=y_0, s^{+}\geqslant 0 \\ \sum_{j=1}^{n}\lambda_j=1, \lambda_j\geqslant 0 \end{cases} \quad (1)$$

上述模型（1）的基本结论为：（1）当决策单元 j_0 的技术效率 $\theta=1$，且 $s^{-}=0$ 和 $s^{+}=0$ 时，j_0 为 DEA 有效；（2）如果 $\theta=0$，但 s^{-} 和 s^{+} 不全为零，则 j_0 为 DEA 有效；（3）若 $\theta<1$，则决策单元无效。

（二）Malmquist 指数及其二次分解

Malmquist 指数是由 Malmquist（1953）提出的测算生产率变动的研究方法，本文将 Malmquist 引进是为更加全面地了解区域旅游产业效率的变动特征，并对其进行动态比较与分析，弥补 DEA 模型计算的效率值不能在不同时间截面进行连续比较的弊端，本文采用的是基于规模报酬不变（CRS）的 Malmquist 指数模型：

$$M\left(y_{t+1}, x_{t+1}\right)=\frac{d^{t+1}(x_{t+1}, y_{t+1})}{d^{t}(x_t, y_t)}\left[\frac{d^{t}(x_{t+1}, y_{t+1})}{d^{t+1}(x_t, y_t)}\times\frac{d^{t}(x_t, y_t)}{d^{t+1}(x_{t+1}, y_{t+1})}\right]^{\frac{1}{2}} \quad (2)$$

$$M\left(y_{t+1}, x_{t+1}, y_t, x_t\right)=\left[\frac{d^{t}(x_{t+1}, y_{t+1})}{d^{t}(x_t, y_t)}\times\frac{d^{t+1}(x_{t+1}, y_{t+1})}{d^{t+1}(x_t, y_t)}\right]^{\frac{1}{2}} \quad (3)$$

式（2）和式（3）描述了 t + 1 时期生产点（y_t+1，x_t+1，y_t，x_t）相对于上一时期 t 生产点（x_t，y_t）的生产率变化，指数大于 1 表明实现全要素生产率的正增长。

$$M=EC\times TC=PTEC\times SEC\times TC \quad (4)$$

式（4）中：EC 和 TC 分别为乡村旅游综合效率与技术变化（规模有效性）；PTEC 为纯基础效率变化，SEC 为规模效率变化；EC ≥ 1 表示规模效益提升或保持，规模有效，EC ＜ 1 表示规模效益下降，规模无效；TC ＞ 1 表示技术效率提升，TC ＜ 1 表示技术效率下降，TC=1 表示技术效率停滞。

（三）指标选取和数据来源

依据指标选取的可得性、可行性和合理性的原则，构建评价指标体系，用于测评浙江省乡村旅游的旅游效率。在生产投入要素中，经济学中一般分为土地资源、劳动、资本三个部分，但是在乡村旅游中受土地面积的影响较小。因此本文在投入变量方面，从劳动和资本两个角度反映乡村旅游在发展过程中通过投入而产生的变量，其中劳动要素指的是乡村旅游的从业人数，资本要素指的是乡村旅游景点数目、乡村资本投资。在产出效益中，本文选取的是乡村旅游每年接待游客的数量以及营业收入总额（表 1）。

本文相关指标的原始数据均来源于 2012—2019 年中国统计年鉴、浙江省以及浙江省各市的统计年鉴、统计公报以及各市政府门户，研究数据具有较强的客观性、可靠性和权威性。

表 1　浙江省乡村旅游投入产出评价指标体系

指标体系	一级指标	二级指标
投入指标	劳动力要素	乡村旅游从业人数
	资本要素	乡村旅游景点数
		乡村资本投入
产出指标	期望产出	接待游客人数
		乡村旅游总收入

二、结果与分析

（一）浙江省乡村旅游效率分析

将搜集整理的 2012—2018 年的投入产出数据采用 BCC 模型，得出浙江省整体乡村旅游的综合效率、技术效率和规模效率，计算结果见图 1、表 2。

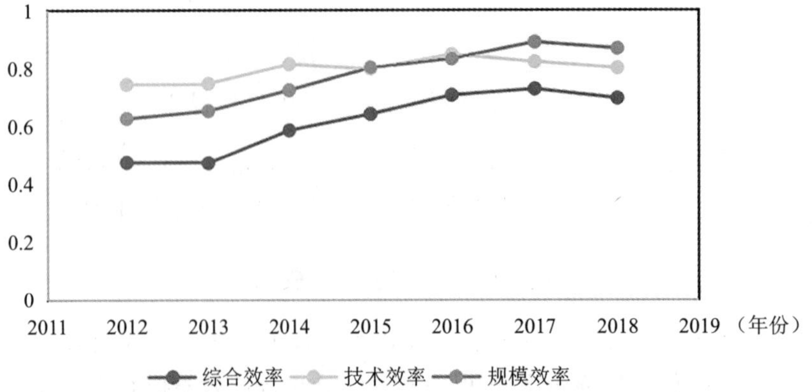

图 1　2012—2018 年浙江省乡村旅游效率趋势

表 2　2012 年、2015 年、2018 年浙江省乡村旅游效率值

地区	2012 年			2015 年			2018 年		
	综合效率	技术效率	规模效率	综合效率	技术效率	规模效率	综合效率	技术效率	规模效率
杭州	0.479	1.000	0.479	0.581	0.893	0.651	0.659	1.000	0.659
宁波	0.469	1.000	0.469	0.655	1.000	0.655	0.564	0.827	0.682
温州	0.513	1.000	0.513	0.617	0.894	0.690	0.657	0.776	0.847
嘉兴	0.451	0.931	0.484	0.634	0.829	0.765	0.815	0.898	0.907
湖州	0.607	1.000	0.607	0.769	1.000	0.769	0.912	1.000	0.912
绍兴	0.236	0.321	0.737	0.319	0.378	0.846	0.345	0.366	0.944
金华	0.270	0.494	0.546	0.319	0.404	0.791	0.417	0.449	0.929
衢州	0.476	0.691	0.689	0.983	1.000	0.983	1.000	1.000	1.000
舟山	1.000	1.000	1.000	1.000	1.000	1.000	1.000	1.000	1.000
台州	0.317	0.605	0.524	0.359	0.506	0.710	0.363	0.509	0.714
丽水	0.404	0.475	0.851	0.822	0.865	0.951	0.921	0.974	0.945
mean	0.475	0.774	0.627	0.642	0.797	0.801	0.696	0.800	0.867

1. 综合效率

2012—2018 年浙江乡村旅游综合效率水平较低，平均水平仅为 0.615，达到 DEA 模型综合效率最优的只有舟山，而综合效率最低的城市为绍兴，仅为 0.236，整体差异较大。从时间上看，综合效率呈逐年递增的状态，2012 年、2015 年、2018 年的平均综合效率为 0.475、0.642、0.696。从平均水平来看，2012 年、2015 年、2018 年 11 个城市中各 6 个城市没有达到平均水平，占总数的 54.5%；说明乡村旅游的经营中资源利用水平不高，没有实现产出最大化。

2. 技术效率

2012—2018 年浙江省乡村旅游综合效率水平一般，为 0.796，纯技术效率高于纯综合效率与纯规模效率。2012 年、2015 年、2018 年的平均技术效率为 0.774、0.797、0.800，在 2012 年、2015 年、2018 年湖州与舟山的技术效率达到最优，占浙江省的 18.2%，达到 DEA 模型技术效率最优城市个数多于综合效率和规模最优的城市数。从整体上看，2012 年、2015 年、2018 年分别有 4 个城市达到 DEA 模型技术效率最优，占总数的 36.4%；2012 年、2015 年、2018 年分别有 5 个、3 个、4 个城市没有达到平均水平，分别占总数的 45.5%、27.3%、36.4%。这说明技术效率在一定程度上制约浙江乡村旅游的经营效率。

3. 规模效率

规模效率越接近 1，说明越容易达到最合适规模。从图 1 中可看出 2012 年、2015 年、2018 年浙江省 11 个城市的规模效益分别为 0.627、0.801、0.867，整体规模效率一般（0.770）。在 2012 年、2015 年、2018 年分别有 1 个、1 个、2 个城市达到了 DEA 模型规模效益最优，说明这几个城市乡村优质旅游生产要素已经达到饱和。从图中可看出

浙江省乡村旅游的规模效率是呈递增状态，这说明在增加乡村旅游生产要素的情况下可以达到规模效益最优。

（二）分解效率对总效率的贡献分析

根据 DEA 的基本公式，可以得出乡村旅游的总效率等于技术效率与规模效率的积，因此总效率的大小受技术效率与规模效率的制约，两个分解效率的大小可以根据值的大小辨别对总效率的制约程度，以及解释得出某种结果的原因。本研究以 2018 年乡村旅游为样板数据，基于上一节得出的效率分析制作浙江省乡村旅游的综合效率与技术效率关系散点图（图 2），其中横坐标为综合效率，纵坐标为分解效率，根据综合效率与分解效率的关系，可得知：浙江省 11 个市的坐标散点越接近 45° 对角线，说明分解效率对总效率的制约程度越强，反之，远离 45° 对角线，说明制约程度越弱。

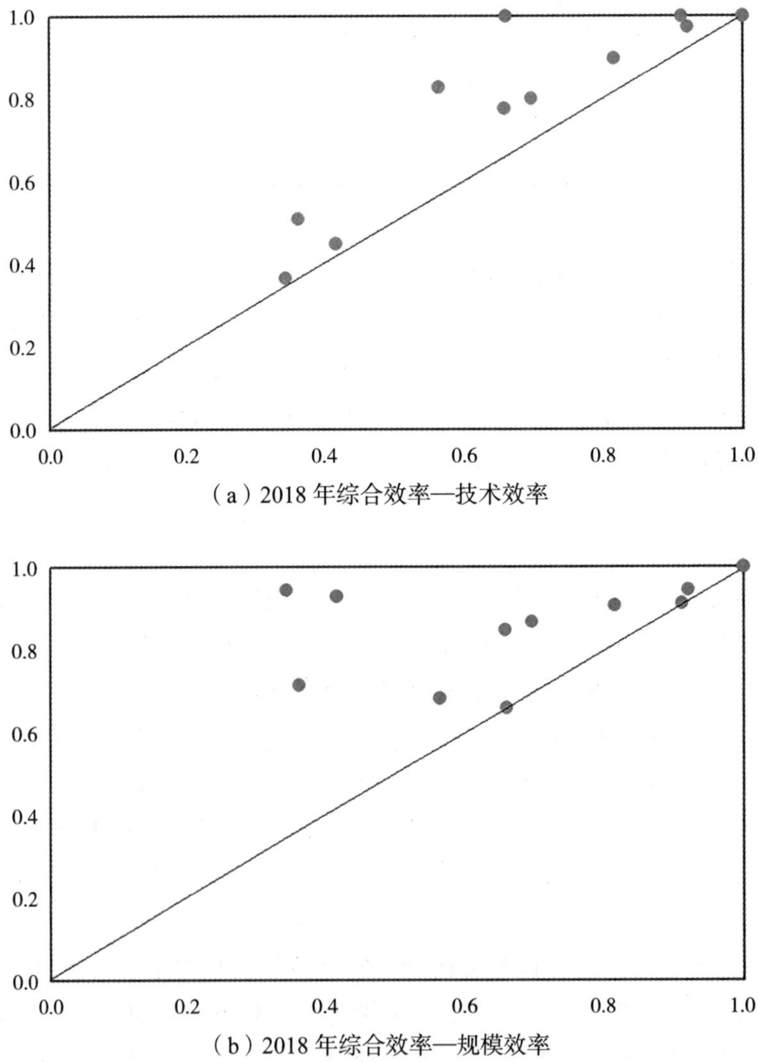

图 2　浙江省 2018 年综合效率与分解效率的关系

由图 2 可得：浙江省乡村旅游综合效率与技术效率、规模效率之间关系的散点绝大多数围绕 45° 对角线，说明 2018 年浙江省乡村旅游综合效率的两个分解效率均对综合效率进行解释。但就两幅图的相互比较而言，由于技术效率有效的城市个数较多，从技术效率总效率构成的散点图中看出，更多的散点位于散点图的顶部区域，围绕 45° 对角线有九个点，因此，相较于乡村旅游规模效率，多数城市的技术效率围绕 45° 对角线，可见 2018 年浙江省乡村旅游的技术效率对总效率的制约与影响强于规模效率。

由浙江省乡村旅游的综合效率—技术效率关系散点图的分布特征中可看出，2018 年浙江省乡村旅游的总效率受到两个分解效率的同时作用与影响，并且两者对总效率的作用强度存在差别，而平均值较低的技术效率的强度要大于平均值较高的规模效率，这种差异最终导致了 2018 年浙江省乡村旅游的综合效率水平较低。

（三）浙江省乡村旅游效率变化趋势

引用 Malmquist 指数模型对 2012—2018 年的浙江省全要素生产率变化以及分解测算，结果如表 3 所示。

表 3　2012—2018 年浙江省乡村旅游各年度全要素生产率指数及分解

时间	技术效率变动	技术进步变动	纯技术效率变动	规模效率变动	全要素生产率变动
2012—2013 年	0.982	1.222	0.941	1.044	1.201
2013—2014 年	1.129	0.930	1.113	1.122	1.161
2014—2015 年	1.103	1.120	0.991	1.113	1.235
2015—2016 年	1.125	1.118	1.081	1.041	1.257
2016—2017 年	1.025	1.206	0.957	1.071	1.236
2017—2018 年	0.946	1.234	0.972	0.973	1.167
mean	1.067	1.133	1.007	1.059	1.209

由表 3 可知，浙江省乡村旅游全要素生产率变动指数 7 年间平均值为 1.209，表示全要素生产率平均增长速度为 20.9%，表明浙江乡村旅游产业发展对投入各种生产要素利用程度较好，利用效率基本处于整体递增的状态。其中技术效率贡献了 6.7%，技术进步为 13.3%，纯技术变动为 0.7%，规模效率变动为 5.9%，说明浙江省乡村旅游呈上升趋势和积极发展状态。

浙江省乡村旅游效率全要素生产率变动指数在 2012—2018 年都大于 1，表明 7 年来浙江省乡村旅游的生产率总体上呈上升趋势。规模效率变动指数与技术进步变动指数各有五个时期的变化指数大于 1，一个时期小于 1，占评价时期的 83.3%，呈波动上升趋势；技术效率变动有四个时期大于 1，两个时期小于 1，也呈波动上升趋势，纯技术效率变动有两个时期是大于 1，四个时期小于 1，总体呈波动减小趋势。

表 4 是 2012—2018 年浙江省乡村旅游分区域全要素生产率以及分解指数，由表 3

可知，浙江省技术效率变动为 1.067，技术进步变动为 1.133，纯要素效率变动为 1.007，规模效率变动为 1.059，全要素生产率变动率为 1.209，这几个要素变动率均大于 1，说明浙江省乡村旅游呈积极发展状态。通过对乡村旅游产业全要素生产率变化率的分解可以看出，宁波、温州、嘉兴、金华、台州的乡村旅游产业纯技术效率变化指数均小于 1，说明这 5 个城市在 7 年间技术创新发展缓慢，使得旅游管理效益不佳。

表 4 2012—2018 年浙江省分地区全要素生产率指数及分解

区域	技术效率变动	技术进步变动	纯技术效率变动	规模效率变动	全要素生产率变动
杭州	1.055	1.151	1	1.055	1.214
宁波	1.031	1.119	0.969	1.065	1.154
温州	1.042	1.119	0.959	1.087	1.166
嘉兴	1.104	1.12	0.994	1.11	1.236
湖州	1.07	1.132	1	1.07	1.212
绍兴	1.065	1.131	1.022	1.042	1.205
金华	1.075	1.133	0.984	1.093	1.219
衢州	1.132	1.179	1.063	1.064	1.334
舟山	1	1.105	1	1	1.105
台州	1.023	1.12	0.971	1.053	1.146
丽水	1.147	1.155	1.127	1.018	1.325
mean	1.067	1.133	1.007	1.059	1.209

从效率增长变化来看，浙江省乡村旅游产业按全要素生产力平均增长率由高到低排名依次是衢州（33.4%）、丽水（32.5%）、嘉兴（23.6%）、金华（21.9%）、杭州（21.4%）、湖州（21.2%）、绍兴（20.5%）、温州（16.6%）、宁波（15.4%）、台州（14.6%）、舟山（10.5%）。衢州与丽水这两个城市的进步超过 30%，与其他城市相比相对最快。造成这种因素的可以用后发优势理论解释，衢州与丽水在浙江省内经济排名较靠后，城镇化相对没那么高，通过发展乡村旅游业大大减少投入成本，因而获得特殊利益，从而达到快速提升的目标。杭州、宁波、温州等地拥有较高的技术水平，技术创新只能依赖自身，投入大，周期长。而后发展地区由于发展水平有限，没有足够的能力进行自主创新，一般通过技术引进或者在模仿的基础上创新，由此减少资金投入以及缩短时间。从表 4 可知，舟山与台州两地的各要素都低于省内的平均水平，可能的原因为两地的乡村旅游资源潜力尚未得到激发，在技术利用创新方面也欠缺。

三、结论与建议

（一）结论

基于浙江省各市 2011—2019 年的数据，本文采用 DEA 模型和 Malmquist 指数对浙江省各市2012—2018年的乡村旅游产业效率、全要素生产率变化率及其分解进行测度，研究结论如下：

（1）浙江省各市2012—2018年的乡村旅游产业年均综合效率值为0.615，达到理想状态的61.5%，存在很大的发展空间，且总体呈波动上升趋势；技术效率均值为0.796，略大于综合效率，呈现为波动下降趋势，没能完全发挥现有技术和资源的潜力；规模效率均值为0.770，呈现为缓慢上升趋势，说明浙江省各市的乡村旅游产业规模集聚程度和专业化水平较为一般；技术进步变化指数每年均大于1，且均值为1.133，说明浙江省各市的乡村旅游产业技术水平逐年提高。

（2）通过测算浙江省乡村旅游的Malmquist生产率指数得出，浙江省从2012—2018年全要素的生产变动率均大于1，并且平均值达到了1.209，说明全要素生产变动率平均每年以20.9%的速度增长；其中技术效率变动有两个时间段呈负增长，平均技术效率平均以每年6.7%的速度增长；技术变化变动有一个时间段小于1，年平均以13.3%的速度增长，对全要素生产率贡献最大；纯技术效率变动只有两个时间段实现正增长，同时纯技术效率变动的贡献值也是最低的，仅为0.7%；规模效率变动在最后一个阶段负增长，平均涨幅为5.9%；由此可得浙江省乡村旅游除了全要素变动率恰没其他要素在个别年份都有负增长状态，但是浙江省总体仍然是增长状况，说明浙江省乡村旅游持续向好发展。

（3）通过对浙江省各城市进行全要素生产率计算得出：在2012—2018年，浙江省各市在技术效率变动、技术进步变动、规模效率变动以及全要素生产率变动均大于或等于1，说明这11个城市在七年间这几个因素有得到发展，而纯技术效率变动有宁波、温州、嘉兴、金华、台州是负增长状态，但是各市的总平均效率大于1，对全要素贡献率低。

（二）建议

1.适当扩大规模投入，深入挖掘现有资源潜力

浙江省乡村旅游技术效率以及规模效率仅达到中等水平，但伴随着我国经济的持续增长，人民生活水平的不断提高，使人放松的乡村旅游已经成为调节人民紧张的城市生活必不可少的活动。人们日益增长的乡村休闲旅游需求也必将导致乡村旅游不断向出游方式多样化、消费方式多元化及旅游住宿多选化等方面发展，这就意味着乡村旅游需要扩大乡村旅游规模，深入挖掘现有资源，提高现有旅游资源品位，从整体上提高乡村旅游质量，满足人民日益增长的旅游需要。

2.加大科技和人才要素投入，提升经营管理能力

对面板数据的运算结果表明浙江省近半数地区的纯技术效率低于1，这说明浙江省乡村旅游发展效率明显受技术效率的制约。因此，通过增加对技术的投入与管理，由经济发展较好的地区优先投资带动技术的发展，后进地区则通过引进模仿创新出适合当地发展的新技术。另外，建立人才引入机制，完善乡村人才服务保障，提升人才的利用率，增强旅游企业以及乡村旅游的经营管理能力，提升生产要素的使用效率，最终提升浙江

省乡村旅游产业的整体效率。

3. 调整生产要素投入的规模与结构，推动产业结构转型

综合效率的提升主要依赖规模效率的提升，浙江省规模效率整体上高于纯技术效率，因此要积极发挥乡村旅游的规模聚集效应，创新要素配置方式，利用国家相关政策法规，加强乡村地区基础设施建设，制定符合自身发展的经营模式，促进产业结构优化升级。将原先粗放型经营模式转化为集约化经营模式，逐步推动产业结构创新升级，促进旅游产业由规模扩张转向效益扩张。

4. 加强地区合作，积极推进区域性乡村旅游协作

随着区域经济的发展，各地之间开展区域合作也是旅游业发展的主流趋势，在区域发展过程中，内部发展更加趋于一体化发展。因此，区域间的合作关系逐渐替代竞争关系，平衡区域间发展的不均衡问题显得尤为重要。浙江省内部除了经济发展差异大，在乡村旅游发展上也存在差异，具体表现为效率高的城市较少，而中等效率以及低效率的城市占有大半。应积极推进乡村旅游标准化建设，促进资源横向整合，发挥高效率地区的示范引领作用，加强地区之间的合作。各地区需要根据自身特色，打造符合本地区资源特色的旅游产品，地方之间根据不同的特色进行相互宣传，争取获得更好的经济溢出效应，从而缩小差距。

参考文献

[1] 李凯，王振振，刘涛.西南连片特困地区乡村旅游的减贫效应分析——基于广西235个村庄的调查［J］.人文地理，2020，35（6）：115-121.

[2] 汪德根，沙梦雨，朱梅.国家级贫困县旅游资源优势度与脱贫力耦合分析——以433个脱贫县为例［J］.人文地理，2020，35（5）：111-119.

[3] 王松茂，何昭丽，郭英之，等.旅游减贫具有空间溢出效应吗？［J］.经济管理，2020，42（5）：103-119.

[4] 麻学锋，刘玉林，谭佳欣.旅游驱动的乡村振兴实践及发展路径——以张家界市武陵源区为例［J］.地理科学，2020，40（12）：2019-2026.

[5] 陈梓楠.基于农村产业结构优化的乡村旅游发展模式选择［J］.农业经济，2018（9）：58-59.

[6] HUNT C，STRONZA A. Stage-based tourism models and resident attitudes towards tourism in an emerging destination in the developing world［J］. *Journal of Sustainable Tourism*，2014，22（2）：279-298.

[7] 高俊，王灵恩，黄巧.边境旅游地乡村转型及可持续发展路径——云南打洛口岸地区的民族志研究［J］.地理研究，2020，39（10）：2233-2248.

[8] Graham M. The Development of Indicators for Sustainable Tourism：Results of a Delphi Survey of Tourism Researchers［J］. *Tourism Management*，2001（22）：351-362.

[9] James TG Ko. Development of a Tourism Sustainability Assessment Procedure：A conceptual Approach［J］. *Tourism Management*，2005，26（3）：431-445.

[10] Choi H，Sirakaya E. Sustainability indicators for managing community tourism [J] .*Tourism Management*，2006，27（6）：1274–1289.

[11] 林恩惠，杨超，郑义，等.农村人居环境对乡村旅游发展的辐射效应 [J] .统计与决策，2020，36（15）：89–91.

[12] 邓梦麒，陈佳，温馨，等.农户感知视角下乡村旅游效应及社区归属感影响因素研究——以延安市为例 [J] .中国农业资源与区划，2019，40（12）：283–292.

[13] 陈佳，张丽琼，杨新军，等.乡村旅游开发对农户生计和社区旅游效应的影响——旅游开发模式视角的案例实证 [J] .地理研究，2017，36（9）：1709–1724.

[14] 王新亚.基于乡村旅游效用的河南省农村土地资源利用研究 [J] .中国农业资源与区划，2017，38（6）：71–76.

城市大脑驱动下数智赋能乡村旅游的探索与实践①

吴坚平[1]，李鹏飞[2]，吴春明[1]，姜　明[2]，高　兴[1]，王丽英[3]

（1. 浙江大学，浙江 杭州 310058；2. 杭州电子科技大学，浙江 杭州 310018；

3. 淳安县生态产业和商务局，浙江 杭州 311700）

摘　要：在新冠肺炎疫情防控取得阶段性胜利和脱贫攻坚取得重大成就的背景下，我国乡村振兴战略稳步推进。“城市大脑”作为数字化改革的典型应用，对社会经济发展有着全领域、全方位、全流程的深远影响。作为城市大脑的重要组成部分，数智旅游建设正成为激活乡村振兴的新动能。本文着眼于乡村旅游在新时期的发展机遇和困境，从城市大脑“数据协同、指令直达”的视角，基于信息协同、场景协同、业务协同对游客、乡村以及政府的行为数据进行分析与融合，实现数智赋能乡村旅游高质量发展。另外，通过对成功案例的介绍，进一步阐述城市大脑为乡村旅游会带来哪些变化，为乡村振兴提供路径参考。

关键词：乡村振兴；城市大脑；数智旅游；数字化改革

一、研究背景

随着国内新冠肺炎疫情得到有效控制，全民疫苗接种模式全面开展，我国进入了后疫情时代。近两年来，以城市大脑建设为代表的数字化改革[1]在我国进行了全领域、全方位、全流程的应用[2]。特别是习近平总书记在 2020 年 3 月视察了杭州城市大脑指挥部，为我国城市大脑发展思路指明了方向。实施乡村振兴战略，是党的十九大作出的重大决策部署。在 2020 年 10 月国家发布的“十四五”规划中提出要发展数字经济，推进数字产业化和产业数字化，推动数字经济和实体经济深度融合。同时，也要推动文化、旅游等服务业同现代农业深度融合，加快推进服务业数字化，全面推进乡村振兴[3]。2021 年 2 月国家乡村振兴局的成立，标志着乡村振兴战略将步入新的历史起点。乡村旅游是实施乡村振兴战略、实现乡村脱贫、解决“三农”问题的有效途径之一。以数据智能处理为指导，结合云计算、物联网等技术的智慧旅游在乡村旅游中已经得到推广和应

［基金项目］本文系 2020 年杭州市软科学研究项目“基于杭州城市大脑中枢系统的乡村小脑应用研究”（合同编号 20200834M20）的阶段性研究成果。

［作者简介］吴坚平（1983—），江西人，浙江大学电子与信息专业在读博士生，高级工程师，研究方向为复杂异构融合数据分析、智慧旅游，E-mail：wjpself@zju.edu.cn；李鹏飞（1990—），河南人，杭州电子科技大学，计算机科学与技术专业在读博士生，研究方向为人工智能、视频图像分析、知识图谱，E-mail：1325411642@qq.com；吴春明（1967—），浙江人，浙江大学，教授，博士生导师，研究方向为人工智能、工业网络安全，E-mail：wuchunming@zju.edu.cn；姜明（1974—），江苏人，杭州电子科技大学，博士，教授，研究方向为人工智能、视频图像分析、知识图谱，E-mail：jmzju@163.com；高兴（1983—），女，陕西人，浙江大学，社会学专业在读硕士生，经济师，研究方向为房地产经济，E-mail：61630230@qq.com；王丽英（1981—），女，浙江人，淳安县生态产业和商务局，高级经济师，研究方向为电子政务、大数据，E-mail：cawly2009@163.com。

用。但是，由于目前仍处于硬件投入程度大于智慧应用程度的初级阶段，未能实现数据赋能管理，难以达到创新管理效应[4]。在这个大背景下，旅游业如何进一步发展，旅游如何赋能乡村振兴都值得进一步研究。笔者结合自身在旅游、数据资源管理等部门工作经历和研究学习，剖析乡村旅游发展面临的困境与机遇，并就城市大脑如何赋能旅游进行相关探索和实践。

二、乡村旅游的发展困境与机遇

乡村旅游作为乡村振兴的代表性产业，是改善乡村产业结构，助力脱贫攻坚，释放乡村活力的重要途径，国家大力支持乡村振兴事业，乡村旅游必将成为重中之重。虽然乡村旅游面临着发展的困境，但也迎来了空前的机遇。

（一）乡村旅游发展的困境

（1）科学管理的能力不足。乡村旅游虽有一定发展，但乡村地区具有“覆盖广、分布散”的特点，难以实现精细化、动态化管理，无法形成相互之间的联动，乡村旅游的区域综合性没有得到发挥。同时，乡村旅游在应急处理、人才建设、产业规划等方面也面临着很多问题。这些问题也导致乡村旅游不能适应市场需求，失去对游客的吸引力，制约乡村旅游发展。

（2）精细服务的品质不高。乡村旅游基础设施建设相对落后，服务水平不高。这方面主要体现在交通设施、景区等服务质量无法满足游客需求，入住入园排队时间长、住宿餐饮缺乏监管质量较差等问题。

（3）原生产品的创新不够。乡村旅游产品开发中因不能充分利用地区资源，不能挖掘地区特色，缺乏创新思维，相互之间仍是采用“复制粘贴”的发展模式，产品同质化问题突出，导致旅游有效供给总体不足和结构性短缺的现象已日益严重。

（二）乡村旅游发展的机遇

（1）国家“新基建”有要求。2020 年 7 月，文化和旅游部下发《关于统筹做好乡村旅游常态化疫情防控和加快市场复苏有关工作的通知》文件，要求加快推动智慧旅游基础设施建设，扩大宽带通信、移动互联、无线网络及监控摄像头等设施覆盖面[5]。

（2）经济“内循环”有市场。旅游行业是我国内部经济循环的重要支柱性产业，面对全球疫情的冲击，跨境旅游或长途旅游全面停摆，国内旅游市场在国家疫情防控保障体系下迅速回暖，以短途游为主的乡村旅游应该带来巨大的消费需求。

（3）人民“健康游”有需求。后疫情时代人们对健康生活环境、生活方式的观念有所改变，乡村旅游凭借天然疗愈性产品，已成为大众出行的热门选择。同时，多地卫生管理部门已开展健康大脑、智慧医疗等信息化项目建设，构建患者、医生、医院多场景画像，为“健康游”保驾护航。

三、城市大脑给旅游带来的变化

2016 年 4 月，杭州市正式提出城市大脑的概念，其涉及社会经济发展中的全领域的多源、异构、多模态数据。其中，多源是指来自不同的领域和数据源；异构是指结构和非结构数据；多模态是指有文本、影像、语音等数据。这些数据具有结构差异大、来源广、更新实时等特点，虽然数据处理给旅游服务和信息化管理带来了一定挑战，但是在大数据环境下，通过多源异构融合能为知识获取、知识组织以及知识利用等方面提供了非常有效的手段和方法[6]。近两年来，依托城市大脑中枢系统建设的各类应用场景已经进入百姓生活的方方面面，其中在旅游业方面有以下几个变化。

（一）游客行为分析的维度更多

游客行为主要包括消费行为和活动行为，这两个行为也是常态化疫情防控的需要重点关注内容，在城市大脑的赋能下，分析维度涉及更多领域（表 1）。

表 1　游客行为数据对比分析

行为类型	传统分析维度	城市大脑分析维度
消费行为	酒店、景区、银联卡等	酒店、景区、银联卡、金融机构、移动支付等
活动行为	酒店、景区、电信运营商	酒店、景区、电信运营商、高铁、高速公路、水电等

（1）在消费行为方面涉及领域更广。传统消费行为数据主要来源于酒店、景区、旅行社等，相比于传统消费行为，通过城市大脑赋能后的消费行为数据更是囊括了金融、交通等领域，涉及领域更广。尤其是通过城市大脑解决了传统信息系统的数据孤岛问题，实现了数据层面的流通与融合，将数据从被动变主动，从后台到前台，构建出了更完善、精细的游客消费行为画像，画像越真实细腻，对游客的需求分析就越充分，旅游目的地丰富完善旅游产品的决策越精准。

（2）在活动行为方面涉及时空更大。通过城市大脑赋能，可以将游客的时空维度和时间维度相互融合，涉及时空更大。这个时空维度是指游客从 A 城市到 B 城市、从 C 景区到 D 景区的线路信息，通过交通部门、景区售票系统数据协同，分析出旅游目的地的热门线路，时间维度是指游客在某一个地点（景区或酒店）不同时间段的行为分析，比如通过民宿客房用电数据进行分析，可以得出春夏秋冬游客对不同房型的需求以及外出活动时间等情况进行分析。通过以上多维度数据协同分析，可以帮助景区和民宿等主体及时调整价格，优化产品服务供给。

（二）政府管理分析的粒度更细

后疫情时代，政府如何实现科学高效精准管理是一个全新的命题。特别是在乡村振兴战略的指引下，旅游数字化管理在城市大脑的影响下发生了质的改变。

（1）构建乡村旅游的“统一地址库”。因乡村地址不规范从而导致游客走错路、走弯路等问题非常普遍。在传统已有的管理手段基础上，通过城市大脑“整体智治”思维，建设城乡一体化的“统一地址库平台”，将乡村空间内人、房、企、事、物等要素进行数字化处理、系统化整合、可视化呈现，实现对乡村旅游资源的精细摸查与科学规划，帮助乡村旅游管理提质增效[4]。

（2）打通乡村交通的“毛细血管”。随着人民生活水平的不断提高，私家车已成为城乡每个家庭的必配交通工具，在节假日等旅游旺季时，乡村交通中的行车难和停车难已成一大突出问题。近两年来，杭州城市大脑在这方面已有比较成熟的探索，以自驾游中车的信息为例，通过城市大脑停车场“先停车后付费”应用场景，打通各停车场停车数据，生成游客汽车各停车场的相关轨迹，形成更加详细精准的自驾游线路图，方便交警部门在旅游节假日更加科学有效地开展交通管理（比如，多少警力、灯绿灯时长配置等），提升游客的满意度和百姓的获得感。

（3）破解景区“超负荷”运行的监管难题。为严格规范因新冠肺炎疫情解禁后的旅游景区管理，在2020年4月国家就印发了《关于做好旅游景区疫情防控和安全有序开放工作的通知》文件，提出要通过智慧旅游建设，要强化流量管理，严防人员聚集[7]。通过城市大脑“数据协同、业务协同、服务协同”的能力，建设无售票窗口，实现路径主要包括分时预约、“健康码＋入园码”自动校对、支付宝和微信描码直接入园、扫脸支付直接入园等，破解游客排队和聚集的风险情况发生，实现“无接触”数字景区。

（三）企业投资分析的精度更准

旅游投资项目是各地政府招商引资的重点，传统的招商需要进行现场踩点和多部门联合审批等环节，存在费时费力等问题。通过城市大脑赋能，打通多部门在线审批闭环，实现“数据多跑路，企业少跑腿”的目标。2021年1月8日，在杭州城市大脑2019年至2020年总结发布会上，首次发布杭州市淳安县提出的“两山银行”数字驾驶舱应用场景，“两山银行”的核心功能是“存入绿水青山，取出金山银行”。目前，全县的优质闲置民房、闲置土地等资源已存入平台。同时，该场景通过“部门协同”，打通14个部门联审功能，实现在线多规融合分析，让旅游投资商在分钟级内确认意向位置和产品，有效破解之前要花近1个月时间去找这些部门层层审批的问题，营造良好的营商环境，实现精准招商（图1）。

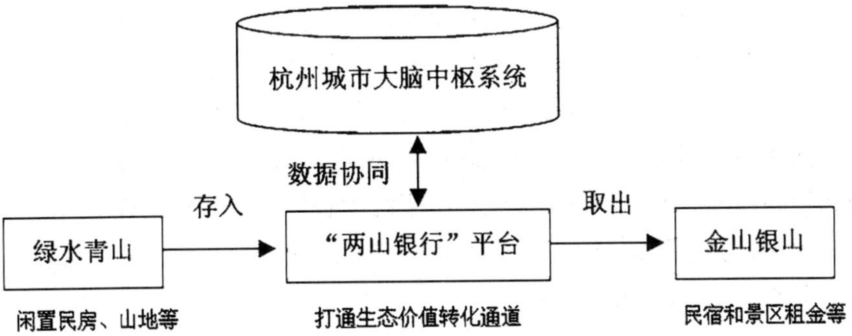

图1 “两山银行”平台业务流程

四、数智赋能乡村旅游的探索

基于乡村旅游感知网络体系，结合被动式群体感知和主动式群体感知数据[8]，依托城市大脑中枢系统全领域数据的融合和挖掘分析能力，构建场景分析模型，实现从智慧旅游到数智旅游的升级迭代，建立以人民为中心的乡村旅游数智服务体系。

（一）通过数据协同有效破解乡村游的安全管理问题

在后疫情背景下，游客精准管控是乡镇政府常态化管理的工作重点，目前的管理手段主要是靠建设乡村数字治理平台来实现，而全国大多数乡村数字治理平台由于前期对需求调研的不足，特别是家底没有摸清，使平台功能无法满足实际需要，导致使用体验差，使用率不高，进而使乡村治理过程中陷入“表面数字化”陷阱——仅仅搭建起一个平台框架，而难以产生实质性的治理效果[9]。因此，在疫情常态化形势下必须建立有效的乡村疫情智慧预警制度，实现应对疫情或灾害等公共危机的组织保障[10]。在外来人员管控上，可以建立以村庄和景点为单位的电子围栏，对村庄和景点原有视频监控升级 AI 能力，以及获取 OTA 消费数据等手段，建立流动人员画像。在乡村治安管理上，将民宿的住宿数据、用电数据、景区的购票数据、公安的“基层治理四平台”数据等进行高效协同，发挥“民生服务 + 社会治理”双功能作用，增强“会预测问题、能解决问题”的能力，实现“整体智治”，让百姓生活和游客体验更安全、更美好。

（二）通过业务协同有效破解乡村游的产业单一问题

传统的乡村旅游是以乡村景点和民宿为主要产品，产业结构相对单一，主要原因是旅游业与农业、林业等业态在业务协同的通道没有找到。近两年来随着农业现代化、数字旅游、数字乡村等“信息技术 + 产业”应用蓬勃发展，以及城市大脑中枢系统在全领域业务数据归集、分析等功能日臻完善，业务协同场景越来越多。比如，游客和乡村养蜂相结合，在线或线下认养一个蜂箱，通过 AI 技术将蜂箱打造成智慧蜂箱，蜂蜜多少，游客通过手机 App、微信小程序等随时随地获取相关信息。另外，游客还可以通过数字化手段参与到果树、菜园和茶园的在线认种活动中，实现全民认种认养，体验“都市农夫”生活。

（三）通过场景协同有效破解乡村游的供需互动问题

乡村旅游中游客与民宿、景区等村民之间的供需信息不对称问题是非常突出和普遍的。比如，游客在乡村旅游中常用到百度和高德等导航 App，交通主管部门给乡村百姓开发的云公交到站 App，村民通过携程、大众点评和美团等电商 App 发布产品，这三个平台是相互独立的应用场景，因没有实现有效协同，供需信息不对称不实时。为此，通过互联网和物联网等技术，以城市大脑中枢系统为载体，有效打通数据孤岛，把特色优质农产品销售和游客体验融合为一体，实现一二三产业融合发展，带动周边村民实现家门口就业，实现乡村产业兴旺。

五、基于“城市大脑”的乡村旅游实践案例

浙江省淳安县枫树岭镇依托优质的山水资源和“千岛湖”旅游金名片，大力发展旅游产业，力求以乡村旅游助力乡村振兴。然而，全县旅游业是以千岛湖景区为起点，逐步向全域发展，存在景区之间互动性不强，旅游对各行业带动能力不足，基础设置薄弱，供需不均衡等问题。枫树岭镇为破解这些旅游发展困境，着眼于乡村数字化建设，通过城市大脑和乡村旅游的有效融合来帮助数字化变革。

在数字乡村建设中，枫树岭镇依托杭州城市大脑·淳安县乡村大脑子平台，通过城村两级大脑数据协同，具备获取境内景点、民宿（酒店）、旅游村落的实时数据和预测未来七天数据的分析功能，结合市县统建的“基层治理平台”数据，有效解决了“游客在哪里？交通堵不堵？”等问题，助力实现乡村振兴“整体智治”。通过游客 LBS 信息和融合主流 OTA 点评信息实时绘制游客自画像，提升旅游服务的精准推荐能力，定向为游客发送农产品信息（如千岛湖有机茶），构建在线认种认养认购场景实现农产品优质优价，为游客提供全程式、个性化、多元化、高质量的旅游服务。通过县、乡镇、村社数据协同，建立全县统建的游客数据仓，实现游客资源深度共享、景点信息互联，加强旅游和文化、生态的结合，助力实现乡村产业振兴。枫树岭镇的数字化改革实践，在 2021 年 3 月 14 日被央视《新闻联播》头条播出《浙江：用数字化改革 全面推进乡村振兴》[11]，作为“十四五”开局专栏第一篇、全国第一个省播出，值得全国乡村借鉴。

六、结论

在后疫情和乡村振兴战略的背景下，作为城市大脑的“神经末梢”，乡村小脑（或称数字乡村）建设工作正全面推进，全国各地开始积极探索乡村小脑发展新模式，数智旅游是新发展格局下的必然产物，也是助力乡村振兴的有效手段之一。主要有以下体现：

（一）助力乡村游数字化水平快速提升

通过市、县两级城市大脑和乡镇、村社两级乡村小脑数据协同，构建了数据资源“纵向到底，横向到边”互通模式，极大地提高数据资源共享复用能力，特别是让旅游行业从智慧旅游到数智旅游的飞速跨越。

（二）助力乡村游全域智慧治理更高效

通过搭建数字化治理平台，有助于建立全域无死角、数据无壁垒、沟通无延迟的智能化乡村管理体系，实现乡村旅游产业的有序开发、有序管理、有序服务，有效提升了游客和乡村百姓在数字化时代的幸福感和安全感。

（三）助力乡村游全民参与感和获得感

从百姓和游客的视角出发，城市大脑是以应用场景方式呈现，内容上始终坚持以人民为中心，从惠民利企便游着眼[12]，从民生实事切入，让市民和游客有真真切切的获得感，改善了生活品质，提升了幸福指数。

参考文献

［1］袁家军，李中文. 改革突破争先　建设数字浙江［N］. 人民日报，2021-03-17（007）.

［2］刘锋.如何理解和定义城市大脑［J］.中国建设信息化，2020（17）：58-59.

［3］新华网.中共中央关于制定国民经济和社会发展第十四个五年规划和二〇三五年远景目标的建议［EB/OL］.http：//www.gov.cn/zhengce/2020-11/03/content_5556991.htm.

［4］吕佳颖，綦晓光.乡村振兴战略背景下探索基于文旅的数字乡村新模式［EB/OL］.http：//finance.sina.com.cn/china/gncj/2021-03-08/doc-ikknscsh9492828.shtml.

［5］文化和旅游部办公厅.关于统筹做好乡村旅游常态化疫情防控和加快市场复苏有关工作的通知［EB/OL］.http：//www.gov.cn/zhengce/zhengceku/2020-07/18/content_5527982.htm.

［6］张瑶，李蜀瑜，汤玥.大数据下的多源异构知识融合算法研究［J］.计算机技术与发展，2017，27（9）：12-16.

［7］文化和旅游部，国家卫生健康委.关于做好旅游景区疫情防控和安全有序开放工作的通知［EB/OL］.http：//www.gov.cn/zhengce/zhengceku/2020-04/14/content_5502188.htm.

［8］郑宇.多源数据融合与时空数据［EB/OL］. https：//www.msra.cn/zh-cn/news/features/yu-zheng-spatiotemporal-data-mining-20170330.

［9］刘曦绯，高笑歌.乡村数字治理如何跨越“表面数字化”陷阱——基于“公民即用户”视角的分析［J］.领导科学，2021（4）：28-30.

［10］王婉飞.后疫情时代乡村旅游服务管理机制创新的思考［EB/OL］.http：//www.som.zju.edu.cn/2020/0301/c34057a1963428/page.htm.

［11］央视网.【在习近平新时代中国特色社会主义思想指引下——贯彻新发展理念 推动高质量发展】浙江：用数字化改革 全面推进乡村振兴［EB/OL］.https：//news.cctv.com/2021/03/14/ARTIGppZC3dwlVLo2yPFctpe210314.shtml.

［12］陈卫强.杭州城市大脑的实践与思考［EB/OL］.http：//theory.people.com.cn/n1/2019/0908/c40531-31342597.html.

基于扎根理论的我国非遗与旅游融合发展驱动机制研究

梁学成，宋　晓，赵丽慧
（西北大学经济管理学院，陕西 西安 710127）

摘　要：非物质文化遗产是一种特殊的文化资源，也是社会历史文化的传承与民族精神的延续的主要载体，非遗旅游是文化旅游业的重要内容。本文从我国非遗与旅游融合发展的实际出发，结合相关文献梳理，提出非遗与旅游融合发展的基本逻辑。然后通过对洛阳、西安、韩城三地的实地调研，以访谈数据为依据，运用扎根理论的方法，提取出8个主范畴，即政府扶持、企业主导、需求升级、文化传承、社会参与、外部环境、融合表现、融合效益。并进一步提出由推力、拉力、支撑力、中介力和竞争力组成的驱动五力模型。最后分析其内在的驱动机制，为推动非遗与旅游融合发展提供理论指导。

关键词：非遗；非遗旅游；融合发展；驱动机制

一、引言

非物质文化遗产（简称“非遗”）是中华传统文化的重要组成部分，也是地方民间文化的精髓，承载着区域文化基因和民族记忆。近年来，随着国内文旅融合发展进程的不断加快，非遗与旅游融合也涌现出多种新业态，如“非遗＋民宿”“非遗＋研学”“非遗＋特色小镇”“非遗＋博物馆”“非遗＋特色街区”“非遗＋演艺”等，使传统非遗活化为现代社会的体验活动。非遗与旅游融合并非是二者的简单相加，而是非遗融入旅游发展的全过程之中，是非遗发挥旅游功能与旅游增添文化内涵有机统一[1]，不仅满足了人们日益增长的文化需求，也给地区经济和社会发展带来影响。正如世界旅游联盟秘书长刘士军在论坛发言中表示：非遗与旅游融合发展，旅游将增加内涵和提升品质，非遗将通过旅游平台更好地走进世界，走入人心，走向未来[2]。

近年来，国家及各地政府在非遗发展的政策方面也给予大力支持。2018年文化和旅游部办公厅、国务院扶贫办综合司发布了《关于支持设立非遗扶贫就业工坊的通知》，指出要以“非遗”为核心，带动“文化扶贫”，奠定了中国非遗保护和传承的主基调；2019年文化和旅游部官网发布《国家级非物质文化遗产代表性传承人认定与管理办法》，并评出非遗与旅游融合十大优秀案例，为各地创新非遗和旅游融合模式树立了典型和榜样。如非遗与旅游演艺及节庆相融合，采用山水实景、文旅演艺和歌舞类表演等形式，对传

［基金项目］中国旅游研究院（文化和旅游部数据中心）2020年文化和旅游宏观决策课题《我国非物质文化遗产与旅游融合发展的引导机制及对策研究》。

［作者简介］梁学成（1969—），河北故城人，教授，博士生导师，研究方向为文化旅游产业与管理，E-mail：greatcloudy@126.com；宋晓（1988—），女，河南永城人，博士研究生，研究方向为文化旅游，E-mail：song0106@126.com；赵丽慧（1995—），女，河北承德人，硕士研究生，研究方向为非遗旅游，E-mail：1162726481@qq.com。

统舞蹈、音乐、服饰、节庆等非遗文化进行集中展示和再开发，出现了上海·朱家角实景版《牡丹亭》、西安华清宫《长恨歌》、杭州《宋城·千古情》等；另外，非遗与旅游文创相融合，出现了非遗工坊、非遗博物馆、非遗文化产业园、非遗主题景区等，如北京老字号内联升、贵州丹寨锦绣谷。实际上，非遗与旅游融合发展不是简单的要素叠加，而是需要多种驱动因素的协调互动，包括非遗旅游发展中的保护规划和版权问题[3-5]；还有非遗旅游体验的真实性问题等[6-8]。因而，非遗与旅游融合对于旅游发展和文化传承具有双向的促进作用。

近年来，我国非遗与旅游融合发展已出现了多种模式，如静态融合模式（如陈列、展示非遗作品）、商品开发模式（如文创）、活态融合模式（如舞台化表演）和综合融合模式（如非遗街区）等。在这些不同模式或业态的发展过程中，存在着不同利益相关者及力量的协同发展问题。为了确保非遗旅游的健康、可持续发展，避免出现过度商业化，确保非遗文化的有效传承与发展。笔者将对非遗与旅游融合发展的驱动机制进行分析，不仅有助于明确非遗旅游发展的重要驱动力基础，还有助于指导我国非遗与旅游融合的科学发展。

二、研究设计

（一）相关研究基础

国内外不少学者对遗产旅游、文化旅游、体育旅游等融合发展的驱动机制进行了研究。国外研究了技术、企业战略、政策管制等因素的驱动作用[9-12]，国内的研究包括旅游需求、旅游企业、信息技术、外部环境等方面因素[13-14]；还有学者认为应包括消费需求、技术创新、政府规制、文化传播、非遗展示、非遗保护等因素[15-16]。针对非遗与旅游融合的驱动机制，蒋长春等（2015）认为非遗妈祖信俗与旅游融合的影响要素包括政策制度、文化资源、市场需求、旅游地开发能力、产业创新等[17]；陈炜、黄碧宁（2018）分析了广西北部湾地区非遗旅游开发与保护协同发展的驱动路径，包括主体拉动、客体推动、介体支持[18]；罗茜（2019）认为张家界非遗演艺业响应强度的影响机制主要来源于区域经济发展水平、旅游产业规模、固定资产投资强度和基础设施建设 4 个因素[19]。通过相关文献梳理，可以看出非遗与旅游融合发展是由多种因素综合作用的结果。另外，美国的福瑞斯特（Forrester）教授（1985）提出的系统动力学理论常用来研究产业融合的驱动机制[20]，其核心思想是将事物看作一个整体的反馈系统，按照一定规律在内外力和制约因素的共同作用下发展演化，并且有学者会把最初的产业融合动力（引力、推力、支持力和障碍力）进行适当调整，以匹配具体领域研究[21]。

（二）基本逻辑与方法

本文认为非遗与旅游融合发展的基本逻辑是推力、拉力、中介力和支持力共同作用、相互协调的结果（图 1）。其中，推力表现为非遗保护意愿和政府政策支持，也是促进非遗与旅游融合发展的内动力，主要来自传承人、政府主体的行为及作用；拉力表现为游客需求和经济效益，主要是市场需求的不断变化与企业间激烈的竞争而促使企业开发非遗旅游，属于推动非遗与旅游融合发展的外部力量；中介力表现为技术创新，属于非遗与旅游融合发展的重要黏合剂或催化剂，是非遗旅游产品得以固化发展的一种重要力量。另外，支持力表现为外部环境，主要是指外部的经济、社会、文化等宏观环境，表现为对非遗与旅游融合发展的支持作用。

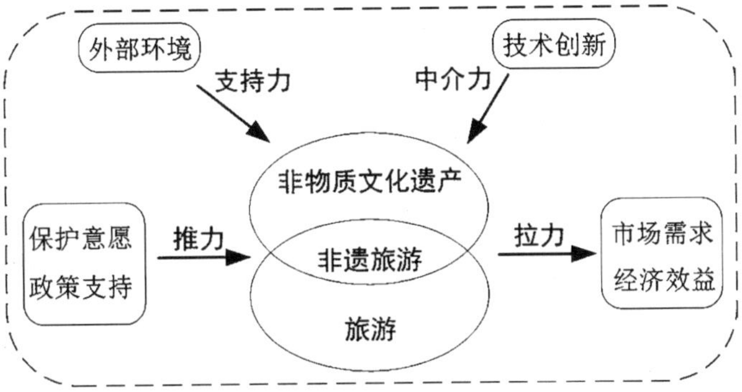

图 1　非遗与旅游融合的基本逻辑

扎根理论是一种从原始经验资料中不断抽象概括并建立理论的方法，是研究者和数据的交互过程，使研究人员可以通过系统的分析方法对实证资料进行分析归纳来发展概念和建构理论。它既保证了与原始资料的紧密联系，又不局限于检验理论，而是抽象出新的理论来解释具体问题。本研究聚焦于非遗与旅游融合的驱动机制，目前并没有关于这方面的成熟理论可以直接借鉴。因此，扎根理论是一个有效的研究策略和分析程序。

基于此，本文将以系统动力学理论为基础，结合目前我国非遗旅游发展的实践，从非遗与旅游融合的基本逻辑出发，以四种驱动力为重点，从实证分析角度，选择国内具有代表性的案例地，运用扎根理论的方法，对非遗与旅游融合发展的驱动机制进行分析。

三、非遗与旅游融合的驱动模型构建

（一）资料来源

遵循三角验证的原则，本文从多个渠道收集数据进行相互验证，形成完整的证据链。资料来源主要包括：①现场观察。在旅游景区现场通过非参与式观察游客、居民、传承人等主体的行为过程。②半结构化访谈。笔者于 2020 年 9—11 月，先后到河南洛阳的牡丹瓷博物馆、洛邑古城、倒盏村，以及西安高家大院、永兴坊、韩城古城等地，对政府相关人员、非遗传承人、商家、游客进行半结构化访谈（表 1）。针对政府部门的访谈内容包括政府对非遗资源和传承人的管理措施和手段、非遗与旅游融合的平台、政府对外宣传非遗文化旅游的渠道和投入情况等；针对商家的访谈内容包括与景区的利益分配方式、游客对推出的产品反馈情况及目前的经营状况等；针对游客的访谈内容包括对当地非遗了解程度、对非遗旅游项目的体验感知和对当地非遗旅游开发的建议等；针对非遗传承人的访谈内容包括所代表的非遗项目的生存及发展状况、与游客的沟通以及实际经营情况等。本研究将对每个访谈对象进行独立编码，并把访谈内容整理成文本，便于后续分析。③二手数据。通过对洛阳市、西安市和韩城的官方网站、非遗旅游相关新闻报道等采集有关信息，并对所收集资料进行对比筛查、分类整理，形成资料库后再进行编码分析。

表 1 访谈对象信息

访谈对象编码	性别	类别	访谈地点
L1	男	洛邑古城景区访谈	洛邑古城办公室
L2	男	洛邑古城景区访谈	洛邑古城办公室
D1	男	倒盏村景区访谈	倒盏村办公室
D2	男	倒盏村景区访谈	倒盏村办公室
M	男	牡丹瓷博物馆访谈	博物馆会客厅
HY1	男	韩城游客访谈	韩城古城
HY2	男	韩城游客访谈	韩城古城
HY3	男	韩城游客访谈	韩城古城
HY4	男	韩城游客访谈	韩城古城
HF1	男	韩城非遗传承人访谈	韩城古城行鼓展演处
HF2	男	韩城非遗传承人访谈	韩城古城蒸食面花店铺
HF3	男	韩城非遗传承人访谈	韩城古城酥饼店铺
HZ1	男	韩城政府访谈	韩城景区管理委员会办公室
HZ2	女	韩城政府访谈	韩城景区管理委员会办公室
XZ1	男	西安市政府访谈	西安市文旅局会议室
XZ2	男	西安市政府访谈	西安市文旅局会议室
XY	男	西安市游客访谈	西安高家大院
XS1	男	西安市商家访谈（永兴坊）	永兴坊安康蒸面店铺
XS2	男	西安市商家访谈（白鹿原）	白鹿原巧娘店铺
XC1	男	西安市非遗传承人访谈	永兴坊白火石氽汤店铺

（二）编码过程

1. 开放式编码

对资料的开放式编码遵循两个基本步骤：第一步，对整理后的资料贴标签，进行初步概念化；第二步，对得出的概念进行归类、提炼，对重复概念、相似概念或反映类似事件的概念进行归类，形成范畴。经过这两个步骤，本文共抽象出 19 个范畴（表 2）。

表 2 开放式编码示例

范畴化	概念化	原始语句
A1：文化体验 A2：消费扩展	B1：民俗体验活动；B2：体验项目；B3：非遗小吃；B4：地方特色；B5：有意思；B6：当地文化；B7：穿汉服；B8：看演出	XY：游客一般愿意参加文化民俗体验活动，想去了解西安当地的特色民俗和传统文化，参与的体验活动较少。 ……

续表

范畴化	概念化	原始语句
A3：非遗保护 A4：非遗活化	B9：自发传承； B10：自掏腰包承办	XC1：文化的传承几千年都在传承，政府重视不重视我们都在做。 ……
A5：政策支持 A6：资金保障	B11：文化惠民工程；B12：政府补贴；B13：政府拨款；B14：非遗专项资金；B15：补助经费；B16：资金支持；B17：给予补助	HZ2：市级政府这边有一些文化惠民工程、非遗店面政府补贴等政策，没有相关标准体系。 ……
A7：企业引领 A8：项目带动	B18：陕文投集团；B19：北京人艺；B20：与北奥集团合作；B21：景区引入；B22：投标洛阳地铁墙上壁画业务	HZ2：主要包括陕文投、北京人艺、北奥集团等。主要引入了陕文投集团对古城旅游进行投资规划，如民宿、餐饮、博物馆等。 ……
A9：社区参与 A10：产学研协同	B23：社区演出；B24：居民支持；B25：居民热爱；B26：专业团队；B27：学生们参与；B28：与学校合作；B29：讲学	HF1：行鼓表演进景区，加社区或其他地区演出等。 HZ2：当地居民都是非常支持非遗旅游的开发，随着非遗旅游开发也提高了居民对当地非遗资源的保护意识和文化热爱情怀。 ……
A11：技术环境 A12：社会环境 A13：产业环境	B30：疫情影响；B31：电窑技术；B32：演出；B33：洛阳牡丹节；B34：游客慕名而来	HF3：从有疫情开始，生意很不好。节假日人还多一些，平时基本没有什么游客。卖给街上的人一部分，压力很大。 ……
A14：新业态 A15：新产品 A16：新功能	B35：非遗+民宿；B36：体育+非遗；B37：非遗进景区；B38：研学旅游；B39：3D 灯光秀；B40：微演艺；B41：民宿；B42：文化景观	XZ1：莲湖区、回坊、小寨、大唐芙蓉园、白鹿仓等地都在开发民宿，正在进行 100 家非遗民宿的评选。 ……
A17：经济效益 A18：社会效益 A19：文化效益	B43：饮食文化；B44：就业；B45：活跃气氛；B46：活化文化 B47：非遗文化价值；B48：非遗保护意识；B49：非遗热爱情怀	HZ1：非遗项目就业主要体现在部分非遗饮食已具备产业规模，如韩城羊肉饸饹，新城区有五十几家店铺，老城区有二十几家店铺，全产业链条上带动就业 5000 多人。

2. 主轴式编码

主轴式编码是将开放式译码中得到的各个相对独立且分散的范畴进行组合，辨析各范畴之间的关系，进一步抽象和概括，挖掘出主范畴。本研究共提取出 8 个主范畴，分别是需求升级、非遗传承、政府扶持、企业主导、社会支持、外部环境、融合表现、融合效益（表 3）。

表 3　主轴式编码示例

主范畴	对应范畴	范畴内涵
需求升级	A1：文化体验 A2：消费扩展	游客通过到当地体验相关文化活动，参与相关文化项目，品尝当地特色小吃，增加消费。
非遗传承	A3：非遗保护 A4：非遗活化	对当地非遗进行保护，融入百姓生活，吸引更多的人来参观学习，赋予其新的活力。

续表

主范畴	对应范畴	范畴内涵
政府扶持	A5：政策支持 A6：资金保障	政府针对非遗出台相应政策，提供一定的资金保障，支持非遗传承人及非遗企业的发展。
企业主导	A7：企业引领 A8：项目带动	通过引入陕文投、北京人艺、北奥等大型集团进行投资规划，开发特色非遗项目，依靠节庆打造知名度，扩大宣传。
社会支持	A9：社区参与 A10：产学研协同	以旅游演艺、产品研发、非遗进课堂等形式推动非遗与旅游协同发展。
外部环境	A11：技术环境 A12：社会环境 A13：产业环境	社会发展进步带来环境变革，通过进一步延伸产业链，引入新的技术，增强游客体验感知，塑造新的旅游环境。
融合表现	A14：新业态 A15：新产品 A16：新功能	根据非遗与旅游融合开发的模式打造新的产品，提升景区传统的休闲观光功能，加强游客与景区之间的联系。
融合效益	A17：经济效益 A18：社会效益 A19：文化效益	发展旅游产生的经济效益，带动周边人员的就业情况以及居民和游客对非遗的认识程度。

3. 选择式编码

选择式编码是从主范畴中提炼核心范畴，并用故事线对主范畴及其关系进行理论化整合的过程。本研究通过对原始资料与概念、范畴、维度进行分析，提炼出“非遗与旅游融合驱动机制”这一核心范畴。核心范畴的故事线为：非遗与旅游融合发展受到政府扶持、企业主导等推力和需求升级、文化传承等拉力的作用，同时还受到社会参与的支撑力、外部环境的中介力及非遗旅游的竞争力等共同影响，它们之间进行互相渗透、互促互融共同驱动非遗旅游融合发展（图 2）。

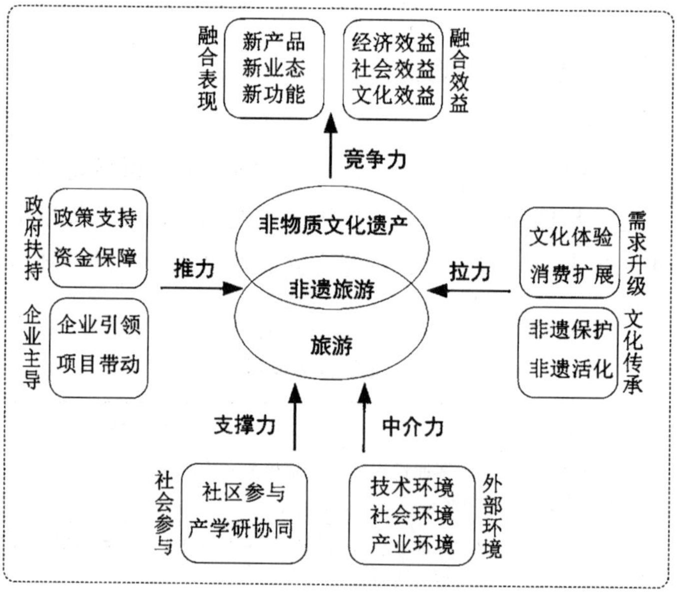

图 2　非遗与旅游融合发展的驱动模型

四、驱动机制分析

根据选择性编码结果，非遗与旅游融合发展形成五种力量，即推力、拉力、支撑力、中介力、竞争力。

（一）推力分析

主要从四个方面进行分析。一是政策支持。政府通过产业政策、税收政策、土地政策、投融资政策、科技政策等方面，为非遗与旅游融合发展创造有利的条件和环境，如韩城市政府出台非遗进景区政策，西安制定了《非遗项目代表性传承人资助暂行办法》等有助于非遗旅游发展。二是资金保障。包括非遗发展专项资金和旅游发展专项资金，主要表现为非遗店面补贴、政府拨款、非遗专项资金等，有助于拓展非遗旅游发展的投融资平台，发挥政府资金的引导和撬动作用，促进非遗传承与发展。三是企业引领。企业涉入非遗旅游开发，促进非遗与旅游融合，带动当地经济的多方位发展，强化非遗文化的传播效果，延伸了非遗与旅游融合的深度和广度。如民宿、餐饮、博物馆等。四是项目带动。一方面景区引入非遗项目，丰富游客体验；另一方面精心策划和重点开发一批具有代表性的非遗旅游精品，以项目建设引领非遗旅游快速发展，如洛阳牡丹瓷博物馆。

（二）拉力分析

主要从四个方面进行分析。一是文化体验。消费需求是非遗与旅游融合的内在动力。在文旅融合的大环境下，游客迫切需要体验当地文化、感受地方特色，从而拉动非遗与旅游融合发展。二是消费扩展。非遗旅游可以满足旅游消费需求向高品质转变，增添新型消费空间和体验场，形成极富吸引力、持久生命力的非遗旅游产品，如专题博物馆、美术馆及文艺演出作品等。三是非遗保护。非遗传承发展需要新的保护方式，而非遗与旅游融合创新了非遗保护方式，包括与现代科技相结合而产生的数字非遗、智能解说等。四是非遗活化。主要体现在对非遗文化的挖掘，包括培养传承人、传承手工技艺、推广和创新非遗产品等，拓展非遗文化的生存空间，经过活化的非遗将具有更强的生命力。

（三）支撑力分析

主要从两个方面进行分析。一是社区参与。在非遗文化展示、旅游开发和传承利用中，社区参与可以增强当地居民的文化自豪感和认同感；同时也有助于提高当地居民对传统非遗文化的保护意识和人文情怀。二是产学研协同。非遗与旅游融合发展将涉及文化、旅游、技术、市场等多方面，可以通过建立非遗旅游人才培养基地、产学研协同创新平台，大力发展研学旅游项目，积极推进文旅企业、高校、研究机构等投入到非遗与旅游融合发展的合作项目中来，如洛阳倒盏村的研学项目。

（四）中介力分析

主要从三个方面进行分析。一是技术环境。充分利用文本和录音、摄影等现代技术手段，开展非遗资源的保存及“活态”化旅游开发，从而使现代科技成为非遗与旅游融合发展的催化剂及固化非遗旅游产品的黏合剂。二是社会环境。非遗传播和发展本身离不开社会环境，良好的社会环境是非遗与旅游融合发展的重要中介力量。三是产业环境。非遗旅游属于文化与旅游产业，是当前国家大力推动与发展的战略性产业，也是提升国民生活质量的幸福产业。这一产业环境必将成为促进非遗与旅游融合发展的重要中介力量。

（五）竞争力分析

主要从两个方面进行分析。一方面是要看非遗旅游的表现，包括新产品、新业态和新功能，只要能够赢得消费者的认可，必然能够形成有效的市场竞争力，进一步促进非遗与旅游融合发展，如传统手工、民族技艺等“非遗”产品体验性越强、功能性越突出，必然会得到大发展。另一方面是要看非遗旅游的效益。非遗与旅游融合发展必然带来多种效益，其中经济、社会和文化三大效益尤其重要，当然非遗旅游的多样化、市场化发展，将形成宜居宜游、主客共享的空间和文化氛围，三大效益的均衡协调发展越好，必将形成更加有力的市场竞争力。

总之，非遗与旅游融合发展的五大驱动力是一个相互影响、相互作用的整体，不能割裂分析和理解某一种力量，它们将共同起作用，共同推动非遗旅游的发展。当然，非遗资源种类多样，非遗与旅游融合模式也多重，五大驱动力的作用也会有差异。但是，它们总体的驱动机制是一致的。

五、结论及进一步展望

我国拥有十分丰富的非物质文化遗产资源，同时拥有巨大的旅游市场，非遗与旅游融合发展具有广阔的发展前景。习近平总书记高度重视传承和发展中华文明，并多次为非遗项目点赞。非遗与旅游融合发展互为补充、相互渗透、相得益彰，非遗旅游发展将产生很多新业态、新形式。针对不同发展阶段、不同类型、不同模式的非遗旅游，文中提出的驱动模型可能还具有一定的局限性。当然，在文旅产业高质量发展的今天，厘清和分析非遗与旅游融合的驱动机制，将有助于推动非遗旅游的高质量发展，对于丰富相关理论和实践发展都具有重要意义。

参考文献

［1］田磊.加强非遗和旅游深度融合［N］.中国社会科学报，2019-09-24（006）.

［2］刘志霞.山东“非遗旅游”可持续发展研究［J］.文化产业，2019（14）：5-8.

［3］Esfehani M H，Albrecht J N. Planning for intangible cultural heritage in tourism：Challenges and implications［J］. *Journal of Hospitality & Tourism Research*，2019，43（7）：980-1001.

［4］George E W. Intangible cultural heritage，ownership，copyrights，and tourism［J］. *International Journal of Culture, Tourism and Hospitality Research*，2010，4（4）：376-388.

［5］江娟丽，杨庆媛，张忠训，等.重庆市非物质文化遗产的空间格局及旅游开发模式［J］.经济地

理，2019，39（6）：205–213.

［6］Zhang T，Wen H，Li X. A tourist–based model of authenticity of heritage sporting events：The case of Naadam［J］. *Sustainability*，2019，11（1）：108.

［7］Khanom S，Moyle B，Scott N，et al. Host–guest authentication of intangible cultural heritage：a literature review and conceptual model［J］. *Journal of Heritage Tourism*，2019，14（5–6）：396–408.

［8］周永广，粟丽娟.文化实践中非物质文化遗产的真实性：径山茶宴的再发明［J］.旅游学刊，2014，29（7）：23–30.

［9］Kaluza B，Blecker T，Bischof C.Implications of Digital Convergence on Strategic Management［A］//The Current State of Economic Scinence. Rohtak：Spellbound Publications，1999：2223–2249.

［10］Bröring S. Innovation strategies in converging industries–a resource based perspective［C］//SAM/IFSAM VIIth World Congress，Gothenburg，Sweden. 2004：5–7.

［11］Maitland R. How can we manage the tourist–historic city? Tourism strategy in Cambridge，UK，1978–2003［J］. *Tourism management*，2006，27（6）：1262–1273.

［12］Andersson T D，Getz D. *Tourism as a mixed industry*：Differences between private，public and not-for–profit festivals［J］. *Tourism management*，2009，30（6）：847–856.

［13］高凌江，夏杰长.中国旅游产业融合的动力机制、路径及政策选择［J］.首都经济贸易大学学报，2012，14（2）：52–57.

［14］杨彦锋.互联网技术成为旅游产业融合与新业态的主要驱动因素［J］.旅游学刊，2012，27（9）：7–8.

［15］李在军.冰雪产业与旅游产业融合发展的动力机制与实现路径探析［J］.中国体育科技，2019，55（7）：56–62，80.

［16］周春波.文化产业与旅游产业融合动力：理论与实证［J］.企业经济，2018，37（8）：146–151.

［17］蒋长春，黄丹凤.区域“非遗”与旅游深度融合的机制与模式研究——以莆田湄洲妈祖信俗为例［J］.资源开发与市场，2015，31（4）：504–508.

［18］陈炜，黄碧宁.非物质文化遗产旅游开发与保护协同发展研究——以广西北部湾地区为例［J］.中南林业科技大学学报（社会科学版），2018，12（5）：92–99.

［19］罗茜.旅游驱动下的非物质文化遗产演艺业响应机制研究——以张家界八大演艺产品为例［J］.湘潭大学学报（哲学社会科学版），2019，43（5）：89–94.

［20］福瑞斯特（Forrester J. W.）. 工业动力学（Industrial Dynamics）［M］. 胡汝鼎，等，译.北京：科学出版社，1985.

［21］陈炜.民族地区传统体育文化与旅游产业融合发展的驱动机制研究［J］.广西社会科学，2015（8）：194–198.

场景理论视角下博物馆体验场景构建策略研究
——以南京博物院为例

苏荟洁，妥艳媜，白欣艳

（南开大学旅游与服务学院，天津 300350）

摘　要：博物馆作为满足人民日益增长的文化需求、丰富人们精神文化生活的重要载体，目前在场景构建方面仍存在形式单一、内容无趣等问题，因此提升博物馆场景水平，完善体验场景构建至关重要。本文通过引入场景的概念、模式等内容，解读场景理论的框架方法，在分析博物馆相关现状的基础上，借用场景理论探索场景理论与博物馆体验场景构建的相关性，以南京博物院为例分析说明体验场景如何实现由单一向多元化转变，并提出该理论下针对博物馆体验场景构建的新内涵——“共情性”，进而对完善博物馆体验场景构建提出相关策略，以期为游客带来更好的沉浸式博物馆参观体验。

关键词：场景理论；博物馆；博物馆体验；沉浸式参观

一、引言

党的十九大报告指出，“中国特色社会主义已经进入新时代，我国社会主要矛盾已经转化为人民日益增长的美好生活需要和不平衡不充分的发展之间的矛盾”，人民对于美好生活的向往和追求与日俱增，也更加重视精神文化层面带给他们的满足感。而博物馆作为记录历史、传承文化的重要载体，对提升国民素养、丰富人们的精神文化生活具有积极推动作用。近年来通过《国家宝藏》《上新了，故宫》等节目的宣传推广，“博物馆热”一度成为社会现象。据国家文物局数据统计显示，我国文博行业实施“十三五”规划以来，备案博物馆总数 5535 家，年举办展览 2 万多个、教育活动 30 余万次，其中 2019 年接待观众达 12.27 亿人[1]。综观目前我国大多数现代博物馆现状，给人的感觉仍然只是一个古板、无趣的文物仓库，场景构造形式单一，不能满足当今游客的多形式体验需求。因此，博物馆的提质升级急需对场景进行重新构建。基于场景理论可对博物馆体验场景构建提供新的研究视角，从多维度出发对场景进行全面的分析研究。本文以场景理论为依据，探索场景理论与博物馆文化氛围营造的相关性，分析说明博物馆如何实现场景化转变，从而为游客带来更好的沉浸式参观体验。

［基金项目］国家自然科学基金面上项目（编号：72172067）。

［作者简介］苏荟洁（1993—），女，旅游管理专业硕士研究生，研究方向为博物馆体验，E-mail：2536343990@qq.com；妥艳媜（1980—），通讯作者，女，博士，南开大学副教授，硕士生导师，研究方向为目的地营销，景区管理，E-mail：tyzcg2005@163.com；白欣艳（1999—），女，本科生，研究方向为旅游目的地营销，E-mail：1515509684@qq.com。

二、文献综述

（一）博物馆及其场景构建研究

1989年，国际博物馆协会重新定义博物馆是一个服务社会公众，促进社会发展，和谐、开放的非营利性质公共机构，主要职能为收藏、保管、研究、展览宣传社会共有的物质与非物质遗产，具有非营利性、研究性、教育性和服务性[2]。目前，随着旅游业不断发展，博物馆的旅游休闲娱乐功能日渐突出，且博物馆作为一种文化旅游资源，也符合文化旅游的发展趋向。随着社会及旅游业的不断发展，博物馆同旅游业间的联系势必将更加紧密。

目前国内学者在博物馆旅游产品开发角度已做了一定程度的研究。孔旭红、孙宏实（2003）从产品的角度指出博物馆旅游产品存在产品层次不全和产品趋于老化的问题，并提出改变博物馆旅游的机构形象和完善博物馆旅游产品结构，增强博物馆旅游产品的调和性的解决措施[3]；李瑛（2004）对我国博物馆旅游产品开发现状进行了分析，针对博物馆数量质量发展不协调，产品宣传促销手段与市场需求不匹配现状提出了重视消费需求、均衡布设博物馆种类、引入营销理念和改进展示手法等发展策略[4]。

博物馆受众研究角度，1916年Benjamin Gilman是20世纪最早出现的博物馆受众研究[5]，他针对美国波士顿美术馆观众参观体验做了相关探究。博物馆学家John H.Falk[6]认为受众在博物馆中的游览是多向的互动参观体验，融合了个人情感因素、时代环境背景和人机交互体验。王思怡[7]梳理博物馆受众的类别和层次，从行为习惯、理论吸收和情绪感知角度开展受众探究，提出博物馆应重视受众的体验感知与情感满足。

博物馆策展与相关设计研究方面，英国Kenneth Hudson[8]从传播学视角剖析博物馆展陈设计中博物馆的信息传播行为方式，强调博物馆展览的以人为本和功能适需。陈晨[9]在博物馆展览策划的理论与实践学术研讨会上梳理策展流程体系，以项目化形式管理展览相关要素，提出博物馆策展应打造核心SOP（标准作业程序），以满足时代发展对博物馆策展设计的需求。

在博物馆的功能性研究方面，日本的桥村爱子[10]认为在落实博物馆的教育功能的同时，应当寓教于乐，提倡体验型、鉴赏型教育。美国Stephen E .Weil[11]提出博物馆的使命已经从教育、收集、保存、展示转变为现实意义上的宣传及社会使命上来。故宫博物院前院长单霁翔[12]结合博物馆基础展览相关现状，分析博物馆的“特殊规律”“社会形象”“正确引导”，从博物馆展览功能上着手策划出让游客动心的博物馆展览。

（二）场景理论

场景理论中的“场景”一词最早指代戏剧、影视中的画面，后经发展，新芝加哥学派代表特里·克拉克及研究团队将其运用到后工业社会关于城市社会学的研究中并提出“场景理论（The Theory of Scenes）”。他们强调用“场景”这个概念来解释空间中的文化内涵，用来分析地方文化风格，找到这个地方的文化特点[13]。场景是固有的生活逻辑，在社会、体制、习俗、动作和心理等因素共同作用下形成的多维度层次空间[14]。场景概念最早由罗伯特·斯考伯和谢尔·伊斯雷尔提出，主要探究移动互联网领域。后经发展，布尔迪厄提出的场景理论主要应用在城市消费空间研究生产和消费者。新芝加哥学派代表特里·克拉克提出的场景理论是研究城市发展的新范式，把城市空间的研究从自然与社会属性层面拓展到区位文化的消费实践层面[15]。场景理论的核心是从消费者的视角看待城市的空间，将它们看作汇集了各种文化价值的混合体，即“场景”。特里·克拉克（Terry Clark）认为场景是一个整体性的概念，包括社区、设施、人群、特色活动以及其中蕴含的文化价值这五项构成要素[16]。

场景理论强调场景中的各类文化设施和人群、活动的不同组合，产生不同的场景，不同的场景蕴含着不同的场景价值，吸引有同样文化价值取向的人群前来进行文化实践、参与及消费，从而促进了区域的发展[17]。除此之外，新芝加哥学派提出包括 3 个主维度和 15 个次维度的评价指标体系，形成场景的基本框架，以此来对“场景”进行测量和辨认，如表 1 所示。

表 1　场景的基本框架

主维度	合法性	戏剧性	真实性
次维度	传统的	爱炫的	本土的
	领袖魅力	迷人的	族群的
	功利主义	睦邻的	国家的
	平等主义	越轨的	企业的
	自我表达	礼节的	理性的

（表格来源：本研究整理）

徐晓林、赵铁（2012）将场景理论的完整概念、内容等进行了详细的论述，强调了社区环境和文化设施及其蕴含的文化价值与创造性群体具有重要关联[18]。吴军、夏建中（2013）进一步解释了场景理论的内容，并用场景理论为城市改造、社区建设以及相关公共政策制定提供新视角[19]。桂慕梅（2015）将场景理论运用于历史街区中对天津古文化街、北京南锣鼓巷进行构成要素方面的深入探究出目的地营造“传统节日文化场景”[20]。吴军（2015）提出文化参与相关的市民实践活动作为一种新动力对城市发展有重要的影响，推动着城市发展，并阐述了文化参与的发生条件和理论脉络[21]。陈波、侯雪言（2017）运用场景理论探讨了文化参与的情况及重要性，通过理论和实证研究，提出居民的文化参与率与公共文化空间的主观认识体系密切相关[22]。陈波、丁程（2018）根据场景理论的研究方法，划分了农村文化空间的维度，分析了居民文化参与的状况和特征[23]。吴军、张娇（2018）强调文化舒适物的重要作用，认为其能够真正使文化实践“落地”[24]，一个地方文化舒适物的分布、数量、情况等，能够客观地反映出本地区文化参与的情况。

目前以场景理论探究博物馆文化场景构造的研究相对较少，俞繁莉[25]从博物馆自身建设、展览陈列设计和观众知识获取三个角度出发，分析博物馆场景的有效性和重要性，竖向细分博物馆场景的研究现状，整合梳理博物馆场景的特有属性，从各种博物馆场景的案例中获取博物馆场景搭建的流程。孙淼[26]提出构建生活场景来梳理博物馆的产品与案例之间的逻辑关系，探讨艺术语境层域的博物馆展示设计。场景理论已被广泛地应用在传播学、营销学、互联网等领域，但针对博物馆场景下文化场景构造的创新成果甚少。

三、场景理论视角下博物馆体验场景构建研究

（一）博物馆场景构建过程

芝加哥城市研究学派认为一个地方、一个空间吸引人群的元素不是传统理论所强调的经济性因素，而是城市、地方所能提供的文化与生活方式[27]。在博物馆场景下，场景理论主要表现为图 1 所示：博物馆空间内的展览陈设、文化设施、提供的服务、人群、举办的各项活动和衍生文创等共同组合成特定场景，场景中孕育的不同场景价值形成博物馆特有的价值取向，从而吸引了更多有相同价值观念的参观者前来观看，由此产生“客户黏性”，集聚在一起的参观者在此进行文化消费、文化参与，进一步促进了形式内容多样的文化生产与消费，最终推动博物馆更好的发展。

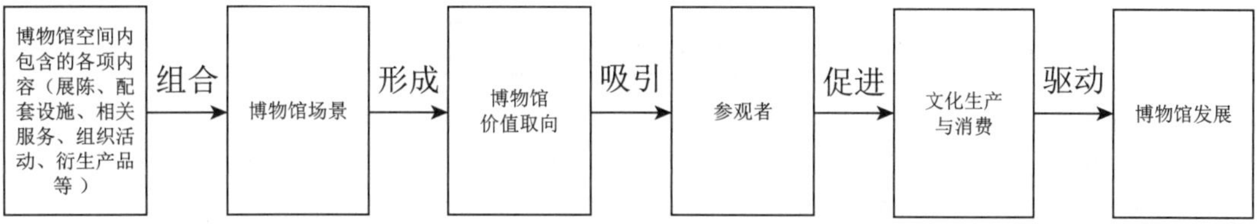

图 1　场景理论视角下博物馆场景构造过程（图片来源：本研究整理）

（二）场景理论视角下博物馆场景构建维度和内容分析——以南京博物院为例

场景理论认为场景是驱动创意人才集聚的重要推动力，后现代社会下的传统空间要继续保持吸引力，必须通过拓展场景的文化品位和价值，让个体价值诉求在场景环境中得到承认和共鸣[28]。现在越来越多的展馆开始提供餐饮、休闲、娱乐、购物等服务，让观众在看完基本展览后，仍然有丰富的活动项目可以让他们在博物馆度过美好的一整天。作为江浙地区的代表性展馆之一，南京博物院不仅拥有大量的珍贵文物，而且在展馆建设、文化设施等方面都极具特色，近年来也成为热门网红打卡地深受年轻人喜爱。本文将以南京博物院（以下简称“南博”）为例，结合作者于 2020 年 11 月前往南博实地参观的调研结果，借助场景理论提供的三大主维度和 15 个次维度对博物馆体验场景构建维度和内容进行具体分析，以探究当前博物馆场景构建的优势和不足，如表 2 所示。

表 2 场景维度在博物馆中的体现

主维度	子维度	场景维度在博物馆中的体现
合法性	传统的	博物馆作为承载一个地区、城市、国家历史记忆的重要文化场所，具有典型的传统主义特点。
	领袖魅力	博物馆内的文物种类丰富，各自具有独特的价值，是国家精神的象征，除此之外还经常开设专家讲座等活动。
	功利主义	博物馆内开设文物商店、餐厅等消费场所，满足参观者的多种需求。
	平等主义	博物馆作为国家的公共文化资源也是公益场所，人人都平等地享有前来参观的权利。
	自我表达	博物馆开设公众号、抖音等自媒体账号进行宣传，还通过拍摄纪录片、综艺等形式向观众展示不曾呈现的博物馆面貌。
戏剧性	爱炫的	展示欲望满足，能够让参观者拍摄照片、视频等发布到朋友圈。
	迷人的	新时代背景下的博物馆具有现代性、时尚感。
	睦邻的	营建友好、和善、舒适的空间。
	越轨的	打破传统、非主流的文化元素，如博物馆奇妙夜。
	礼节的	服装整洁统一、服务语言、行为有礼貌。
真实性	本土的	博物馆建设和当地的文化特色紧密结合，代表当地历史文化或人文风貌。
	族群的	博物馆陈列展现当地人文风俗、民族服饰、非遗技艺等特色文化。
	国家的	博物馆内珍藏的文物是珍贵国宝，也是一个国家的记忆承载。
	企业的	博物馆与其他国家、地区联合办展。
	理性的	博物馆展陈设计需要紧密结合文物本身，符合其基本情况。

（表格来源：本研究整理）

1. 南京博物院基本情况

南京博物院前身是民国二十二年，即 1933 年由蔡元培等倡建的国立中央博物院，同故宫博物院、台北故宫合称为中国三大博物馆，也是中国第一座由国家投资兴建的大型综合类博物馆。南京博物院藏品丰富，馆藏文物上至旧石器时代，下迄当代；既有全国性的，又有地域性的；既有宫廷传世品，又有考古发掘品，还有一部分来源于社会征集及捐赠，均为历朝历代的珍品佳作和备受国内外学术界瞩目的珍品。青铜、玉石、陶瓷、金银器皿、竹木牙角、漆器、丝织刺绣、书画、印玺、碑刻造像等所有文物品类一应俱有，每一品种又自成历史系列，是数千年中华文明历史发展最为直接的见证[29]。南京博物院的整体布局为“一院六馆”，即历史馆、特展馆、数字馆、艺术馆、非遗馆和民国馆，它们内容各异，颇具特色（图 2）。目前我国大部分博物馆仍然只将自己视为公共文化场馆，只为参观者提供公共场所包含的一些基础性服务，无法满足文旅融合后观众日益增长的多元化消费需求。南京博物院除了基本展馆外，还设置了多处文创商店，游客可以在里面挑选丰富的南博文创产品及江苏特色、非遗纪念品（图 3）；除此之外南博还配备了多处餐饮店，提供中西餐饮服务的文渊广场、小剧场旁边的甜品店、特展馆里的茶社、民国馆隐藏的咖啡厅，为观众提供丰富多样的餐饮服务……南京博物院整体构造了一个富有历史底蕴深厚、活动形式多样、展陈类型丰富等特点，兼具合法性、戏剧性和真实性的大型场景，体现了我国博物馆体验场景构建的较高水平。在这样的大场景框架下，院内六个展馆分别通过场景各维度之间的排列组合又单独形成各具特色的小场景，对其他博物馆的场景构建具有借鉴意义。

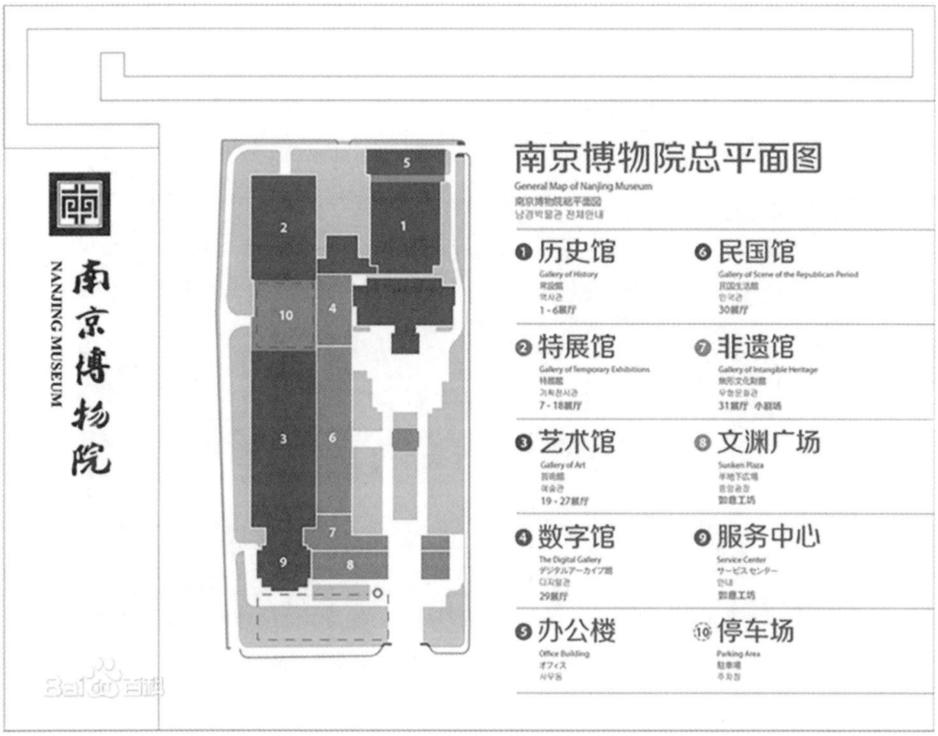

图 2　南京博物馆总平面图（图片来源：南京博物院官网）

图 3　南京博物院文创商店（图片来源：南京博物院官网）

2. 南京博物院民国馆体验场景构建

南京博物院民国馆属于南博的网红打卡地，从整体建筑到陈设细节，真实复原了民国街景，完美呈现了老南京城市文化的缩影（图 4、图 5）。从步入民国馆的那刻起，老火车站、百乐门大戏院、银号、首饰铺等映入眼帘，漫步其中让人感觉瞬间穿越：走进临街店铺逛逛，买一些纪念品和特色小吃；到复古照相馆换上民国服装，留一张属于你的民国记忆；或点杯咖啡坐在窗边，享受这份独特体验。“功利主义”“爱炫的”“越轨的”“本土的”“族群的”五个突出场景维度相互组合，打破了原本博物馆的单一、沉闷、纯“展品—图版”式场景模式，南京博物院民国馆为游客打造了一份全方位沉浸式参观体验。

图 4　南京博物院民国馆场景（图片来源：作者拍摄）

图 5　南京博物馆民国馆场景（图片来源：作者拍摄）

3. 南京博物院非遗馆体验场景构建

南京博物院非遗馆将江苏种类丰富、内容多样的非物质文化遗产与博物馆展览相结合，通过多种表现形式构造出独特的非遗文化场景。非遗馆由非物质文化遗产展、大师工坊和老茶社三部分组成（图 6、图 7）。非物质文化遗产展厅里面设有八个手工技艺演出坊，手工艺人为观众现场进行非遗美术类和手工技艺类的动态表演。大师工坊内观众可以近距离参与到与非遗传承人的互动中，切身感受非遗魅力。老茶馆是由苏州蒯祥古建园林公司设计建造的一座全木结构仿古茶社，精湛地展现了非物质文化遗产项目——香山帮传统建筑营造技艺。老茶馆内定期上演江苏特有的曲艺、传统戏剧折子戏和民间音乐等项目，如苏州评弹、南京白局、昆曲折子戏、江南丝竹等；并采用传统茶馆中“荤茶馆”的形式，把南京雨花茶、苏州洞庭碧螺春、连云港云雾茶等进入非遗名录的茶饮和其他饮食项目同时纳入其中[30]。南京博物院非遗馆将场景视角从“展品”为主转化为以“人”为中心，转变了大多数博物馆带给参观者的“文物仓库”印象，不再仅仅将展品按照某种分类划分后在玻璃柜中摆放出来供游客观看，而是在参观者与展览之间直接搭建沟通桥梁，构成沉浸式参观体验，充分体现了场景维度中合法性里面的“功利主义”、戏剧性中“越轨的”以及真实性中“族群的”三方面，也对宣传保护优秀非遗文化起到了重要作用。

图 6　南京博物院非遗馆老茶馆（图片来源：南京博物院官网）

图 7　南京博物院非遗馆非遗展示（图片来源：南京博物院官网）

4. 南京博物院数字馆体验场景构建

陈列展示是一个博物馆的核心，也是场景构建的关键环节。目前我国大多数博物馆陈列普遍呈现说教式特点，整个展览设计仅限于将文物依照年代、材质、功用等划分后按顺序展示出来，然后搭配相应的辅助图文展板介绍，使得观众全程参观下来枯燥无味、不能抓住展览重点，也体会不到文物的特色及其背后蕴含的深厚知识，最后只是走马观花、毫无收获，更别提获得沉浸享受式参观体验。博物馆衍生活动形式单一，内容匮乏，无法更好地激起观众对中国传统文化的兴趣，不利于增加博物馆客户黏性。南京博物院数字馆将科技与历史文化融合到一起，用抽象概念辅以历史事实的表现方式诠释中华文明发展历程，突破"以展柜和展板为主"的传统展陈方式，采取"不封死、不看穿"的错层交叠的空间构建手段，集合分列式多屏幕、透明屏、二维码等多媒体形式，运用实时抠像、动作捕捉等数字技术，将空间、装饰、媒体硬件及数字内容结合起来，营造立体丰富的展示环境，引导观众沿着流线移步换景。[31]南京博物院数字馆的场景构建充分运用了场景理论中的戏剧性维度，给观众带来与众不同的沉浸式多维参观体验（图 8）。

图 8　南京博物院数字馆（图片来源：南京博物院官网）

（三）场景理论视角下博物馆体验场景构建的新内涵

本文通过对南京博物院三个特色场馆的体验场景构建研究分析发现，目前博物馆十分重视场景的沉浸式打造，让观众在参观时有种“身临其境”的感觉，能够全身心融入场景当中，产生“共情”。基于调查研究并结合场景理论中罗列的 3 个主维度和 15 个次维度，作者发现并没有某个维度明显体现出“共情”这一特点，因此本研究探索性提出，当今博物馆体验场景的构建应重点关注能否让观众产生共情。

共情性在体验场景构建方面主要体现为观众在参观过程中与该场景在情感上产生某

种连接，可以全身心参与其中。“共情性”的体现一方面在于整体氛围的营造，如南京博物院民国馆，将整个展厅复原为民国街景，让观众感觉瞬间穿越，与当时的年代产生情感连接；另一方面体现为通过某些活动亲身参与其中，如由湖南省博物馆联合四川博物院等 11 家文博单位共同主办的《闲来弄风雅——宋朝人慢生活镜像》展，这个展览选取了宋代文人雅士日常生活中琴、棋、书、画、诗、酒、花、香、茶 9 个片段进行了复原展示，并在展厅内设计了游客体验区，观众可以身穿汉服前来观展、拍照，欣赏抚琴、点茶表演，学习插花、焚香，与好友下棋对弈，沉浸式打卡体验宋代人慢生活的一天。除此之外，作者认为产生“共情”的关键点在于讲好故事，即“博物馆的生命力在于叙事”[32]。“叙事”相当于场景的画外音，可以让参观者更好地了解场景想要传达的内容和价值观念。讲解作为“叙事”环节的主要组成部分，“如何讲好故事”至关重要。虽然目前博物馆内大都提供人工讲解、讲解器租赁等多种形式，但是讲解服务仍存在古板、枯燥等问题，讲解内容仅局限在生硬背诵解说词这样的初级层面，语言多为晦涩难懂的专业语言，无趣且缺乏通俗性，无法与观众更好地“对话”，不能促进共情的产生。

四、场景理论下博物馆体验场景的构建策略

针对前文对南京博物院的具体研究分析以及对博物馆体验场景构建新内涵的探讨，本研究提出了基于场景理论视角博物馆体验场景构建的主要策略，其中包括：

（一）打造休闲空间，满足多样化消费需求

近年来随着文旅融合以及《国家宝藏》等文博节目的宣传推广，吸引了越来越多的人们走进博物馆，他们的需求不局限于参观文物、学习知识，开始有了购物、餐饮、休闲娱乐等多样的消费需求，希望可以在博物馆内体验一整天。作为博物馆的最后一个展厅，文物商店内展示的文创衍生产品种类丰富，创意十足，从文房四宝、家居日用到联名美妆等，涉及人们生活的方方面面。兼具文化内涵和适用性的文创产品不仅可以让游客将博物馆的独特记忆带回家，成为博物馆体验场景的延伸，也成为人们走进博物馆、爱上博物馆的理由。除此之外，博物馆餐饮区售卖极具文物特色的茶点，当食物与历史文化相结合，给游客的博物馆参观又增添了一种与众不同的体验感受。

（二）结合科技手段，打造非常规参观体验

中国博物馆正在“以藏品为中心”向“以观众为中心”、“以研究为中心”向“以教育为中心”转变[33]，博物馆应该从“观众”角度出发，用更加多元化的思维，结合新形式、新技术进行展览设计和活动策划，在保证基本参观需求的同时，也要满足观众休闲娱乐、互动体验等新型博物馆旅游需求。数字化时代下，博物馆体验场景的构建应该注重与科技性手段相结合，为观众提供非常规的独特参观体验，打造智慧博物馆。通过 VR、AR、数字化互动等手段，让静态的文物重新“活”起来，以生动、全面且易被理解的方式呈现给观众，让观众看得懂、愿意看，在获取全新感官体验的同时又满足了参观学习的需求。例如，湖南省博物馆通过动画的形式，将馆藏文物 T 形帛画中所描绘的

汉代丧葬制度形象生动地展示出来，为观众呈现出古人的浪漫主义情怀；首都博物馆展出的“殷墟妇好墓考古发掘四十周年特展”，观众佩戴 VR 眼镜即可看到妇好墓内上下六层、深达 7.5 米的虚拟挖掘现场；成都金沙遗址博物馆专门设置 4D 影院《梦回金沙》，让观众在观影的同时感受到座椅升降、扫腿、刮风、下雨、烟雾等辅助特效，仿佛穿越回 3000 年前的古蜀金沙。

（三）深挖当地特色，多形式宣传非遗文化

中国地大物博，中华文化更是博大精深，各博物馆在构建体验场景时应深挖当地特色文化，结合多种表现形式使其直观地呈现在参观者面前，让前来参观的游客能够真切感知当地历史文化和人文特色。非物质文化遗产是留给当代人的宝贵精神财富，博物馆有责任和义务对其进行保护与传承，通过物态展示和活动体验等多种形式，让非遗文化“活起来”。例如，沧州作为著名的杂技之乡，沧州博物馆不仅在馆内单独设置了“百戏之源——沧州杂技文化展”，还在节假日期间和当地杂技团合作在馆内举行惠民杂技演出，为当地居民和外地游客展示杂技文化的独特魅力。

（四）营造共情氛围，多手段打造情感共同体

构建博物馆体验场景时，共情性应主要从整体氛围、衍生活动和讲解叙事三个方面展开体现。展陈设计首先应该从“观众”的角度出发，结合陈列主题进行构建，使最终呈现的场景能够与观众产生情感共鸣，给人一种“置身其中”的真实感。其次，应结合场景内容组织系列衍生活动，使游客可以参与其中进行沉浸式体验，以便更好地理解展览想要呈现的主题。最后，博物馆还应丰富讲解内容和形式，除去专业讲解员人工讲解外，增加智能导览设备、App 线上扫码解说、志愿者讲解团队等多形式讲解途径，在讲解词方面认真打磨推敲，将语言通俗口语化，做到与时俱进，能够使观众听懂、爱听，并针对不同展览主题和游客群体提供不同的讲解服务。

五、结语

随着文旅融合的推进发展，作为文化旅游重要组成部分的博物馆在时代发展中需不断进行变革与创新，并探寻更多方式为参观者营造更加浓厚的文化氛围。博物馆作为承载中华优秀传统文化的文化中枢，应该不断优化服务供给，从而成为公众终身学习、休闲娱乐、社会交往、文化消费的重要场所。本文从场景理论出发，希望通过新的研究视角探寻博物馆体验场景构建的更多可能性，以体现博物馆独特的文化价值内涵，从而促进博物馆更好地发展，进一步满足当今公民的文化需求，最终推动我国文化事业的发展与繁荣。

参考文献

［1］国家文物局.“十三五”圆满收官新征程阔步迈进——“十三五”文物事业改革发展成就综述［EB/OL］.［2020-12-31］.

［2］陈国宁.从 21 世纪博物馆社会作用反思博物馆定义［J］.博物院，2017（6）：20-26.

[3] 孔旭红，孙宏实.从封闭走向开放——博物馆业切入旅游市场的设想[J].经济论坛，2003（21）：30–31.

[4] 李瑛.我国博物馆旅游产品的开发现状及发展对策分析[J].人文地理，2004（4）：30–32，90.

[5] Marchetti E . Playful Learning Culture in the Museum：MicroCulture and Guided Tour Practice [M]. Teaching and Learning Culture：Negotiating the Context. SensePublishers，2013.

[6] John H Falk，Lynn D Dierking. The Museum Experience [M]. Routledge.1992.

[7] 王思怡.博物馆观众研究的反思与演变——基于实例的观众体验分析[J].中国博物馆，2016（2）：7–15.

[8] Landau E，Hudson K . Museums for the 1980s：A Survey of World Trends [J]. *Leonardo*，1980，12（4）：345.

[9] 陈晨.挑战与对策——博物馆展览应该怎么讲好故事？[DB/OL].（2019–10–29）[2019–11–28] http：//www.hongbowang.net/news/yj/2019–10–29/14602.html.

[10] 桥村爱子，张雅静.2010年日本博物馆、美术馆的社会公共教育——现状与未来之展望[J].美术观察，2011（2）：15–17.

[11] FranziskaBrüggmann.PollyMCKENNA–KRESS/JanetA.KAMIEN：Creating Exhibitions. Collaboration in the Planning，Development and Design of Innovative Experiences [J]. *Zeitschriftfür Kulturmanagement*，2016，2（1）.

[12] 单霁翔.浅谈博物馆陈列展览[M].北京：故宫出版社，2015：1.

[13] 顾学文.场景，城市空间的美学品质[N].解放日报，2019–03–30（005）.

[14] Norbergschulz C . Architecture：presence，language and place [M]. Skira，2000：221–223.

[15] 胡小玉.博物馆藏品展示的观念与视野[J].文博，2015（3）：85–88.

[16] Clark，TerryN. The City as an Entertainment Machine [M]. Amsterdam [Netherlands]：Boston [Mass.]：Elsevier/JAI，2004.

[17] 范玉刚.文化场景的价值传播及其文化创意培育——城市转型发展的文化视角[J].湖南社会科学，2017（2）：160–167.

[18] 徐晓林，赵铁，特里·克拉克.场景理论：区域发展文化动力的探索及启示[J].国外社会科学，2012（3）：101–106.

[19] 吴军，夏建中，特里·克拉克.场景理论与城市发展——芝加哥学派城市研究新理论范式[J].中国名城，2013（12）：8–14.

[20] 桂慕梅.场景、民俗及认同：天津古文化街年货市场研究[J].云南民族大学学报（哲学社会科学版），2015，32（3）：83–92.

[21] 吴军.市民参与的文化转向——城市公共政策国际理论前沿[J].社会科学战线，2015（5）：202–206.

[22] 陈波，侯雪言.公共文化空间与文化参与：基于文化场景理论的实证研究[J].湖南社会科学，2017（2）：168–174.

[23] 陈波，丁程.中国农村居民文化参与分析与评价：基于场景理论的方法[J].江汉论坛，2018（7）：139–144.

[24] 吴军，张娇.北京文化参与的特点、挑战与政策思考——基于文化舒适物的实证分析[J].文化软

实力研究，2018，3（6）：75-86.
［25］俞繁莉.场景式展示手法研究［D］.上海：复旦大学，2013.
［26］孙淼.情境与观看——博物馆展示中的生活场景构建探析［J］.故宫学刊，2018（1）：345-353.
［27］吴军.城市社会学研究前沿：场景理论述评［J］.社会学评论，2014，2（2）：90-95.
［28］吴军，夏建中，特里·克拉克.场景理论与城市发展——芝加哥学派城市研究新理论范式［J］.中国名城，2013（12）：8—14.
［29-31］南京博物院［EB/OL］.http：//www.njmuseum.com.
［32］解放日报.博物馆如何才能让观众“打包”带走情感？［EB/OL］. https：//www.sohu.com/a/422597561_160257.
［33］步雁，曹琳娜.博物馆教育文创研发之路及思考——以陕西历史博物馆为例［J］.中国博物馆，2020（3）：117-121.
［34］贺琳，杨晓飞.浅析我国智慧博物馆建设现状［J］.中国博物馆，2018（3）：116-126.

文化和旅游融合发展研究综述*

高乐华[1]，段棒棒[2]

（1. 中国海洋大学管理学院、海洋发展研究院，山东 青岛 266100；
2. 中国海洋大学文学与新闻传播学院，山东 青岛 266100）

摘　要：技术进步与消费结构升级使得文旅融合正在成为国内外研究热点。为探索文旅融合研究框架和机制，基于检索平台 Web of Science 和 CNKI 对 3395 篇文献进行系统梳理，发现国外学者研究集中在城市文化遗产旅游和社区特色文化旅游，多从微观视角切入，以案例探讨为主，着重聚焦于商业演进和技术进步下的文旅融合现象。国内学术界重点关注文旅资源和产品创意，多从中观视角切入，也以定性分析为主，聚焦于融合动力、路径、模式和策略。但当前文旅融合研究仍存在概念界定不明确、理论框架未建立、研究视野狭窄、定量实证不足等缺陷，未来研究应统一认知，从理论层面构建更完整的阐释框架，从多学科交叉视角开展全方位立体剖析，从实践领域加强现象问题质性研究，并着力推进量化分析进程。

关键词：文化；旅游；产业融合；文旅融合

产业融合最早指源于数字技术的出现而导致的产业间交叉重叠的现象[1]，随着市场经济结构转型和消费结构升级，消费者越来越重视消费过程中的精神体验，同时产业链高度关联、技术进步以及政府管制放松为文化与旅游的融合提供了便利条件。由于文化与旅游关系密切，且文旅融合有益于产业结构调整、市场竞争力增强以及新旧动能转换，国外学者着重探究了文旅融合现象中物质文化遗产对城市旅游业的促进作用（M.Romeril 等，1985）[2]以及非物质文化遗产对社区旅游业的推动作用（G.Richards，2011）[3]，国内学者则从产业融合层面进一步对文旅融合现象进行了补充（张海燕等，2010）[4]，并把文旅融合类型分为旅游经营主体主导型和文化经营主体主导型（赵蕾等，2015）[5]。从文献数量来看，文旅融合俨然成为国内外研究热点。从国家旅游局于 2009 年公布《关于促进文化与旅游结合发展的指导意见》到 2018 年文化部和国家旅游局合并为文化和旅游部，“515 战略”、“旅游 +”战略、全域旅游战略等极大地推动了文旅融合实践发展，业已从行业自觉转变为国家战略推动。

在系统收集国内外文旅融合文献基础上，首先论述文化与旅游的关系以探讨两者融

［基金项目］山东省社会科学规划研究项目：山东省海洋文化与旅游产业多维融合与效应提升研究（项目编号：20CGLJ27）。

［作者简介］高乐华（1985—），女，山东济宁人，中国海洋大学管理学院、海洋发展研究院副教授，博士，研究方向为文化与旅游经济研究；段棒棒（1995—），男，河南周口人，中国海洋大学硕士研究生，主要研究方向为海洋文化产业，E-mail：1691436368@qq.com。

合的恰当性，从融合的效应考察两者融合的必要性，继而梳理两者融合的动因、路径和模式，以了解影响文旅融合的关键因素和具体过程。基于文旅融合的内在机制，对比国内外学者对文旅融合学术观点的异同，辅以文旅融合发展障碍的描述及相应建议，揭示国内文旅融合当前研究的困境和不足，并对未来文旅融合研究趋势加以展望。总体而言，在文化与旅游相互促进的内在关系及外界环境推动下，文化与旅游通过资源共享、技术互通、产品嫁接等路径进行交融式发展，融合后产生的多重效应又会反过来对外界环境产生影响，可知文旅融合机制如图 1 所示。

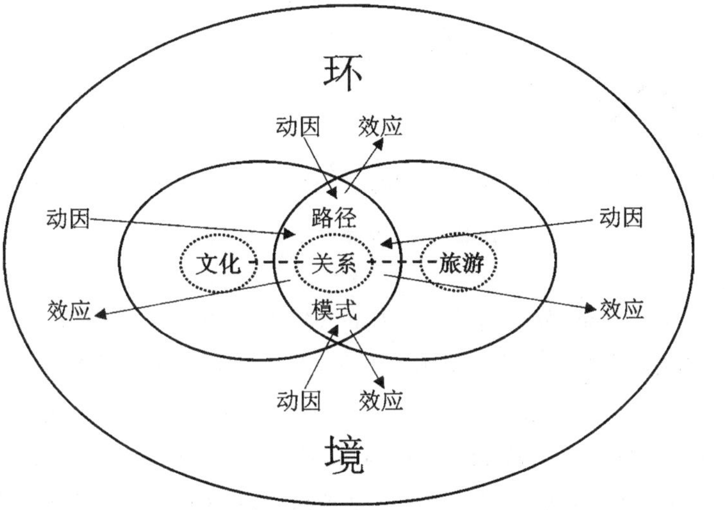

图 1　文旅融合机制框架

一、国内外文旅融合文献数量及关注重点

国外对文旅融合的研究大多关注文化与旅游关系及文化旅游产品，较少从产业层面探讨文旅融合现象，且鲜有涉及文旅融合动因、路径和模式，因而在统计国外文献时，选择以“culture”“tourism”作为外文文献的检索主题词。而在统计国内文旅融合研究文献时，为了兼顾文献内容贴切和文献数量充足，选取“文化”“旅游”“融合”作为文旅融合文献的检索主题词，检索截止时间均为 2019 年 12 月 31 日。

（一）国外文献数量变化趋势及关键词分析

基于 Web of Science 文献检索平台，选择“所有数据库”对其中含有“Culture”和“Tourism”的文献进行标题检索，共获得 588 篇相关文献，其中数量较多的有 ARTICLE（427 篇）、REVIEW（63 篇）、MEETING（48 篇）、PATENT（48 篇）。结合文献变化趋势（图 2）可知，文献数量总体上呈现出稳步上升的趋势，说明越来越多的国外学者关注和研究了文旅融合现象。

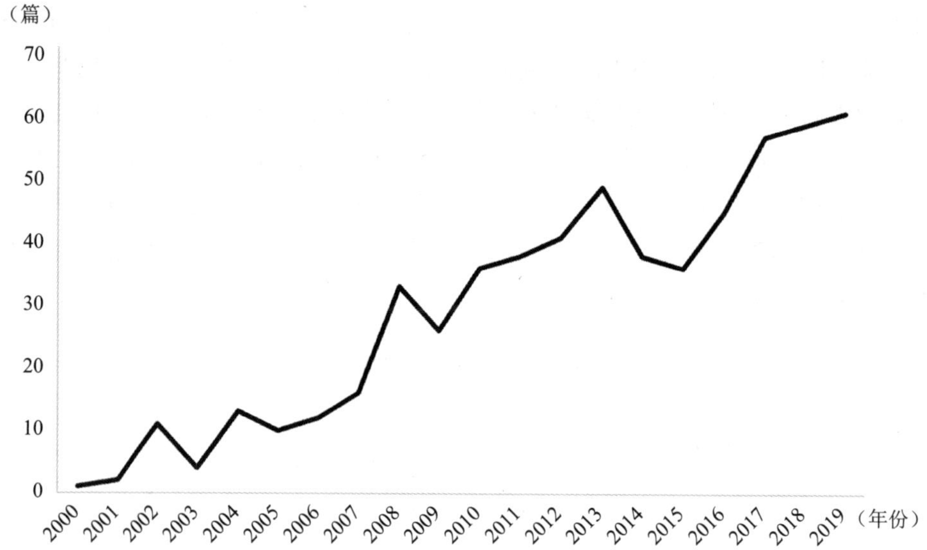

图 2　国外文献逐年变化趋势

选择“Web of Science 核心合集”数据库对 588 篇文献进行精练，得到 194 篇文献，进一步根据全文内容是否契合共筛选出 101 篇文献。把所有文献内容整合成一份 txt 文件，利用 python 及第三方库 wordcloud 进行全文关键词分析，剔除部分无关词语（冠词、介词等）及合并同义单词后（排除单复数、时态等干扰），得到国外文献分词结果（图 3）及关键词词云（图 4）。可知，国外学者对文旅融合的研究以旅游业为主，相较于对文旅经济发展的关注，更为重视文化元素及游客体验。从地理空间来看，国外学者对城市和社区的文旅融合现象颇为关注，且习惯采取国际化视野进行探讨。

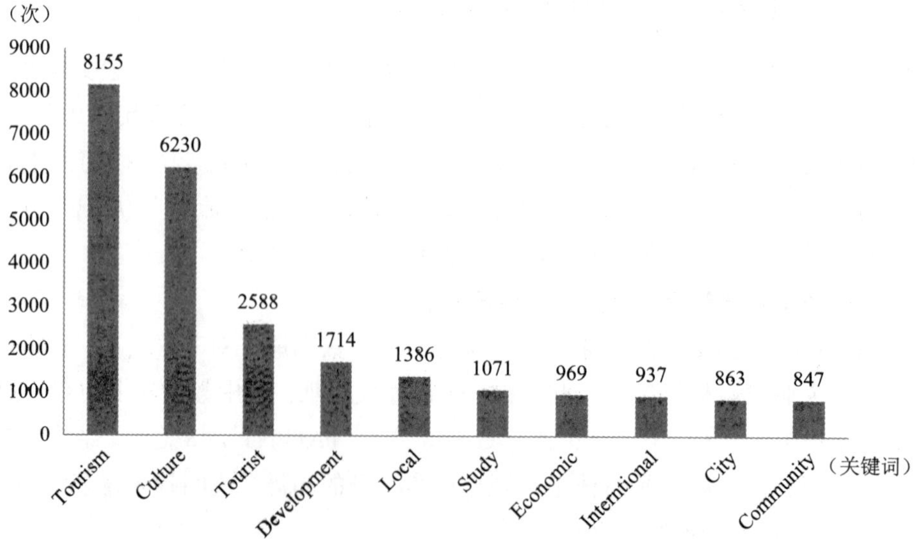

图 3　国外文献内容关键词频次

图 4　国外文献内容关键词词云

（二）国内文献数量变化趋势及关键词分析

基于文献检索平台 CNKI，在高级检索页面的期刊、博硕士、会议、报纸等数据库中，分别以“文化”“旅游”“融合”为主题词进行检索，共获得 1129 篇期刊论文、109 篇博硕士论文、26 篇会议论文以及 1543 篇报纸文章，其中期刊论文占比 40%、报纸文章占比 55%，且变化趋势显著，如图 5 所示，表明现阶段文旅融合现象颇受学者和业界的关注。

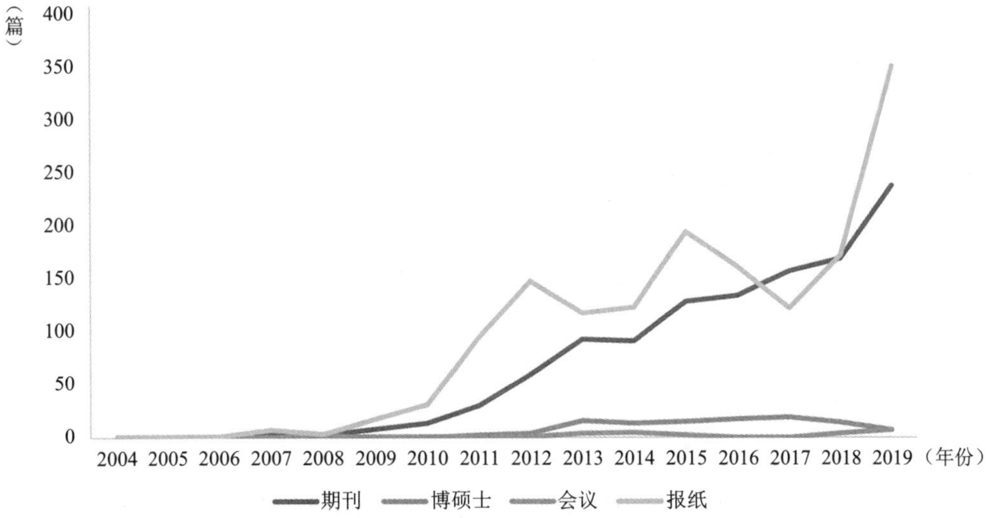

图 5　相关文献逐年变化趋势

进一步分析期刊类文献和报纸类文献的变化趋势可知，国内学者最早于 2004 年开始关注文旅融合现象，2006—2007 年为短暂上升期，和 2006 年国家出台第一部文化发展规划《国家“十一五”时期文化发展规划纲要》相关；文献数量于 2008 年开始逐步上升，期刊类文献上升趋势较为平稳，报纸类文献变化幅度较大，反映出文旅融合研究受政府政策的影响较大。2008 年国家颁布《国务院关于非公有资本进入文化产业的若干决定》、2009 年出台第一部文化产业专项规划《文化产业振兴发展规划》之后，文旅融合现象被越来越多的学者关注。随着 2014 年国务院出台《关于推进文化创意和设计服务与相关产业融合发展的若干意见》及文化部印发《实施意见》，2017 年国家印发《全域旅游示范区创建工作导则》和《关于推进工业文化发展的指导意见》，文化产业和旅游产业的发展范围不断扩大，文献数量于 2014 年和 2017 年均有加速增长的表现。2018 年文化和旅游部成立，文献增速进一步扩大，文旅融合研究俨然成为当今主流。

对期刊类文献（1129 条）进行关键词分析，由图 6 可知，“融合发展”排名第一，“旅游产业”排名第二，“文化产业”排名第六，表明在文旅融合发展大潮下，学者侧重于以旅游产业为主导进行探讨，与现阶段文化产业体系边界尚不统一有关，也显示出文旅融合在一定程度上受文化产业发展程度的制约。

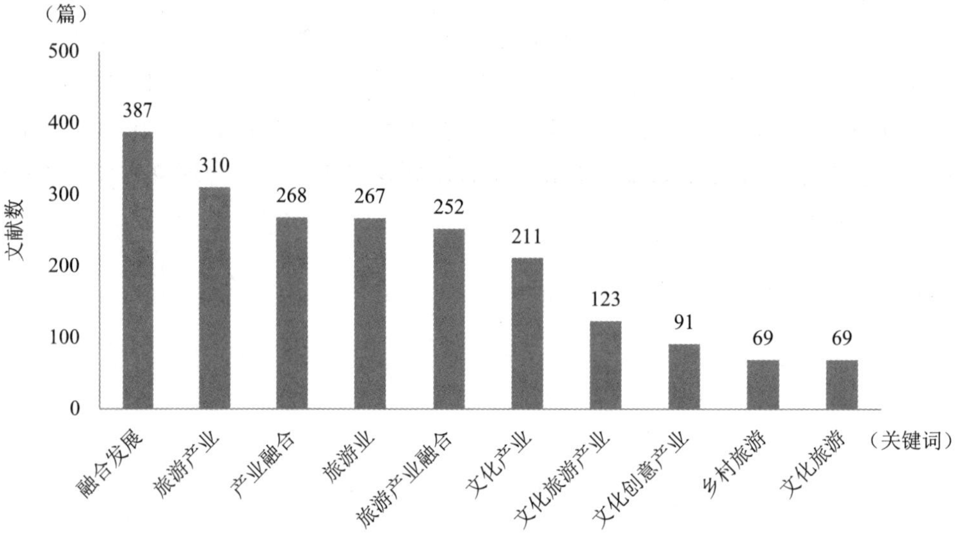

图 6　国内文献主题关键词分析

对期刊类 1129 条文献进行来源筛选，得到 SCI、EI、核心、CSSCI、CSCD 来源文献 156 条，进而基于内容是否相关筛选出文献 93 篇，把所有文献内容整合为一份 txt 文件，利用 python 及其第三方库 jieba 和 wordcloud 进行全文关键词分析，剔除部分无关词语（动词、介词等），得到国内文献分词结果和词云，如图 7 所示。根据中文分词第三方库 jieba 的文本词频统计结果可知，“旅游”（11561 次）、“文化”（10753 次）、“融合”（5369 次）出现的频次最高，其次是“文化产业”（2355 次）、“资源”（1687 次）、“产品”（1448 次）、“创意”（1378 次）等，与图 6 的分析结果相吻合，并显示出文旅“资源”和产品“创意”在研究中颇受学者关注。

图 7　国内文献内容关键词词云

整体而言，国外文献数量远远少于国内，但核心文献数量却高于国内（两者数量比194∶156），且增长趋势更为稳定；国内文献增长速度较快，尤其是近两年增长趋势更为明显，受政府政策影响较大。国外文旅融合研究主要以城市文化遗产旅游与社区特色文化旅游为主，且更为关注游客旅游体验、更具国际化思维；国内文献研究多从产业层面关注文旅融合现象，更为重视文旅资源的创意化应用对产品服务带来的影响。

二、文化与旅游的关系

探知文化和旅游的关系本质是深入研究文旅融合发展的前提，两者的关系一定程度上决定了融合顺畅与否、效应大小、路径选择和模式匹配，同时影响着融合的速度、广度及深度。

（一）国外学者相关研究

国外学者在关注文化与旅游的关系时着重探讨了文化与旅游两者间的相互影响，如文化遗产对城市旅游的促进作用（M.Romeril 等，1985）[2]、文化对旅游自然环境和旅游消费环境的塑造作用（R.Greg，2000）[6]、特色美食文化带动当地旅游增收（J.Syahrivar，2019）的作用[7]以及发展旅游引起的文化变迁（Wai-Teng Leong，1989）[8]、旅游开发带来的社区居民文化保护意识提升（A.Besculides 等，2002）[9]、文化旅游对游客满意度和忠诚度的影响（F.G.Santa-Cruz 等，2017）[10]等。

国外学者指出文化旅游是一种复杂的旅游活动（S.Korunovski 等，2012）[11]，在现代旅游业中发挥着重要作用（J.Csapo，2012）[12]。随着研究深入，关注的重心渐渐从物质文化遗产转向非物质文化遗产，且更多地关注土著和少数民族群体文化（G.Richards，2011）[3]，而在遗产类的文化旅游中，文化资源的原真性成为衡量旅游产品质量和游客满意度的决定性因素（D.Chhabra 等，2003）[13]。另有学者指出旅游文化是一种受目的地、外来游客和当地居民影响的新文化表现形式，与旅游业的可持续发展密切相关（B.Canavan，2016）[14]。还有学者强调了创意产业、旅游产业与经济复兴之间存在协同作用（C.M.Rogerson，2006）[15]。

（二）国内学者相关研究

国内学者着重探讨了如何利用旅游扩大文化的积极影响并克服消极影响（徐崇云等，1984）[16]，强调文化是重要的旅游资源（陆立德等，1985）[17]，文化与旅游存在相互依存、共生互融、互动共进的紧密关系（张海燕等，2010）[4]。学者们认为，旅游对文化有着引导和扩散作用，文化对旅游有着渗透和提升作用（尹华光等，2016）[18]，具体表现为旅游为文化提供了发挥创意的平台和空间（赵华等，2015）[19]，文化为旅游提供了发展的动力和资源（黄永林，2019）[20]。

国内学者框定出旅游文化、文化旅游等概念，如俞慈韵（1986）对文化和旅游追根溯源，通过阐述旅游文化包含的内容界定了旅游文化[21]，接着郁龙余（1989）指明文化发展与旅游发展互为因果，与人类旅游活动紧密相关的精神文明与物质文明便是旅游文化[22]；吴正光（1989）指出文化旅游是以参观考察文物古迹、风景名胜、风土人情为主要内容的一种文化活动[23]，吴芙蓉等（2003）点明文化旅游是一种集文化、经济于一体的特殊旅游形态[24]。

从文化与旅游的关系来看，文化可以催生旅游、旅游可以产生文化，文化和旅游的紧密关联为文旅融合发展打下了坚实基础。国外学者侧重从微观层面探讨文化遗产和区域特色文化对旅游发展的促进以及旅游开发引起的文化变迁；国内学者进一步从中观层面指出旅游对文化的促进作用主要表现为提供平台和空间、文化对旅游的促进作用主要表现为提供动力和资源。而国内外学者都对文化旅游、旅游文化等概念进行了系统探讨。

三、文旅融合效应

文旅融合效应是文旅融合发展产生的影响，根据融合效应的好坏、大小，可以对具体文旅融合项目进行评判，以推断文旅融合发展是否恰当，进而确定是否应该沿着这个方向进行更深层次融合，或及时调整方向，以选择新的融合路径和模式。

（一）国外学者相关研究

国外学者指出发展文化旅游可创造巨大的经济、社会效益，提高居民生活水平，提升社会形象（R.Bachleitner 等，1999）[25]，塑造差异化旅游产品，吸引国内外游客（K.I.Ondimu，2002）[26]，在拓宽产品市场的同时帮助国家树立良好的国际形象（H.Hughes 等，2005）[27]。还有学者强调文化旅游提高了旅游产品附加值（A.Liu，2006）[28]，对城市可持续发展有着促进作用（P.Salonia，2016）[29]，能够实现旅游业的社会教育价值（A.Moira，2018）[30]。

（二）国内学者相关研究

国内学者认为文化遗产旅游可以提升人文环境、改善生活质量（陈卫国，

2001)[31]，文旅融合发展可以提升当地经济价值、美学价值和生态价值（王振如等，2009）[32]，同时具有创新功能、整合功能和结构优化功能，能够增强产业竞争力（张海燕等，2010）[33]，具体表现为催生新产品、新市场，促进产业链价值增值，推动组织创新和管理创新，延长产业生命周期（但红燕等，2015）[34]，在拉动当地经济社会发展的同时，也有利于优秀文化传承和生态环境保护（喇明英，2016）[35]。

从文旅融合的效应来看，文旅融合能够丰富产品种类、提升产品附加值、增加国民收入、优化自然和人文环境、提高城市和国家形象，实现微观的经济效应、中观的社会效应、宏观的传播效应，这些效应验证了文旅融合发展的恰当性，表明文旅融合发展正当且潜力巨大。其中，国外学者侧重研究以旅游为主导的融合案例，较为关注文化遗产和城市旅游的融合、区域特色文化和乡村旅游的融合，主要从遗产传承和跨文化交流的角度，论述了对文化资源开发和旅游产品形态改进带来的影响；国内学者进一步揭示了文旅融合通过创新功能、整合功能和结构优化功能实现的优良效应，探讨了文旅融合对产业竞争力各要素起到的促进作用。

四、文旅融合动因

文旅融合动因包含内在动力和外在影响因子，刻画了作用于文旅融合发展的重要因素，鉴于国外直接研究文旅融合动因的文献较少，这里把国外综述范围适当扩大为产业融合动因。

（一）国外学者相关研究

国外学者指出由于商业化进步或技术创新影响了企业产品开发、市场竞争和价值创造的性质（D.T.Lei，2000）[36]，企业往往选择将不同的商业模式和技术集成在一起，从而模糊了行业界限（Y.Cho 等，2015）[37]，其中互惠是这种商业、技术融合现象的本质，其主要源于商业、技术演进，而非革命（F.Kodama，2014）[38]。产业融合的外部动因还包括政府对产业管制的放松（植草益，2001）[39]、与产业产出侧相关的市场驱动因素（S.Bröring 等，2007）[40]、有利的政府政策、新的创业资本以及新的消费者群体（C.J.A.Mitchell 等，2018）[41]等。

（二）国内学者相关研究

国内学者指出“文化旅游”的发展为文旅融合发展提供了空间和平台（付瑞红，2012）[42]，技术进步、人力资本积累、制度变革和法制建设为两者融合提供了融合环境（陈红玲等，2013）[43]，关联性强、市场契合度高的文化与旅游逐渐走向融合，其在技术、企业、市场等层面存在八大动力因素（辛欣，2013）[44]，其中企业和旅游者是内部主体，政府、中介机构和市场是外部主体，它们在驱动因子中扮演着核心和纽带作用（张海燕等，2013）[45]。根据动力因素发挥作用的不同，可分为市场需求变化形成的拉力，产品供给变化形成的推力，科技、政策等因素形成的支持力（杨园争，2013）[46]，赵蕾等（2015）则补充了以体制为代表的融合阻力，构建出文旅融合发展的动力模型，同时指明内在的拉力和推力是文旅融合的核心动力，外在的支持力和阻力会对文旅融合起到辅助或干扰作用[5]，尹华光等（2016）进一步构建了文旅融合动力机制模型，把动力特征总结为政府引领、民众参与、技术辅助、跨区域协作[18]。

文旅融合的动力因素主要由融合环境中的各类影响因素构成，发挥积极作用的便是动力。综合来看，国内外学者的研究成果大体一致，其中国外学者的研究主要围绕商业与技术演进，向外发散包括了企业互惠的寻求、政府的优惠政策、新的创业资本以及消费者群体的变化等。国内学者对这些因素进一步归纳和扩展，总结为拉力、推力、支持力和阻力四大因素。

五、文旅融合路径

路径是文旅融合发展采取的外在步骤和具体途径，是文旅融合发展的阶段化表现，对应着文旅融合的不同程度。鉴于国外直接研究文旅融合路径的文献较少，这里把国外综述范围适当扩大为产业融合路径。

（一）国外学者相关研究

国外学者认为在产业融合的过程中，融合的外在表现主要是产业边界、市场结构和企业战略的变化，融合的内在机制主要是技术或产品进行关联（N.Stieglitz，2003）[47]，其中由投入侧驱动的融合可归纳为技术融合，由产出侧驱动的融合可归纳为市场融合（S.Bröring 等，2007）[40]，还包括技术融合前的理论知识融合，产业融合完成前的技术应用融合（F.Hacklin 等，2010）[48]，以及涉及社会业务创建、试图产生重大社会影响的社会融合（Y. Geum 等，2016）[49]。总之，产业融合的本质在于以令人兴奋的新方式连接技术（F.Kodama，2014）[38]，其存在典型的演化模式，是与产业集群同时发生的现象（P.S.Heo 等，2019）[50]。

（二）国内学者相关研究

国内学者首先对文旅融合在技术、产品、企业、市场等层面的融合路径进行了探讨，并指出技术层面的融合是基础、产品层面的融合是标志、企业层面的融合是载体、市场层面的融合是动力（张海燕等，2010）[4]；继而补充了资源融合、功能融合、业务融合、空间融合等融合路径，进一步分析了它们在文旅融合的初期研发设计、中期经营管理、后期市场监管等不同阶段的实际表现（辛欣，2013）[44]。从具体产业融合看，则涵盖了影视传媒与旅游、工艺美术与旅游、休闲娱乐与旅游、演艺与旅游的融合路径（兰苑等，2014）[51]。

纵观学者的研究可知，国外学者从内在机制、外在表现、投入侧驱动、产出侧驱动、产业集群组织的空间形态等不同角度探讨了文旅融合路径，在描述产业融合不同阶段表现的同时强调了技术融合的重要性。国内学者在借鉴国外成果的基础上另辟蹊径，把路径进一步明确为文旅融合的基础、标志、载体等，并做了相应补充。总体来看，文旅融合路径实质是指两者能够建立联系的渠道，包括基础层面初步恰接的资源融合、生产流程的技术融合、最终形态的产品融合，以及文旅企业层面业务往来的运营融合、企业集聚的空间融合、服务功能的市场融合和社会认同的文化融合。

六、文旅融合模式

文旅融合模式是对融合具体表现的提炼和升华，是基于产业层面对融合类型的高度概括与总结。鉴于国外直接研究文旅融合模式的文献较少，这里把国外综述范围适当扩大为产业融合模式。

（一）国外学者相关研究

国外学者从产品供给和需求的角度，将融合模式分为供给替代型、供给互补型、需求替代型和需求互补型（J.M.Pennings 等，2001）[52]；从技术创新并相互关联的角度，分为应用融合、横向融合及潜在融合（F.Hacklin 等，2005）[53]；从技术和产品在市场中的表现，分为技术替代型、技术互补型、替代品中的产品趋同型和互补品中的产品趋同型（N.Stieglitz，2002）[54]；从产业是否仍属于同一趋同群体，分为静态产业融合和动态产业融合（P.S.Heo 等，2019）[50]；从产业融合的具体案例，又将融合模式分为相似产业领域内融合的技术增强器、不同特征产业中融合的政策驱动的环境增强器、由新业务需求驱动融合的技术驱动的新价值生成器、涉及社会业务创建的服务集成的社会业务生成器（Y. Geum 等，2016）[49]。此外，基于合作领域的指标，构建了可以区分不同融合阶段和类型的分析框架（N.Sick 等，2019）[55]。

（二）国内学者相关研究

国内学者根据产业核心价值特征、融合互动方式及程度的不同，将文旅融合模式分为资源渗透型融合、产业延伸型融合、产业重组型融合（杨娇，2008）[56]以及产业一体化融合（辛欣，2013）[44]，并指出延伸型融合属于初级阶段，重组型融合属于中级阶段，产业一体化融合属于高级阶段（尹华光等，2015）[57]。同时，还包括文化旅游圈融合运作模式、项目开发融合运营模式、文化旅游节庆与会展推广模式、文化旅游产品创新吸引模式（张海燕等，2013）[45]。根据融合主导资源的区别，又分为非物质文化遗产依托型、物质文化遗产依托型、文化项目带动型和生态休闲观光型（杨霞，2014）[58]；根据融合主体发挥作用的不同，则分为旅游经营主体主导的整合融合和吸纳融合、文化经营主体主导的渗透融合以及双方积极推动的资本融合（赵蕾等，2015）[5]；根据融合目的的差异，分为基于城市休闲和人文旅游的环产业融合园区的公园游憩带模式与基于核心企业带动的产业融合园区集聚模式（李景初，2015）[59]。

总体来看，国内外学者对文旅融合模式采取了不同的研究视角，国外学者主要围绕技术和产品，从替代和互补的角度进行了探讨。国内学者则从文旅资源相互渗透、彼此拓展以及创新性应用的角度，论述了产业延伸型、重组型、一体化型等典型模式，并依据不同主营业务、资源类别、融合主体等进一步划分。

七、国内文旅融合发展障碍及建议

文旅融合发展与文物保护部门、文化与旅游管理机构关系密切，与此相关的管理体制决定着融合能否顺利进行；企业是文旅融合的主体，企业的综合能力影响着融合进程的快慢和效果，决定着产品实力和市场格局；市场环境是文旅融合的发展空间，企业因受其影响而表现出区域间融合水平差异化的现象。国内学者描述的文旅融合障碍和探讨的相关建议大都没有超出此三方范围。

首先是政府管理体制不健全的障碍。学者认为在政府管理体制中存在文旅资源多部门管理、非市场化管理等不合理现象（周桂英，2012）[60]，因此在文旅融合过程中出现了产业政策管制、产业管理管制和市场垄断结构等结果（陈太政等，2013）[61]。说明在政府管理体制中缺乏系统性、整体性的顶层设计，导致文化和旅游部门之间缺乏统筹融合发展的机制（邹芸，2018）[62]，政府管理体制不健全的障碍进一步导致了文旅资源无法充分流动、文旅市场投融资受限等诸多问题。在管理体制改革中，政府应创新管理体制和工作机制，建立文旅融合的企业主体机制（周桂英，2012）[60]，按照现代企业制度要求，采取独资、合资、租赁、承包等多种方式，鼓励多种经济成分参与融合进程，探索文化旅游企业按照政企分开、事企分开，所有权与经营权、管理权分离运营的有效途径，构建统一开放、竞争有序的现代文旅市场体系（张海燕等，2013）[45]。同时，文旅融合发展应综合考虑当地资源禀赋，统筹规划产业定位与发展目标，建立健全文旅融合发展组织引导体系，构建行之有效的顶层设计方案（邹芸，2018）[62]。

其次是企业综合能力不足的障碍，主要涉及企业的技术能力、功能性能力和管理能力。文旅融合发展存在以企业整合能力、知识学习与科技创新能力不足为代表的企业能力障碍（陈太政等，2013）[61]，具体表现为产品品位不高、促销能力不强（周连斌，2013）[63]，产业基础薄弱、融合规模小、发展水平低（夏红民，2017）[64]，尤其是文化产业市场化和创新力度不足，缺乏知名文化产品及实力雄厚的文化集团（孔永和，2016）[65]。文旅企业能力不足导致核心技术研发受限，产品创新和宣传没有新意，进而表现为产业布局不均衡。在提升综合能力过程中，文旅企业应该加强旅游商品开发、文旅项目策划及营销管理（刘志勇等，2009）[66]，同时基于科技创新设计具有民族文化和地方传统特色的文化旅游项目（陈红玲等，2013）[43]，综合利用网络新技术进行宣传营销，加大多渠道营销力度（李想等，2015）[67]，在加强新旧媒体应用的同时联合地方政府开展宣传，最大限度拓宽文旅融合发展的影响范围，打造文旅融合特色品牌，提升融合产品的认可度（邹芸，2018）[62]。

最后是市场环境不友好的障碍，主要和地区经济发展状况及政府优惠政策相关。由于部分地区存在基础设施建设滞后、信息闭塞（尹华光等，2015）[68]，相关人员思想观念落后、对融合发展认识不足等问题（徐淑红等，2016）[69]使得文旅融合进程缓慢。同时，市场环境不友好造成人才大量外流（胡粉宁，2015）[70]，文化创意型、高新技术型、管理型、产业经营型等复合型高端人才供给无法满足文旅融合发展的需要（孔永和，2016）[65]。在融合过程中还存在传统文化被同化、弱化，文化传承渠道不畅等问题（王力力，2017）[71]。在市场环境改善过程中，可以通过大范围的宣传介绍提高认知观念，营造融合运作的良好氛围（张海燕等，2013）[45]，完善与地区旅游相配套的基础设施建设（张二妮等，2014）[72]；继而大力推动高等院校、科研院所与文化企事业部门在人才培养、课题研究等方面的深入合作，实现"产学研"的充分融合（荷叶等，2015）[73]，在注重培养文化旅游专业型人才的同时，通过打造人才落户的绿色通道加大人才引进力度（胡粉宁，2015）[70]。文旅融合企业则应深入挖掘文化内涵、创新文化范式、重视区域文化元素的利用（胡俊，2013）[74]，最大限度地保持文化的原真性（张家乐等，2014）[75]，通过加强市场化运作，突出各自的文化资源特色，增强对目标游客的吸引力（古冰，2017）[76]。

八、总结

（一）研究评述

通过梳理国内外文旅融合研究文献发现，国外学者多从微观角度论述文旅融合的具体案例，同时兼具国际化视野，使得成果整体质量较高；国内学者对文旅融合的研究偏中宏观，习惯从整体上对文旅融合机制进行抽象化、一般化攻克，对国外研究体系进行了有效补充。虽然国内外学者从众多角度对文旅融合现象开展了探讨，但仍存在诸多不足。

首先，概念界定不明确，理论框架尚未建立。学者们对文旅融合研究的焦点多集中在融合过程中的动因和路径，而缺少对文旅融合前后的产业特征、演进阶段等的辨析，且在描述同一文旅融合现象时概念、术语使用不规范的情况较多，尤其是文化、文化资源、文化遗产、文化产业、旅游资源、旅游产业等概念边界十分模糊，制约了研究的统一认知和深度进展。事实上，文化与旅游的相互影响有正有负，但学者们多展现文化与旅游相互促进的正向关系、融合后的正面效应，较少从文化和旅游的本质出发对两者关系进行全面探讨，既未明确文化应用于旅游开发的界限，更少描述文旅融合带来的文化变迁。对文旅融合不同路径、不同模式间的关系及其适用条件也未能深入探讨，导致文旅融合理论研究缺乏具体、深刻且体系化的解剖，对融合实践的指导价值偏低。

其次，研究方法不健全，定量实证严重不足。学者们对文旅融合现象的研究多以定性和规范分析为主，尽管有学者以区域性文旅融合现象为实证案例，但仍以解释性内容居多，缺少对文旅融合过程中各动力要素作用机制、正负内外部效应等关键问题的精确量化诊断，且未能提出区分文旅融合不同阶段、程度、层次的具体观测指标。现阶段仅有的少数定量研究多从中观产业视角展开，缺乏微观企业视角、宏观市场视角的多维度测算、推演与论证。同时，现有文献较少涉及多学科交叉领域，仅从旅游学或文化学视角出发，很少借用管理学、经济学、社会学、艺术学、历史学等其他学科较成熟的工具和方法多方探索这一复杂现象，更少基于企事业单位、消费者等主体利益开展实地调研和实操性策划，导致文旅融合研究范围受限，也使得研究结论普遍缺乏客观性、科学性和实际应用价值。

（二）研究展望

随着文旅融合进程的加快和加深，多层次、多维度的文旅融合现象有望成为研究重点。全域旅游概念的兴起及乡村振兴计划的实施，为文旅融合提供了更为广阔的空间，也为打造特色文旅融合项目提出了新的考验，政府在顶层设计中应提前规划城市和社区在文旅融合发展中扮演的角色、承担的任务，以避免文旅融合发展导致区域间竞争同质化。同时，创意经济和体验经济的兴起使得“文化旅游”“创意旅游”“体验旅游”“场景旅游”等领域成为开发热点，在文旅融合研究中，学者们需要着重对这些概念进行辩证、界定，判断其区别和联系，以将其纳入文旅融合理论框架。

学者们也可多加探讨政府、企业、事业单位、遗产传承人、消费者等主体对文旅融合的认知及其之间复杂的博弈关系，结合理论和实践积累全面论证文旅融合后的产业形态与特征。现阶段文化产业发展不成熟、旅游产业范围广等，导致文旅融合中相关产业细分及数据统计存在较多困难，而如何利用互联网大数据解决此类基础问题，也是新的研究方向。总之，如何建立完整的文旅融合研究理论框架，丰富文旅融合研究方法，加快文旅融合的实践进程，仍是下一阶段文旅融合发展需要攻克的难题。

参考文献

[1] 马健.产业融合理论研究评述［J］.经济学动态，2002（5）：78–81.

[2] Romeril M，Fuller R A. Tourism and heritage in the United Kingdom［J］. *The Environmentalist*，1985，5（4）：306–309.

[3] Richards G. Creativity and tourism：The state of the art［J］. *Annals of tourism research*，2011，38（4）：1225–1253.

[4] 张海燕，王忠云.旅游产业与文化产业融合发展研究［J］.资源开发与市场，2010，26（4）：322–326.

[5] 赵蕾，余汝艺.旅游产业与文化产业融合的动力系统研究［J］.安徽农业大学学报（社会科学版），2015，24（1）：66–71.

[6] Greg R. Tourism and Culture. In van der Straaten，J. & Briassoulis，H.（eds.），*Tourism and the Environment*［J］. 2000.

[7] Syahrivar J. Bika Ambon of Indonesia：history，culture，and its contribution to tourism sector［J］. *Journal of Ethnic Foods*，2019，6（1）：2.

[8] Leong W T. Culture and the state：Manufacturing traditions for tourism［J］. *Critical Studies in Media Communication*，1989，6（4）：355–375.

[9] Besculides A，Lee M E，McCormick P J. Residents' perceptions of the cultural benefits of tourism［J］. *Annals of tourism research*，2002，29（2）：303–319.

[10] Santa-Cruz F G, López-Guzmán T. Culture, tourism and World heritage sites [J] . *Tourism Management Perspectives*, 2017, 24: 111–116.

[11] Korunovski S, Marinoski N. Cultural tourism in Ohrid as a selective form of tourism development [J] . *Procedia-Social and Behavioral Sciences*, 2012, 44: 104–113.

[12] Csapo J. The role and importance of cultural tourism in modern tourism industry [J] . *Strategies for tourism industry-micro and macro perspectives*, 2012: 201–232.

[13] Chhabra D, Healy R, Sills E. Staged authenticity and heritage tourism [J] . *Annals of tourism research*, 2003, 30 (3) : 702–719.

[14] Canavan B. Tourism culture: Nexus, characteristics, context and sustainability [J] . *Tourism Management*, 2016, 53: 229–243.

[15] Rogerson C M. Creative Industries and Urban Tourism: South African Perspectives [C] //*Urban Forum*, 2006, 17 (2) .

[16] 徐崇云，顾铮.旅游对社会文化影响初探 [J] .杭州大学学报（哲学社会科学版），1984 (3) : 53–58.

[17] 陆立德，郑本法.社会文化是重要的旅游资源 [J] .社会科学，1985 (6) : 39–44.

[18] 尹华光，邱久杰，谭学燕.武陵山片区文化产业与旅游产业融合发展动力研究 [J] .湖南财政经济学院学报，2016，32 (3) : 135–140.

[19] 赵华，于静.新常态下乡村旅游与文化创意产业融合发展研究 [J] .经济问题，2015 (4) : 50–55.

[20] 黄永林.文旅融合发展的文化阐释与旅游实践 [J] .人民论坛·学术前沿，2019 (11) : 16–23.

[21] 俞慈韵.论旅游文化 [J] .东疆学刊，1986 (2) : 109–112.

[22] 郁龙余.旅游与旅游文化 [J] .深圳大学学报（人文社会科学版），1989 (2) : 46–50.

[23] 吴正光.对贵州文化旅游资源的评价 [J] .贵州文史丛刊，1989 (2) : 104–105.

[24] 吴芙蓉，丁敏.文化旅游——体现旅游业双重属性的一种旅游形态 [J] .现代经济探讨，2003 (7) : 67–69.

[25] Bachleitner R, Zins A H. Cultural tourism in rural communities: The residents' perspective [J] . *Journal of business research*, 1999, 44 (3) : 199–209.

[26] Ondimu K I. Cultural tourism in Kenya [J] . *Annals of Tourism Research,* 2002, 29 (4) : 1036–1047.

[27] Hughes H, Allen D. Cultural tourism in Central and Eastern Europe: the views of 'induced image formation agents' [J] . *Tourism Management*, 2005, 26 (2) : 173–183.

[28] Liu A. Tourism in rural areas: Kedah, Malaysia [J] . *Tourism Management*, 2006, 27 (5) : 878–889.

[29] Salonia P. Tourism, migration, heritage, culture, inclusion: recovering the memory of ourselves for the sustainable cities and the society of the XXI century [J] . *Procedia-Social and Behavioral Sciences*, 2016, 223: 668–675.

[30] Moira A. *Human Development Tourism: Utilizing Cultural Heritage to Create a Universal Culture* [M] //Innovative Approaches to Tourism and Leisure. Springer, Cham, 2018: 35–49.

［31］陈卫国. 文物与旅游相互融合 推进我市旅游业的发展［A］//中国文物学会通讯2001、2002年合订本，2001：2.
［32］王振如，钱静.北京都市农业、生态旅游和文化创意产业融合模式探析［J］.农业经济问题，2009，30（8）：14–18.
［33］张海燕，王忠云.基于产业融合的文化旅游业竞争力评价研究［J］.资源开发与市场，2010，26（8）：743–746.
［34］但红燕，徐武明.旅游产业与文化产业融合动因及其效应分析——以四川为例［J］.生态经济，2015，31（7）：110–113，117.
［35］喇明英.川甘青交界区文化生态旅游融合发展的理念与路径探讨［J］.西南民族大学学报（人文社科版），2016，37（2）：131–135.
［36］Lei D T. Industry evolution and competence development：the imperatives of technological convergence［J］. *International Journal of Technology Management*，2000，19（7–8）：699–738.
［37］Cho Y，Kim E，Kim W. Strategy transformation under technological convergence：evidence from the printed electronics industry［J］. *International Journal of Technology Management*，2015，67（2/3）：4.
［38］Kodama F. MOT in transition：From technology fusion to technology–service convergence［J］. *Technovation*，2014，34（9）：505–512.
［39］植草益.信息通讯业的产业融合［J］.中国工业经济，2001（2）：24–27.
［40］Bröring S，Leker J. Industry convergence and its implications for the front end of innovation：a problem of absorptive capacity［J］. *Creativity and innovation management*，2007，16（2）：165–175.
［41］Mitchell C J A，Shannon M. Exploring cultural heritage tourism in rural Newfoundland through the lens of the evolutionary economic geographer［J］. *Journal of Rural Studies*，2018，59：21–34.
［42］付瑞红.文化产业和旅游产业融合发展的模式与路径［J］.经济师，2012（9）：16–17.
［43］陈红玲，陈文捷.基于新增长理论的广西民族文化产业与旅游产业融合发展研究［J］.广西社会科学，2013（4）：173–176.
［44］辛欣. 文化产业与旅游产业融合研究：机理、路径与模式［D］.开封：河南大学，2013.
［45］张海燕，王忠云.旅游产业与文化产业融合运作模式研究［J］.山东社会科学，2013（1）：169–172.
［46］杨园争. 山西省旅游产业与文化产业融合发展研究［D］.太原：山西财经大学，2013.
［47］Stieglitz N. Digital dynamics and types of industry convergence：the evolution of the handheld computers market［J］. *The industrial dynamics of the new digital economy*，2003，2：179–208.
［48］Hacklin F，Marxt C，Fahrni F. An evolutionary perspective on convergence：inducing a stage model of inter–industry innovation［J］. *International Journal of Technology Management*，2010，49（1–3）：220–249.
［49］Geum Y，Kim M S，Lee S. How industrial convergence happens：A taxonomical approach based on empirical evidences［J］. *Technological Forecasting and Social Change*，2016，107：112–120.
［50］Heo P S，Lee D H. Evolution patterns and network structural characteristics of industry convergence

［J］. *Structural Change and Economic Dynamics*，2019.

［51］兰苑，陈艳珍.文化产业与旅游产业融合的机制与路径——以山西省文化旅游业发展为例［J］.经济问题，2014（9）：126–129.

［52］Pennings J M，Puranam P. Market convergence & firm strategy：new directions for theory and research［C］//*ECIS Conference*，The Future of Innovation Studies，Eindhoven，Netherlands. 2001，20（23.09）.

［53］Hacklin F，Raurich V，Marxt C. Implications of technological convergence on innovation trajectories：the case of ICT industry［J］. *International Journal of Innovation and Technology Management*，2005，2（3）：313–330.

［54］Stieglitz N. Industry dynamics and types of market convergence［C］//*DRUID Summer Conference*. 2002：6–9.

［55］Sick N，Preschitschek N，Leker J，et al. A new framework to assess industry convergence in high technology environments［J］. *Technovation*，2019，84：48–58.

［56］杨娇. 旅游产业与文化创意产业融合发展的研究［D］.杭州：浙江工商大学，2008.

［57］尹华光，王换茹，姚云贵.武陵山片区文化产业与旅游产业融合发展模式研究［J］.中南民族大学学报（人文社会科学版），2015，35（4）：39–43.

［58］杨霞，陈显军，梁君.论广西文化产业与旅游业融合发展模式及其效应［J］.广西社会科学，2014（6）：28–33.

［59］李景初.河南省产业融合发展模式及路径分析——以文化产业和旅游产业融合发展为例［J］.企业经济，2015（2）：121–124.

［60］周桂英.河南省文化产业与旅游产业融合发展中存在的问题及对策［J］.郑州轻工业学院学报（社会科学版），2012，13（4）：90–93.

［61］陈太政，陈准，王吉祥，等.中原经济区建设背景下河南文化旅游产业融合发展研究［J］.河南大学学报（自然科学版），2013，43（3）：286–290.

［62］邹芸.四川省文化产业与农业旅游产业融合发展策略研究［J］.农业经济，2018（1）：68–70.

［63］周连斌.北川文化旅游产业发展策略研究［J］.当代经济管理，2013，35（7）：58–62.

［64］夏红民.以改革创新精神推进现代服务业发展——甘肃推进文化、旅游、体育、健康产业融合发展初探［J］.甘肃行政学院学报，2017（2）：92–98.

［65］孔永和.旅游产业与文化产业融合发展的路径选择——以河北省为例［J］.社会科学论坛，2016（10）：240–244.

［66］刘志勇，王伟年.论创意产业与旅游产业的融合发展［J］.企业经济，2009（8）：127–130.

［67］李想，胡炜霞.丝绸之路旅游产业与文化产业融合路径探讨［J］.山西师大学报（社会科学版），2015，42（3）：85–88.

［68］尹华光，姚云贵，杨小沛，等.武陵山片区文化产业与旅游产业融合发展对策研究［J］.湖南大学学报（社会科学版），2015，29（2）：46–51.

［69］徐淑红，朱显平.关于推进松原市文化产业和旅游产业融合发展的对策思考［J］.税务与经济，2016（3）：108–112.

［70］胡粉宁.西安文化产业与旅游产业融合发展路径研究［J］.人民论坛，2015（33）：86–87.

[71] 王力力.旅游产业与文化产业的融合发展之道 [J].人民论坛，2017（11）：133–135.
[72] 张二妮，王长寿.陕西省文化产业与旅游产业融合的关联分析 [J].西安工业大学学报，2014，34（1）：53–56.
[73] 荷叶，张森林.内蒙古文化产业与旅游融合发展研究 [J].内蒙古社会科学（汉文版），2015，36（5）：191–196.
[74] 胡俊.江西文化与旅游产业融合途径及其对策研究 [J].江西行政学院学报，2013，15（2）：43–46.
[75] 张家乐，王琪延.旅游业与文化产业融合发展研究 [J].调研世界，2014（1）：53–56.
[76] 古冰.基于投入产出法及ANN模型的文化产业和旅游产业融合分析 [J].商业经济研究，2017（18）：170–173.

国外音乐旅游研究进展

李时慧
（中国旅游研究院，北京 100005）

摘　要：音乐旅游作为旅游研究的新兴方向，逐渐受到国内外学者的关注。文章系统回顾了国外关于音乐旅游的研究进展。从音乐旅游的概念、音乐旅游的形式、音乐旅游研究的内容、音乐旅游研究未来的发展方向四个方面进行了梳理和研究。

关键词：音乐旅游；旅游形式

音乐旅游在近年来发展尤为迅速，已经成为文化旅游的一种重要形式和文旅融合的典型。国外的学者对音乐旅游从各个角度进行了有益的探索研究。

一、音乐旅游的概念

关于音乐旅游的概念及定义，目前学界并没有统一的标准。但近些年，国外的一些学者从不同的角度提出了自己对音乐旅游的观点。这些观念和看法都在不同程度地推动着音乐旅游概念的逐渐形成。Leonieke Bolderman 认为音乐旅游是一种建立在热爱音乐的基础上的实践，因为音乐听众在现实中去寻找他们在想象中看到的地方，并通过听音乐和参与音乐形成了情感联系[1]。文化地理学家 Gibson 和 Connell 将音乐旅游解释为一种怀旧和记忆的实践，但不确定它的未来会如何，因为许多特殊兴趣的旅游具有不稳定和不可预测的性质[2]。Campbell 认为，音乐旅游是指个体旅行者到常住地以外的某地去看或是去听一场现场表演或是体验与音乐创作或表演相关的历史过程[3]。Rebecca 提出音乐步行旅游是一种体现音乐旅游或心理地理实践的形式，它将歌迷与音乐景观和城市景观联系起来[4]。虽然上述观点的研究角度各不相同，但是我们可以总结出，学者们都认为音乐旅行是与音乐有关的实践形式。

二、音乐旅游的形式

音乐旅游是人们因为与音乐有关而旅行的现象，这种现象非常的多样化，在世界各地的许多地方以各种各样的形式发生。目前，音乐旅游不仅在旅游国家和地区的数量上有很多，而且已经分散成许多与音乐相关的实践活动。大致有音乐城市旅行、音乐会旅行、音乐节旅行等几种形式。

在世界各地，有很多著名的音乐城市，吸引着大量的游客。例如，德国的古典音乐

［作者简介］李时慧（1982—），女，山东日照人，中国旅游研究院博士后，北京市东城区职工大学讲师，研究方向为音乐旅游、文旅融合，E-mail：15870665@qq.com。

名城，巴赫的故乡——莱比锡；美国乡村音乐的发源地——田纳西州的纳什维尔；传奇摇滚乐队披头士的家乡——利物浦等城市。每年有大量的游客因为音乐而来到一座城市旅行，音乐城市旅行成为越来越多的游客的目的地，也逐渐成为一种时尚。

音乐旅游也已成为旅游业的一个重要市场，如在印度的果阿、西班牙的伊维萨岛、德国的柏林、泰国的舞池，每年都吸引着大量的季节性游客，他们沉迷于俱乐部、派对和节日的电子舞曲中[5]。所有音乐流派的粉丝们都会跟随他们喜爱的乐队和艺术家，在巡演期间，在全球不同地区参观同一个巡演的多场音乐会。这种追星活动使得音乐会旅行在这一特定群里中成为常态。

音乐节活动每年也吸引着大量的游客。如英国的格拉斯顿伯里音乐节，这是世界上最大的露天音乐节，始于 1970 年，每年 6 月下旬在英国举行。众多大腕明星艺人登台演出，根据 2011 年 UK Music 发表的报告，每年格拉斯顿伯里音乐节为英国经济带来的贡献超过 1 亿英镑[6]。每年，数以万计的音乐爱好者和艺人成群结队，沉浸在音乐狂欢中，已成为最具标志性的音乐聚会。此外还有科切拉音乐节、塔姆沃思音乐节、里约摇滚音乐节等各类音乐节，吸引着大量的游客。据统计，2019 年，里约摇滚音乐节期间，65% 的游客来自其他城市和地区，在音乐节演出第二周，巴西全市的酒店入住率高达 84%，游客接待量达 70 万人次，约 17 亿黑奥的收入[7]。

三、音乐旅游研究的主要内容

音乐旅游是一个新兴的研究领域，学界对音乐旅游的关注也是相对近期的事情。为什么会出现这种现象呢？Rommen 和 neely 认为，音乐被纳入了更广泛的文化概念，意味着音乐在旅游业中的作用长期未被探索[8]。随着音乐旅游现象的逐渐增多以及学者对音乐旅游的日益重视，对音乐旅游的研究也逐渐成为西方旅游研究的重要趋势。从内容看，目前，学界对音乐旅游的研究主要集中在四个方面。

第一个关注点是音乐产业与旅游产业的融合。音乐旅游业被越来越认为是一个具有潜在经济和社会影响的行业。来自美国田纳西孟菲斯旅游局的数据统计，格雷斯兰和比尔街附近的流行音乐旅游的影响是巨大的，该地区的 1100 万游客中，有 30 亿美元的消费，高达 80% 的主要旅游动机是音乐（2018 年）。英国音乐协会估计，2017 年英国有 1100 万游客参观了著名的音乐旅游景点，如披头士的利物浦音乐节和格拉斯顿伯里音乐节，支出约 40 亿英镑（2017 年）。联合国世界旅游组织在 2018 年发布了一份白皮书，强调了音乐旅游在世界各地城市和地区的潜力[9]。越来越多的城市销售人员、遗产行业专业人士等致力于将城市宣传为音乐之城，吸引旅游业，相关的音乐主题实践会议也明显增多。Cohen[10] 指出，在后工业化城市，音乐旅游带来了经济和社会发展的希望。发展音乐遗产和刺激音乐夜生活作为创造文化群的一部分，可以成为区分和吸引新的旅游流的一种方式。如今，音乐旅游已经发展成为全球旅游景观中稳定的细分市场。

目前，全世界有 800 多个各种类型的音乐节庆活动，形成了庞大的产业体系，对世界旅游产业的发展起着推动和促进作用，在英国，音乐旅游能产生近20亿美元的旅游收入，提供近2万个全职工作机会[11]。还有世界其他国家和地区的著名音乐节庆活动，如格拉斯顿伯里音乐节、科切拉音乐节、塔姆斯沃音乐节、齐格音乐节、里约摇滚音乐节等各类大大小小的音乐节庆活动。因此，音乐节庆活动的经济影响成为音乐旅游研究的重要方向。此外，音乐节庆在塑造城市品牌、提升目的地形象和身份认知、改善游客地方感知等方面具有特殊作用，音乐节庆的营销和管理也成为学者关注的重要内容[12]。邓巴·霍尔[13]对巴厘舞蹈进行了研究，指出弗拉明戈舞蹈已经成为国家的象征，并通过旅游业跨地区获得了成功。Kenneth bilby ina[14]对环加勒比地区音乐旅游进行研究，指出作为旅游业的一部分，音乐旅游帮助了土著人的经济生存和音乐发展，带来了商业利润。Cianga[15]指出，音乐节是当今最受欢迎的娱乐形式之一，特别是超大型音乐节，拥有成千上万的歌迷，在这里，声音与壮观的视觉效果和令人印象深刻的设置相结合，创造了一种独特的感官体验。Untold festival是东欧最有前途的此类活动。无尽地推动特兰西瓦尼亚的神话传统，罗马尼亚的文化和传统，推动了该地区的旅游和经济发展。David[16]对邮轮音乐节进行了考察，发现现场表演、与明星音乐家和其他参与者的互动以及与邮轮建造空间的互动是邮轮音乐节日体验的三个因素。

Jon Fitzgerald[17]等人研究了巴西费尔南多·迪诺罗尼亚群岛上音乐实践和旅游业之间的关系。旅游业是岛上居民的主要收入来源，音乐活动主要面向旅游业。当人们追溯旅游业与音乐活动之间的特定联系时，复杂的相互联系模式就变得明显起来，这些联系涉及一些领域，如“翻唱”与原创音乐、音乐类型的选择、现场表演实践和录制的音乐。研究表明，虽然岛上大部分自给自足的音乐环境培养和奖励音乐的多样性，但旅游业持续阻碍了原创音乐的发展。这给岛上的音乐家们提出了一个难题，他们需要在一个培育和限制他们音乐的空间里，找到自己的音乐身份，如何使音乐与旅游产业更好地融合成为亟待解决的难题。

第二个关注点是在旅游发展中，音乐的商品化问题。在这个问题上，学者们持有两种态度：一种态度认为音乐的商品化具有积极的意义，旅游地的音乐是重要的旅游资源，特别是具有民族特色的音乐歌舞是旅游地重点打造的旅游产品。Kaeppler和Lewin[18]特别关注旅游业对地方音乐传统的影响，认为旅游商品化会阻碍和打破地方传统，但同时，旅游也可以成为地方创造和保存音乐风格的源泉。旅游者聆听和演奏传统的音乐，从而保留了某些音乐的风格、形式和仪式，而音乐、场所和旅游这些形式经常被调整，以适应旅游者的注意范围和期望。Xie P[19]等人指出，音乐旅游在阐释文化、商业和地方认同等相互影响方面具有重要作用，市场商品化和表演真实性一直是音乐旅游关注的重点课题。Finn[20]利用古巴音乐研究了面向旅游者的音乐商品化能保持当地传统音乐的生命力，并带来社会文化利益，获得地方认同。还有一种态度认为音乐的商品化反而会带来消极意义。Greenwood[21]认为，旅游商品化是将文化像建筑用地、快餐和客房服务一样包装、定价并出售，他以西班牙公共音乐节为例，对音乐商品化的参与群体进行了相关研究，发现以旅游者为核心定位的音乐节由于商品化问题，使得当地居民不愿再参与进来。Tilley 则对南太平洋上 Wala 岛的舞蹈商品化进行了研究，认为度假区面向旅游者的文化表演没有任何文化意义[22]。

第三个关注方面是音乐与旅游的关系。学者们从不同的角度对音乐和旅游的关系进行了研究和探讨。

一些学者从旅游者与音乐的关系方面进行了研究。Sellars[23]对舞曲对于英国青年旅游市场的影响进行了研究，发现舞曲逐渐成为人们喜爱的主流社交行为，可用于目的地对青年游客群的宣传。他还提出舞曲与包价旅游的相关性，那么未来的音乐产业和旅游产业可以实现多方面的共赢。Gibson 和 Connell[24]对音乐和旅游的关系进行了系统的梳理，从音乐与空间的关系、音乐旅游创造收入与提供就业机会的能力、音乐与旅游如何融合以提升旅游地吸引力等内容进行了研究。Philip Feifan Xie[25]等人试图从文化、旅游者和景点三者之间的相互关系问题来探讨嘻哈旅游，并将这些关系置于更广泛的凝视和真实性话语中进行讨论。认为嘻哈旅游是文化旅游的重要组成部分，但容易被忽视，它汇集了音乐旅游的三个核心问题（追求历史、市场商品化和表演真实性）建议通过“初始凝视”“大众凝视”“真实凝视”三种凝视技术来看待嘻哈旅游。Adam[26]对爱尔兰莫赫悬崖音乐旅游进行了研究。指出莫赫悬崖作为街头艺人时代演奏传统音乐的地方，已成为爱尔兰的象征，研究探讨了爱尔兰身份、音乐和悬崖旅游之间复杂而变化的关系。

一些学者为理解音乐旅游动机，从遗产的角度来研究和探讨音乐与旅游的关系。一些学者经常将音乐旅游解释为世俗化现代朝圣的一种形式，如披头士的利物浦、格雷斯兰朝圣等。其他关注流行音乐遗产的研究包括蓝调旅游、嘻哈旅游、电子化虚拟场景旅游、哥特音乐旅游等。有一些学者指出神话化在音乐旅游行程过程中起到重要作用，Gibson 和 Connell 认为音乐和地方之间的关系与地方文化和遗产的形象和理念有密切关联，如果一个地方被建造成具有音乐创造力的“真实”地点，那么它就可以成为旅游目的地[27]。Andy Bennett[28]认为，音乐可以发挥特别诱人的作用，促进人们对特定地方的了解，可以指任何音乐家聚集的地方，或是特定音乐产生的地方。Brandellero 等提出在神话化过程的基础上，音乐可以转化为非物质文化遗产。无形的东西可以在此基础上建立，如博物馆、牌匾和文化遗产展览等变得有形，从而持久[29]。也有一些学者对音乐与旅游的动态关系进行了详细的研究，这种动态关系在音乐旅游产业分析中发挥着重要的作用。Peter Dunbar-Hall[30]以巴厘岛的印度教神庙节和两个专为游客设计的音乐舞蹈活动来研究文化旅游。通过巴厘岛文化传承者和旅游者之间相互关系的研究讨论了关于文化旅游的若干问题。文中指出，巴厘岛的文化旅游研究集中在音乐和舞蹈方面。旅游，将音乐和舞蹈从它们的原始用途转化为巴厘岛旅游文化，也将它们从文化遗产转化为新的旅游文化商品。文章提出，对音乐的研究包括两个广泛的领域：第一个领域关注的是当音乐以及伴舞片段从文化人造物转化为新旅游情景下的旅游商品时，如何对音乐内涵进行概念化控制和协商。第二个领域关注的是音乐和舞蹈在转化为旅游商品时，它的角色、形式以及功能上会有哪些改变，在转化的中介环节中，又是如何促进艺术的持续发展的。

也有学者关注音乐节游客动机和行为意向之间的关系。Martinette[31]等人对参加爵士音乐节的游客动机和行为意向之间的关系进行了研究，目的是发现音乐节是否会带来额外的无形收益。在南非开普敦国际爵士音乐节上，这项研究采用了定量研究的方法，进行了一项游客调查。结构方程模型显示，音乐节有潜力创造超出音乐节本身或主办目的地的利益，特别是培养对音乐流派的欣赏，增加音乐购买，促进音乐旅游。调查结果表明，音乐节可以有深远的好处，可以有助于其遗产。研究还表明，游客的动机与他们的行为意图有着独特的关系，这强调了相应地推广节日的必要性。Romen 和 Neely[32]建议使用“音乐旅游学”这个术语来研究音乐和旅游业之间的复动力学，特别是涉及的服务关系。

第四个关注点是游客个人的体验水平，关注的是音乐在旅游体验中的潜在作用。Lashua、Spracklen 和 Long 指出人们对“聆听音乐演出的旅行”兴趣日益增长。涉及各类世界音乐体裁的旅行，如弗拉明戈、布雷顿小提琴音乐、钢鼓、爱尔兰传统音乐旅行等。人们还对与音乐会和音乐节相关的旅行产生了浓厚的兴趣[33]。Waitt 和 Duffy[34]提出了音乐提供的“声音知识”，这意味着音乐旅行环绕着声音和音乐，可能涉及凝视，也涉及旅游体验的其他方面。

Leonieke Bolderman[35]指出地方的旅游体验可以通过音乐创造、维持或激发人们对地方的情感依恋。

四、音乐旅游研究未来的发展方向

对于音乐旅游未来发展方向的研究尚不多，Long[36]以英国的谢菲尔德市为例，探讨了流行音乐、心理传记、地方认同与旅游发展的关系，并给予这些关系的分析，指出了未来音乐旅游研究应关注的 5 个方向：一是空间与观众的相对位置和大小；二是音乐家及相关从业人员的网络建设；三是当地的社会经济环境、氛围和社会结构；四是创意产业背景下都市发展、城市营销、旅游和音乐设施的战略制定；五是支持并报道音乐旅游的当地、国家或国际媒体的存在。

随着人们生活水平的不断提高，文化旅行会在未来成为人们旅行的重要选择方向，因此，对音乐旅游的需求也会日益增加。对音乐旅游的研究也会逐步受到更多的关注和重视。笔者认为，对音乐旅游概念及定义的研究是未来发展的重心，有了明确的概念和定义才能为日后的音乐旅游研究打下坚实的理论基石。此外，音乐与旅游产业的融合发展研究也是未来研究的重要内容。音乐旅游已经从少数个人的追求逐步发展成一种既定的旅游形式，对目的地产生了重大的影响。随着音乐旅游在各种类型和实践中的传播，音乐旅游如今已成为城市再生的焦点，在去工业化的城市地区试图重建内部城市，音乐旅游是一个很好的切入点。

参考文献

[1] Leonieke Bolderman. Contemporary Music Tourism [M].Oxon：Routledge，2020：4.

[2] Gibson C，Connell J. Music and tourism：on the road again [M]. Clevedon：Channel View Publications，2005.

[3] Campbell R B. A sense of place：Examining Music-based Tourism and Its Implications in Destination Venue Placement [D].Las Vegas：University of Nevada，2011：6–39.

[4] Rebecca Johinke. Take a walk on the wild side：Punk music walking tours in New York City [J]. *Tourist Studies*，2018，18（3）：315–331.

[5] Leonieke Bolderman. Contemporary Music Tourism [M].Oxon：Routledge，2020：2.

[6] https：//www.sohu.com/a/344044052_292978 巴西华人网资讯，2019–09–28.（2020.9.28搜索）

[7] http：//wang074587.qiyegongqiu.net/introduce/（2020.9.28搜索）

[8] Rommen T，Neely T D. Sun，sea，and sound：Music and tourism in the Circum–Caribbean [M]. Oxford：Oxford University Press，2014.

[9] Leonieke Bolderman. Contemporary Music Tourism [M].Oxon：Routledge，2020：3.

[10] Cohen S. Decline，Renewal and the city in popular music culture：Beyond the Beatles [M]. Farnham：Ashgate Publishing，2007.

[11] Hudson S，Roth M S，Madden T J，et al. The effects of social media on emotions，brand relationship quality，and word of mouth：An empirical study of music festival attendees [J]. *Tourism Management*，2015，47：68–76.

[12] Homan S.Liveability and creativity：The case for Melbourne music precincts [J].*City, Culture and Society*，2014，5（3）：149–155.

[13] Dunbar–Hall P. Culture，tourism and cultural tourism：Boundaries and frontiers in performances of Balinese music and dance [J].*Journal of Intercultural Studies*，2001，22（2）：173–187.

[14] Bilby K Preface，In RommenT，Neely D T（Eds.）. Sun，sea，and sound.Music and tourism in the Circum–Caribbean（pp.ix–xiv）[M]. Oxford：Oxford University Press.

[15] Cianga. Festivals，Place–making and Local Economic Development：The Untold Festival in Cluj [J]. *Journal of Balkan and Near Eastern Studies*，2020，22（4）：506–520.

[16] David Cashman. ‘The most atypical experience of my life’：The experience of popular music festivals on cruise ships [J]. *Tourist Studies*，2016，17（3）：245–262.

[17] Jon Fitzgerald，Arianne C Reis. Island intersections：Music and tourism on Fernando de Noronha [J]. *Brazil Tourist Studies*，2016，16（2）：170–191.

[18] Kaeppler A L，Lewin 0（Eds）. Come mek me hol，yu han，：The impact of tourism on traditional music [M]. Jamaica：Montrose Printery Limited.1988.

[19] Xie P，Osumare H，Ibrahim A. Gazing the hood：Hip–Hop as tourism attraction [J]. *Tourism Management,* 2006，28（2）：452–460.

[20] Finn J.Contesting culture：A case study of commodification in Cuban music [J]. *Geojournal*，2009，74（3）：191–200.

[21] Greenwood D. Culture by the pound: An anthropological perspective on tourism and cultural commoditization [A] //Smith V L: Hosts and Guests: The Anthropology of Tourism. Philadelphia: University of Pennsylvania Press, 1997: 127–137.

[22] Tilley C.Performing culture in the global village [J]. *Critique of anthropology*, 1997, 17 (1): 67–89.

[23] Sellars A. The Influence of dance music on the UK youth tourism market [J]. *Tourism Studies*, 2014, 14 (1): 48–65.

[24] Gibson C, Connell. Music and tourism: On the road again [M]. Clevedon: Channel View Publications, 2005: 28–269.

[25] Philip Feifan Xie, Halifu Osumare, Awad Ibrahim. Gazing the hood: Hip–Hop as tourism attraction [J] *Tourism Management*, 2007, 28: 452–460.

[26] Adam Kaul. Music on the edge: Busking at the Cliffs of Moher and the commodification of a musical landscape [J]. *Tourist studies*, 2014, 14 (1): 30–47.

[27] Gibson C, Connell J. Music and tourism: on the road again [M]. Clevedon: Channel View Publications, 2005.

[28] Bennett A. Music, media and urban mythscapes: A study of the 'Canterbury Sound' [J]. Media, Culture and Society, 2002, 24: 87–100.

[29] Brandellero A, Janssen S. Popular music as cultural heritage: Scoping out the field of practice [J]. *International Journal of Heritage Studies*, 2014, 20 (3): 224–240.

[30] Peter Dunbar–Hall. Culture, Tourism and Cultural Tourism: Boundaries and frontiers in performances of Balinese music and dance" [J]. *Journal of intercultural Studies*, 2016, 22 (2): 173–187.

[31] Martinette Kruger, Melville Saayman. 'All that jazz': the relationship between music festival visitors' motives and behavioural intentions [J]. *Current Issues in Tourism*, 2019, 22 (19): 2399–2414.

[32] Rommen T, Neely T D. Sun, sea, and sound: Music and tourism in the Circum–Caribbean [M]. Oxford: Oxford University Press, 2014.

[33] Lashua B, Spracklen K, Long R. Introduction to the special issue: Music and tourism [J]. *Tourist Studies*, 2014, 14 (1): 3–9.

[34] Waitt G, Duffy M.Listenning and tourism studies [J]. *Annals of Tourism Research*, 2009, 7 (2): 57–477.

[35] Leonieke Bolderman. Contemporary Music Tourism [M].Oxon: Routledge, 2020: 6.

[36] Long P.Popular music, psychogeograohy, place identity and tourism: The case of Sheffield [J]. *Tourist Studies*, 2014, 14 (1): 48–65.

关于协同推进文物保护利用和旅游发展的若干思考

谭艺欣[1]，张进福[2]

（1. 厦门大学化学化工学院，福建 厦门 361005；

2. 厦门大学管理学院，福建 厦门 361005）

摘　要： 本文通过对习近平总书记关于文物保护利用和旅游发展重要论述的学习，提出协同推进文物保护利用和旅游发展：一要发挥旅游作用，激活文物价值；二要依托革命文物，赓续红色血脉；三要强化科技创新，建设智慧旅游；四要合理适度利用，注重保留原貌。

关键词： 文物保护利用；旅游发展

习近平总书记高度重视文物保护利用工作。党的十八大以来，习近平总书记多次对文物保护和旅游发展做出重要指示，就如何加强文物保护，发掘文物资源中所蕴含的精神价值，推动文物旅游和红色旅游的发展等，做出了系统而深刻的阐述。习近平总书记的系列重要阐述，为新时期文化和旅游工作，尤其是文物保护利用和旅游发展工作，指明了前进方向，提供了根本遵循。

一、发挥旅游作用，激活文物价值

中华文化繁荣发展是中华民族伟大复兴的重要条件。历史文物作为中华优秀传统文化的有形载体，是历史上人们创造的或与创造活动有关的物质文化和精神文化遗存，具有重要的历史、艺术、科学价值。2013 年 12 月，习近平总书记在主持中共中央政治局第十二次集体学习时指出："要系统梳理传统文化资源，让收藏在禁宫里的文物、陈列在广阔大地上的遗产、书写在古籍里的文字都活起来。"同时，还提出要综合运用大众传播、群体传播、人际传播等多种方式，对内激发我们的民族自豪感和自信心，坚定全体人民振兴中华、实现中国梦的信心和决心，对外加强文明交流互鉴，展示中华文化魅力。

旅游是彰显文物魅力、激活文物价值的重要载体。在文化事业、文化产业和旅游业迈上新台阶的今天，要让文物活起来，真正成为人民了解历史文化的窗口，就要充分发挥旅游的传播效应和教育功能。长期以来，人们普遍认为旅游业发展会对文物保护带来不可避免的影响。文物展示区往往与文物原有的保存环境有所出入，如光照、湿度的改变，以及大量游客呼吸所排出的二氧化碳等，都可能使珍贵文物腐蚀变形。此外，旅游开发还可能带来过度商业化、肆意改造等问题，对历史古迹和文物的保护工作形成很大

［作者简介］谭艺欣（2000—），女，湖南邵阳人，厦门大学 2018 级本科生，研究方向为文物保护，E-mail：1586215077@qq.com；张进福（1974—），福建惠安人，博士，副教授，主要研究方向为旅游社会学与人类学、旅游基础理论，E-mail：jfzhang@xmu.edu.cn。

的挑战。但近年来，人们越来越认识到旅游业的推进对文物保护也有重要的推动作用，有着深远的社会意义和经济意义。

文物只有进入市场，才能真正发挥它的价值。随着经济社会的发展，人们外出旅游对于文化体验有了更多的追求，很多旅游者到一个地方都会去当地博物馆观赏珍贵的文物。2015 年《清明上河图》在故宫博物院展出时，为了一睹真容，很多游客排队在 6 小时以上。文物成为重要的旅游资源，旅游则让文物走进市场。只有更多的人去参观和了解文物，文物才能够真正“活起来”，文物的各种价值才能够得到彰显，而“锁在深闺人未识”是做不到的。旅游发展通过增强人们对文物的切身了解，可以提高人们的文化自豪感，进而增强文物保护意识。同时，旅游发展所带来的市场优势和关注度优势，也让有关部门更加重视文物保护和修复工作，并能为文物保护工作的开展筹措资金，帮助拓宽财政投入渠道，促进文物保护工作经费不足、人员短缺等难题的解决。

二、依托革命文物，赓续红色血脉

2021 年 6 月 26 日，在中国共产党成立 100 周年之际，习近平总书记在主持中共中央政治局第三十一次集体学习时强调，我们要用好红色资源赓续红色血脉，努力创造无愧于历史和人民的新业绩。“党的十八大以来，我到地方考察，都要瞻仰对我们党具有重大历史意义的革命圣地、红色旧址、革命历史纪念场所，主要的基本上都走到了。每到一地，重温那一段段峥嵘岁月，回顾党一路走过的艰难历程，灵魂都受到一次震撼，精神都受到一次洗礼。每次都是怀着崇敬之心去，带着许多感悟回。”习近平总书记强调，要围绕革命、建设、改革各个历史时期的重大事件、重大节点，研究确定一批重要标识地，打造精品展陈，坚持政治性、艺术性、思想性的高度统一，讲好党的故事、革命的故事、英雄的故事。

革命文物是一类特殊的文物资源，是传承红色基因、开展红色旅游的重要依托。对于如何更好地发挥旅游传播展示革命文物的渠道作用，以习近平同志为核心的党中央做出了重要战略部署。《关于实施革命文物保护利用工程（2018—2022 年）的意见》中提出，要大力发展革命文物旅游，推介一批特色旅游精品线路，并与中小学教育、研学旅行、干部培训等形式相结合，作为理想信念教育的重要课堂。

和常规的学校教育相比，旅游是一个潜移默化的影响过程。人们在瞻仰历史革命文物、游览历史革命遗址时，不仅能够对重要历史时期、事件、人物有更加具体生动的了解，而且在特定的环境和氛围中更容易激发对革命先辈的景仰之情以及爱国、爱党的热情。古人说“纸上得来终觉浅，绝知此事要躬行”，虽然旅游还称不上“躬行”，但却能让人们以更加直接的方式触摸文物、感悟历史。当人们了解到战争年代的惨烈局面、革命先辈不怕牺牲的英勇事迹，自然就会对今天的幸福生活倍加珍惜。当前，举国上下正在进行党史学习教育，参观革命文物可以成为“学党史”的一种重要形式，使得革命文物真正起到举旗帜、聚民心、育新人、兴文化、展形象，进而“悟思想”的重要作用。

三、强化科技创新，建设智慧旅游

习近平总书记一贯重视现代技术和旅游的结合发展。早在 2015 年，习近平总书记在第二届世界互联网大会开幕式上的讲话中就提到了智慧旅游快速发展。2019 年 8 月，习近平总书记在甘肃省敦煌研究院主持召开座谈会，明确提出运用先进技术加强文物保护和研究。习近平总书记的重要论述为我们探索如何实现文物保护成果转化指明了一条可行途径。

随着现代信息技术的发展、互联网平台的成熟以及文旅融合的转型升级，科技创新对旅游起着越来越重要的推动作用。2021 年 6 月，文化和旅游部发布《"十四五"文化和旅游发展规划》，提出未来的工作重点之一是建设面向大众的智慧旅游。从市场来说，游客对于精神文化需求日益增加，旅游场景逐渐演变得丰富，传统单一的旅游形式已很难满足如此庞大而多样的需求。从产业来说，近年来依托新技术发展的旅游业态层出不穷，大批搭载 VR 技术、5G 技术的"云旅游""云展览"等数字产品先后问世，取得了较好的效果。

科技创新尤其对文物保护利用具有现实而深远的意义，智慧旅游是促进文物保护成果的创造性转化，发展高质量文物旅游中的关键一环。前面提到，如何实现文物的科学保护和如何促进旅游的发展、保障游客的体验感是相互统一而又相互矛盾的问题。智慧旅游借助智能信息终端可以很好地处理上述矛盾。通过搭载文物资源分类和管理系统，可以方便地对文物进行系统管理，避免文物丢失和混乱，并能够及时提醒游客停止刻画、触摸等不文明行为。VR、AR 等技术则可以让游客在不接触文物的前提下身临其境，增强体验性。将历史遗址拍摄后数字化，建立虚拟漫游平台，可以让大众足不出户就能够利用碎片时间体会文物蕴含的价值，在生活中切实地感受和感悟历史文化魅力。此外，通过提前规划采取"预约、错峰、限流"措施，可以避免游客聚集拥堵超出景区负荷，从而对文物保存环境条件造成影响。

四、合理适度利用，注重保留原貌

习近平总书记在提出让文物活起来的同时，也非常注重文物保护。2002 年在为《福州古厝》撰写序言时指出："保护好古建筑、保护好文物就是保存历史，保存城市的文脉，保存历史文化名城无形的优良传统。"2013 年在对筹建武汉中共中央机关旧址纪念馆的报告批示时提出："修旧如旧，保留原貌，防止建设性破坏。"2020 年 5 月，习近平总书记在云冈石窟考察时的讲话中强调，"发展旅游要以保护为前提，不能过度商业化"。针对革命文物和红色文物发展，更是多次强调旅游设施建设要得当，不能破坏原有风貌。这些指示对文物保护利用和旅游发展提出了更高的要求，也系统地回答了"什么是有效的保护和利用"这一根本问题，确立了新时代文物旅游高质量可持续发展的基本路径。

文物的不可再生性和作用的永续性决定了文物属于珍贵的历史资源，保护文物是历史交付于我们的神圣使命，也是造福子孙后代的重要工作。保护是利用的前提，文物旅游发展必须坚定不移地坚持“保护为主、抢救第一、合理利用、加强管理”的方针。文物学在我国起步较晚，文物保护意识相对也比较薄弱，虽然近年来文物事业取得了长足进步，文物普查圆满完成，管理水平、保护技术也在不断发展，但我国是世界文物大国，有着悠久的历史，又处在城镇化快速发展的历史进程中，文物保护工作依然任重道远。

在旅游迅速发展的进程中，很多地方的文物工作得到了有效促进，历史遗址得到发掘，新建、改建、扩建了一批博物馆，但是也出现了一系列诸如古城修复千篇一律、盲目追求现代化等问题。如何处理好保护与发展的关系，做到在保护中发展、在发展中保护，统筹好经济社会与文物保护，是新时代我们面临的新考验。我们不能把文物保护和旅游发展对立起来，而要努力实现二者的有机统一。习近平同志在担任浙江省委书记时指出：“如果说以前无知情况下的不重视还可以原谅，那么现在有认识情况下的不重视，那就是意识问题、政绩观问题。”我们应该积极响应习近平总书记的号召，更加注重文物的抢救性保护和整体性保护，在此基础上努力将文物推向市场、推到游客面前，促进文物保护与旅游发展的有效、创新、合理融合，切实发挥好旅游发展和文物保护的相互促进作用，建设好服务于人民精神需求的文物旅游，为建设社会主义现代化强国新征程提供巨大精神动力。

旅游地主客的非结构化状态：互动的张力
——以台怀镇为例

张建荣[1]，赵振斌[2]
（1. 山西财经大学文化旅游学院，山西 太原 030031；
2. 陕西师范大学地理科学与旅游学院，陕西 西安 710119）

摘　要：人类的社会实践状态由结构与非结构两部分组成，每个个体都在结构与非结构间穿行。旅游地是东道主不断被客流干扰的场域，也是游客的非惯常环境，旅游地的主客非结构状态是需要深入探讨的话题。为此，选取台怀镇作为案例地，通过实地观察和深度访谈展开研究。结果发现旅游地存在双主体差异化的多重场域非结构状态，并在彼此的结构与非结构中形成张力，形塑旅游地的互动特性。非结构状态的主客双方演绎着身份弱化与强化的变迁，也包含着地位的提升和逆转，最终表现出一定的互动以及交融，能够将空间跨越和时间流逝都转化成旅游地更新的力量。

关键词：旅游地；主客；非结构；互动；台怀镇

一、引言

结构与非结构（anti-structure）的社会发展理论是由特纳在研究仪式过程时提出的，他认为人们生活的社会状态由两个部分组成，一种是日常状态，在这种状态下，人们的生活工作等保持相对稳定的惯习，即“结构”；另一种是不同于日常生活及社会关系的不稳定的状态，即“非结构”[1]。所有的社会文化环境都普遍有着结构与非结构的场域，每个个体都在这两种社会场域之间穿梭，在“结构”和“交融”中经历生活[2]。所以，人类的生存并不是以静态的稳定为特点，互动是人类之所以为人类的根本[3]。人性以及群体之间的关系和状态在“结构”与“非结构”中才得以充分展演与实现[4]。

特纳不仅通过仪式研究来思考结构与非结构，还将非结构与社会互动结合起来进行探讨[1]。他认为社会不是群体的完全和谐化，也不是规范的平整统一化，而是结构与非结构相互作用的结果，并且处于持续动态变化的过程之中，始终不可避免地呈现出矛盾或互动的状态[5]。互动是社会群体之间彼此相关或联系的形式，普遍存在于人类社会的生产生活中[6]。人们在日常的社会结构中受到身份角色和时空规则的约束，有的人试图抗争，而有的人需要释放压力，过渡仪式在结构性的社会中起到了净化或强

［基金项目］国家自然科学基金项目（41971227）。

［作者简介］张建荣（1982—），女，山西定襄人，山西财经大学讲师，博士，研究方向为景观保育与旅游规划，E-mail：4568118@qq.com；赵振斌（1965—），陕西洛南人，陕西师范大学地理科学与旅游学院教授，博导，博士，研究方向为景观保育与旅游规划，E-mail：zhaozhb@snnu.edu.cn。

化结构的作用[7]。通过仪式过渡中短时期的交融和非结构状态，社会得以重新整合人群，再次回到秩序和结构之中。作为过程论者的特纳，考虑的是“社会怎样因互动而存在”，将互动视为社会结构内在的、固有的性质，强调仪式过渡和非结构与互动产生的关系，以及互动对于社会结构所发挥的功能[8]。可以总结为一个连续的公式，即结构→张力→过渡仪式→非结构→消解张力→维系结构。在这里，仪式被看作结构性互动的产物，也是结构的反向平衡器，社会的整体性发展，是因为采用了能够解决互动与对立的机制[9]。

复杂的现代社会，仪式不再是节日的专利，能激起强烈感情的东西与活动都可以丰富人们理解世界的意识，仪式成为无时无处不在的世俗社会的某种神圣表达[10]。旅游与仪式在性质、结构和阈限体验方面有众多共通之处，旅游活动被看作缓解日常结构性束缚的产物，是对结构性的调整，也是社会不同人群所上演的一种特殊仪式[11]。旅游活动本身具有异地性，游客离开自己习以为常的“价值中心”，到“远处的中心”去体验存在的价值和人生的意义，与常规的社会关系发生短暂性脱离，造就了旅游过程中的空间分隔和社会分隔[12]，当游客到达旅游地，就会发现自己置身于时空之外的非结构状态中，旅游地的人口流变呈现出明显的非结构的阈限流向规律[13]。

旅游地的非结构状态，不仅是游客的非结构，也是东道主的非结构。游客通过旅游活动，消解了自己内心和所处生活状态的结构化束缚，但在非惯常环境中，外界情境和条件改变，也容易引发自身的不适应[14]。东道主虽然没有离开他们生活与工作的地方，但是游客的蜂拥而至，搅动了他们的日常生活方式乃至引发观念变迁，东道主在这种含有非结构的社会状态中，也会表现出自我内心和社会交往的互动张力。非结构的旅游社会情境在游客单向度的自我调节中的作用不言而喻，但是在主客双方互动的双向关系中也成为引发互动张力的场域。为此，探讨旅游地主客非结构状态，是推进旅游地健康发展和对旅游地主客双方进行人文关怀的必要内容。

二、研究区概况与研究方法

（一）研究区概况

台怀镇位于山西省五台县东北部，地处由五台山五大高峰东台、西台、南台、北台和中台形成的怀抱之中，是五台山风景区的中心腹地。台怀镇是一个山环水绕，有汉、满、蒙古、藏四个民族近2000人口的秀丽山镇。近10年来，台怀镇的旅游收入和旅游人数得到稳步快速增长。游客量变化随季节和节假日呈现出明显波动，当地居民的日常生活紧紧围绕旅游活动展开。

（二）研究设计

本研究主要是探讨旅游地主客双方的非结构状态，针对研究的主题，将调研对象分为游客和东道主两类群体。主要通过参与式观察[15]和深度访谈[16]获取研究资料。访谈过程中以开放性问题为主，根据访谈时的实际情况灵活地做出必要的调整，给予受访者充分的表达空间[17]。

调研数据考虑了性别、年龄、职业以及活动空间的均衡，选择在不同的片区分别开展调研。调研之后分别对样本进行编码，以 D 或 Y 作为首字母分别表示东道主或游客，以 A\B\C\D\S 归类调研小组，以 001 作为第一个样本的顺序编号。为此，如“DB108”表示的是受访东道主中 B 小组所调研的第 108 个样本。以便在研究过程中能精确识别数据的来源。

总的来看，受访东道主所从事的职业按比例由高到低分别为：销售香或纪念品、景区管理服务、餐饮经营与服务、经营旅馆、务农、交通运输、僧人、导游等。东道主的收入以 1000~3000 元为主，占 44.05%，其次是 3001~5000 元和 1000 元以下，分别占 18.6% 和 17.18%。受访东道主中 82.38% 的主要是高中及以下学历。受访的游客年龄以 30~45 岁居多（40%），其次是 18~29 岁（32.73%）和 46~60 岁（17.27%）。游客的学历以本科为主（43.18%），60% 的游客出游花费在 500~2000 元，游客认为自己出游的首要目的是旅游（44.55%）和上香祈愿（35%），其他目的包括朝圣、调查学习、公务洽谈等。

三、双主体的非结构状态

（一）游客的非结构状态

游客开展旅游活动，首先离开自己惯常居住的地方，脱离日常生活和工作状态，进入一个新的空间即旅游场域。旅游场域是依据资本在东道主以及游客中的分配情况而形成的空间[14]。游客外出旅游不仅是地理空间的转移，还意味着生活方式的改变和常规社会关系的消解乃至逆转[18]。无论游客的职位高低、财富多少，在旅游地都有一个共同的身份标签即游客。游客自己积极追求差异化的体验，想要极力摆脱日常的行为模式，因此，游客所面对的非结构状态是自己主动踏入的，甚至是追寻内心深处具有“远方中心”意义的结果[19]。

游客对非结构状态进行评判，形成内心的非结构水平。当游客体验到的现实非结构高于能够接受的非结构状态或者低于期待的非结构状态时，都会引起游客的不适应。现实非结构水平与期待的非结构水平和难接受的非结构水平之间会形成一定的张力。除此之外，游客虽然身处旅游场域中，追寻着非结构的状态，但是由于惯习的连续性，游客仍然无法完全抛开日积月累附着于身的结构化特性，使得游客在主动追求的非结构和日常积累的结构化之间摇摆，在这两者之间也形成了一定的张力。

游客所处的现实非结构状态中暗含着三方面的张力。一是与期待的非结构状态之间的张力（YB124：“没有感受到活动项目”）；二是与难接受的非结构状态的张力（YB032：“买了那么贵的门票之后，还有小门票”）；三是与暗含的结构之间的张力（YB037：“饮食不习惯，每顿都是面食”）。

由此可以发现，非结构状态既能带给游客愉悦和释放，但也带来了不舒适或不适应，游客在明显的非结构状态中隐含着对结构化的依赖。所以，游客所处的旅游场域中包含着游客的惯习、认知积累和情感期待，构成了游客非结构状态的整体样貌，与现实互动而形成张力。

（二）东道主的非结构状态

身处旅游地的东道主虽然没有发生空间位移，但是随着游客的到来或涌入，东道主所处的社会场域受到干扰，无论东道主自己是否愿意，他们都必然被裹挟进入不断变化且充满流动性的旅游场域，被动地陷入非结构状态中。

游客的到来，占用了当地的道路，分享了周边的设施，环境不断发生变化，使得东道主的状态不同于他们生活的日常（DD089："最大的问题是交通，周六周天不敢出门，路上全是车"；DB040："人多的时候，感觉空气都呛得很"）。

此外，为了吸引、接纳和愉悦游客，东道主所处的结构社会受到限制或在心理上遭到破坏，如土地被征用，不能随意修盖房屋，核心区居民搬迁，物价变得越来越高、交通统一化管理等（DB087："以前的田被征用了，还得想办法讨生活"；DC029："房子自己不能随便修盖了"；DA042："生活成本变高了"；DB074："交通运输对外承包了，当地人不能随便跑出租"）。有的时候，东道主的日常生活结构直接被打破（DD051："国庆特别忙，都没有时间吃饭"；DS014："有遇到救援探险的，折腾一晚上不能睡觉）"。

由以上分析可知，非结构不只是游客的非结构，东道主也被动陷入非结构的状态中，虽然他们并没有追寻非结构的逃离或释放，但是，作为身处旅游地依靠旅游业获得生计来源的东道主来说，不管他们是否愿意都会被卷入非结构的状态中。但另一方面，东道主仍然是以结构化作为显性状态，他们的空间位置、饮食起居、社会关系仍然以固有的结构为主，非结构状态仅是隐含于他们的工作和生活中。而且，东道主面临的非结构状态不像游客那样短暂，其隐匿于逐日更迭的积累中，甚至可以说旅游地的东道主就生活在结构与非结构的持续交互中，这种交互持续的状态之间产生不同程度的张力。

（三）主客双方非结构状态的特点

旅游场域存在东道主和游客两个主体的非结构，但他们彼此的非结构状态之间存在差异（表1）。游客是主动的追求非结构状态，是自己愿意进入非结构的场域中寻求"心中的远方"。只要游客来到旅游地，就面临着非结构状态的存在，游客通过空间位移脱离了熟悉的空间和社会，是空间位移推动了游客的非结构状态的生成，而且游客的结构化状态暗含在非结构的场域中。东道主是在旅游发展过程中，被动地陷入了非结构状态，无论他是否愿意都必须接受非结构的现实，是游客的到来促使东道主非结构状态形成。所以，东道主的非结构状态并没有空间位移，而是与群体关系变化密切相关，东道主的整体结构化状态明显，而非结构化状态隐含其中。

表 1 东道主和游客的非结构状态特点比较

群体	主要因素	意愿	呈现	形式	频率	程度
东道主	游客流入	被动	隐含	周期循环	快	低
游客	空间移动	主动	明显	暂时线性	慢	高

游客在旅游地的非结构状态随着自身的游程结束而终止，相对旅游地的时空来说，游客发生非结构状态的频率慢。因为旅游地往往是游客陌生的地方，所以游客的非结构状态水平更高，而且是短时间内的非结构，从旅游地的空间维度和时间维度上看，就是一个线性过程，不会在旅游地产生周期延续性。

东道主随节假日和仪式时间的变化，持续接待游客，通常围绕周、季节、初一十五、节假日和仪式时间展开。因此，东道主所处的非结构状态变化频率快，但因不发生空间位移，所面临的非结构水平比较弱。东道主的非结构状态受游客到来的影响，当对游客的接待成为一种日常关系，则非结构的状态逐渐会演变结构化的形态（DSD06："第一个中国旅游日，5 月 19 日，一下子来了好多人……也是我们第一次遇到，没有做好应急"；DB028："以前的春节没来这么多人，这两年突然多起来了，都没想到春节来了那么多人"）。

（四）主客双方结构与非结构状态的相互作用

游客与东道主在旅游场域中相遇，游客是"外来的""现代的""消费的"这些标签与东道主"本土的""传统的""服务的"身份之间产生相互碰撞[12]，是结构与非结构状态之间的相互作用。形成了东道主和游客在"结构—非结构"之间的四组互动张力，即"东道主的结构—游客的结构""东道主的结构—游客的非结构""东道主的非结构—游客的结构""东道主的非结构—游客的非结构"。在这些张力间会生发出主客双方都不适应的内容，激起主客之间的互动。

东道主和游客在旅游地表现出彼此之间的惯习差异，必然产生双方结构之间的不适应（DS018："有的女孩子穿着超短裙就进寺庙了"）。除了结构之间的碰撞，还有结构与非结构之间的碰撞，东道主的结构，可能恰恰就是游客的非结构。比如，东道主熟悉当地线路，不需要交通道路标识和导览系统，但对于游客来说却是非常必要，在东道主的结构与游客的非结构的张力中产生互动现象（YA010："路标太少，总得问人"）。有些时候游客的结构状态反而是东道主的非结构化状态（DD092："有的带了宠物蛇来住宿，带的那蛇挺吓人的，也担心跑出来……"），也会产生游客与东道主都处于非结构状态时的互动（DA009："一到过节就特别堵，要堵到晚上五六点才通，我们没法行动，游客也堵在路上一天吃不上饭"）。

四、多重场域非结构状态

台怀镇的寺庙从原初的“宗教场域”转变为融合的“宗教—旅游场域”[20]。旅游场域是台怀镇的显性表征，但不得不接受宗教场域在其中的镶嵌和影响[21]。宗教场所常常是一个具有自身逻辑和关系结构的、相对自主性的场域，台怀镇的旅游场域也具有了社会秩序和宗教秩序双重框架下的形态[22]。

（一）游客的多重场域非结构状态

游客首先从客源地来到了台怀镇，然后进入当地的寺庙中。空间场域在不断发生变化，从生活场域转移到旅游场域[23]，从旅游场域抵达宗教场域，从世俗场域抵达神圣场域，每转换一次场域便具有更加非结构的特征，是重叠化的多重场域非结构（图 1）。

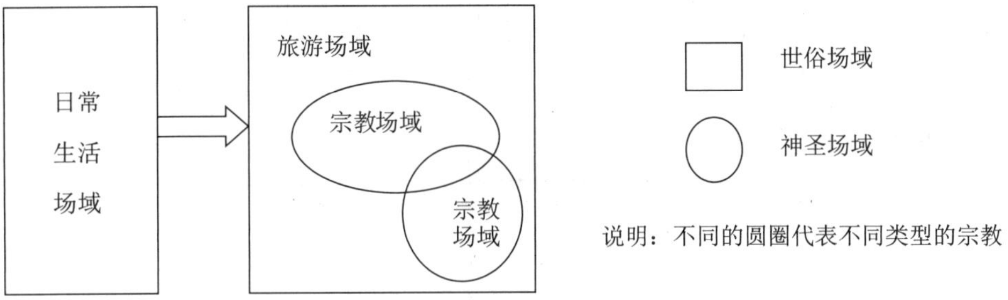

图 1　游客面对的多重场域

游客在旅游地所经历的非结构，是空间向度的，是从一个空间到另一个空间的跨越式非结构。游客从日常生活场域抵达旅游地，首先对旅游场域中的服务设施、饮食和住宿等非结构的状态发出结构化的诉求（YD019：“我们老人不方便，路有些陡，休息的地方和上厕所的地方少”）或进行相对结构化的比较（YB020：“和广东、浙江那边的景区没法比”）。

游客的第二次非结构空间跨越主要出现在从旅游场域进入宗教场域。因为宗教场域有它自身的管理和运作模式，具有更加不同于游客日常社会的秩序。游客在宗教场域中处于差异化更大的非结构水平，而且不再是食、住、行等生存层面的非结构，而是体现出更多凝视层面和文化层面的非结构（YB012：“确实很美，很期待了解相关文化”；YA021：“感觉很独特，是另外一种生活方式，但是没有机会深度体验”）。

总而言之，游客的非结构状态经历了旅游场域到宗教场域的空间变化过程，不同场域中的非结构状态不完全相同。在宗教场域中，游客偏离日常所形成的非结构程度更高，且在整个过程中存在“生存层面的非结构—凝视层面的非结构[24]—文化层面的非结构”的过渡。

（二）东道主的多重场域非结构状态

随着游客的大量涌入，东道主的日常生活场域也变成旅游活动的综合场域，成为“日常—旅游”兼而有之的多重场域。在旅游地，总存在面向游客的前台和隐藏的后台，所以，还有一部分生活场域仍属于东道主独有的空间，游客无法或不曾踏入[25]。所以，东道主展现给游客的是旅游场域中的内容，东道主的非结构状态也主要存在于旅游场域中，但是这个旅游场域并不是单纯的旅游活动场所，是与东道主的日常活动存在叠合的场域。为此，东道主的非结构状态表现为多重场域非结构（图 2），也是世俗场域和神圣场域的双重非结构。

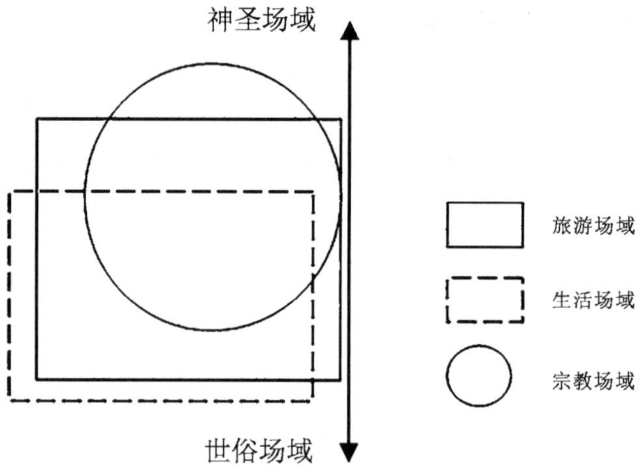

图 2　东道主面对的多重场域

与游客的空间位移产生的暂时性非结构状态有所不同，东道主随着接待游客数量和社会群体结构的变化，场域空间的变化更具有了历时性的特征。如图 3a，依据仪式时间、制度时间、物候时间和年度时间的不同，东道主的非结构状态处在不同的场域变化中。

在仪式时间里，到访旅游地的客人剧增，使东道主的非结构状态比其他时候更加明显（DD049:“初一十五，来的人多，有时候会拥挤”；DD053:“遇上一些大的活动，还会戒严，那时候，很多事情都不能做了”），且这种非结构一般是快速跨越式的，是短时间内的（图 3a）。在制度时间的影响下，东道主的非结构状态呈现出周期性波动，但制度时间下的非结构状态跨入较为缓慢（图 3a），因为每个相对固定的节假日都会遭遇一次非结构状态，东道主已经形成一种惯习或预期。物候时间如季节性时间，比仪式时间和制度时间跨度更长，非结构状态也呈现缓慢的渐进式发展（图 3a–b）。年度时间的非结构状态最不明显，但是年度的非结构状态必将与结构产生交融，使原来结构（元结构）逐渐转变为现在的结构（超结构），年度时间的非结构状态最终成为超结构的一部分，如图 3（a–b），其中图 3b 是图 3a 的分解版，能更加清晰地看出非结构形成过程中的跨越与渐进程度。在年度时间范畴里，非结构状态逐渐转化为新的结构，这也是互动的积极意义所在。

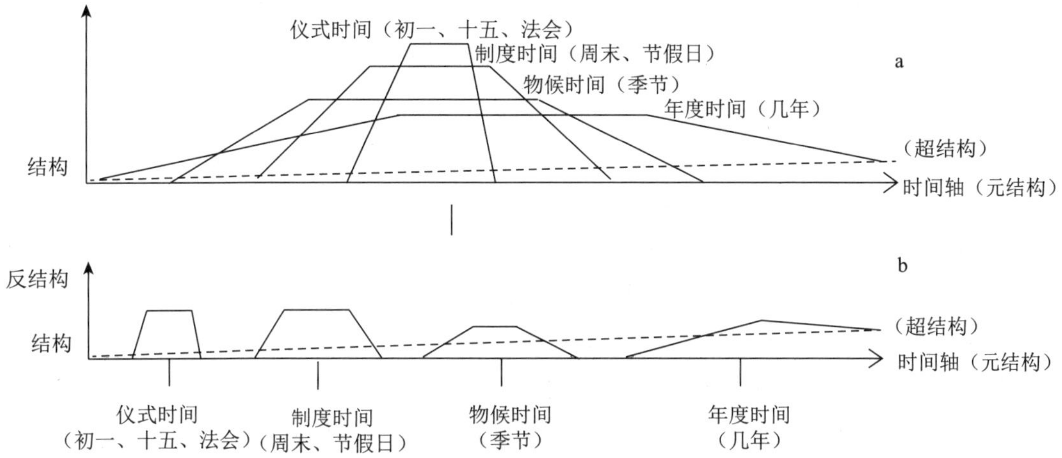

图 3（a–b） 东道主的多重场域非结构状态

五、结论与讨论

（一）结论

旅游场域是一个独特的社会空间，无论是对东道主还是对游客而言，这个空间都与其所处的日常社会生活空间有所差别[12]。旅游场域中不仅包含着游客的非结构状态，还包含着东道主的非结构状态，是双主体的非结构。游客的非结构状态因游客主动的空间位移产生，非结构状态的程度要更强烈，且更迭频率要低。东道主的非结构状态与游客有很多不同之处，东道主的非结构状态是因游客的到来而被动形成的，是隐含的且程度较低的非结构状态，根据游客量的变化，周期性循环，变化频率相对较快。

游客和东道主的结构与非结构状态相互交织，且彼此之间存在一定的张力[26]。旅游活动干扰了日常惯习的舒适化结构形态[27]，最终形成六种互动张力，即“游客的结构—游客非结构”“东道主的结构—东道主的非结构”“东道主的结构—游客的结构”“东道主的结构—游客的非结构”“东道主的非结构—游客的结构”“东道主的非结构—游客的非结构”，这些张力形塑旅游地主客之间的互动特性。

旅游地的“宗教场域”转变为融合的“宗教—旅游场域”，游客和东道主也在功能叠加的旅游地体现出一定的多重场域非结构状态。游客在旅游地所经历的非结构状态具有空间向度性，经历了“生活场域—旅游场域—宗教场域”的两次空间跨越过程，发生着“世俗—神圣”空间的位移[22]，构成了“生存层面—凝视层面—文化层面”的非结构状态序列，呈现非结构状态程度由低到高的过程，也是对游客“具身—凝视—心流”体验[28-29]的空间响应。越是产生强文化吸引力的场域空间，非结构状态程度越高，其间也蕴含了旅游地主客双方更加不可相互理解的互动。东道主的非结构状态具有明显的时间变动性，东道主一直处于“世俗—神圣”交织的“生活场域—旅游场域—宗教场域”叠置的空间中。东道主的非结构状态随着“仪式—制度—物候—年度”时间的推演，体现出由高到低的多重场域变化时间响应。而且，在大时间尺度上，产生了非结构向结构形态的交融与转化，推动旅游地社会元结构向超结构的变迁发展。

（二）讨论

场域变化必将导致主客双方进入非结构状态[1]，在结构发生变化的边缘，也就是结构与非结构交互的阈限[7]，存在特纳所说的过渡的关系。如果将旅游看成是一场过渡礼仪和神圣旅程[11]，那么游客和东道的互动就呈现出“双主体具身—双向凝视—双重心流”体验[28-30]中的多重场域非结构状态。

旅游活动的精神性弱化了游客内心的现代性裹挟[31]，则旅游活动的空间作用引发了游客和东道主之间的博弈互动[32]，表现出主客双方各自内心自我的不适应以及彼此承载的多种身份与多套社会规范相碰撞的结构[33]。结构与非结构状态之间的张力外化为东道主与游客的身份强化与逆转，进而在角色实践过程中，表现出多样化的情绪互动。当互动的交融进一步推动结构的更新[8]，则是互动的积极意义所在[33]。最终，能够将空间跨越和时间流逝都转化成旅游地非结构和结构更新的力量，使旅游地的元结构与超结构既根植于过去，也延伸到未来。

参考文献

［1］维克多·特纳. 仪式过程：结构与非结构［M］. 黄剑波，柳博赟，译.北京：中国人民大学出版社，2006：1–8.

［2］Sterchele D. Memorable tourism experiences and their consequences：An interaction ritual（IR）theory approach［J］. *Annals of Tourism Research*，2020，81（1）：1–13.

［3］Erhard F . Victor Turner：The Ritual Process. Structure and Anti-Structure（1969）［M］. Schlüsselwerke der Religionssoziologie，2019.

［4］许博.从规范结构、机会结构和观念结构看结构失衡［J］. 社会发展研究，2015（4）：146–165.

［5］Tom F . Ritual anti-structure as an alternate pathway to social complexity? The case of ancient Teotihuacan，Central Mexico［J］. *Material Religion the Journal of Objects Art & Belief*，2018，14（1）：1–3.

［6］Cook K S. Social Exchange Theory［J］. *International Journal of Tourism and Hospitality Research*，2008，22（1）：101–119.

［7］Van Gennep A. The rites of passage［M］. New York：Routledge，2013：2–80.

［8］乔纳森·H.特纳. 社会学理论的结构［M］.邱泽奇，张茂元，译.北京：华夏出版社，2006：326–330.

［9］吴乔.社会结构与过渡仪式——以花腰傣社会及其“月亮姑娘”仪式为例对特纳理论的检验［J］. 民族研究，2012（6）：46–54.

［10］Nelson G. Secular Ritual：A General Theory of Tourism［M］. London：Cognizant Communications，2001.

［11］赵红梅.论仪式理论在旅游研究中的应用——兼评纳尔什·格雷本教授的“旅游仪式论”［J］.

旅游学刊，2007，22（9）：70–74.

［12］宋秋，杨振之.场域：旅游研究新视角［J］.旅游学刊，2015，30（9）：111–118.

［13］周广鹏，余志远.旅游体验：从视觉凝视到精神升华［J］.商业研究，2011（12）：175–180.

［14］陈海波.非惯常环境及其体验：旅游核心概念的再探讨［J］.旅游学刊，2017，32（2）：22–31.

［15］蔡宁伟，于慧萍，张丽华.参与式观察与非参与式观察在案例研究中的应用［J］.管理学刊，2015，28（4）：66–69.

［16］杨善华，孙飞宇.作为意义探究的深度访谈［J］.社会学研究，2005（5）：53–68.

［17］卢崴诩.质性研究法与社会科学哲学：以社会学中的民族志为例［J］.思想战线，2013，39（2）：16–20.

［18］光映炯，毛志睿.旅游场域中文化权力的生成与表达［J］.思想战线，2013，39（1）：123–128.

［19］肖洪根.对旅游社会学理论体系研究的认识——兼评国外旅游社会学研究动态（上）［J］.旅游学刊，2001，16（6）：59–68.

［20］高科.旅游视域中的宗教文化世俗化变迁［J］.旅游学刊，2013，28（12）：12–14.

［21］孙佼佼，谢彦君."塔布空间"：一种宗教遗产地的体验营造与文化保护机制——以西藏若干寺庙及其宗教文化景观为例［J］.旅游学刊，2020，35（11）：90–100.

［22］Shtudiner Z，Klein G，Kantor J. How religiosity affects the attitudes of communities towards tourism in a sacred city：The case of Jerusalem［J］. *Tourism Management*，2018，69：167–179.

［23］周坤，王进.场域织补：旅游传统村落更新理论新议［J］.人文地理，2020，35（4）：17–22.

［24］杨振之.前台、帷幕、后台——民族文化保护与旅游开发的新模式探索［J］.民族研究，2006（2）：39–46.

［25］Cohen E，Cohen S A. Current sociological theories and issues in tourism［J］. *Annals of Tourism Research*，2012，39（4）：2177–2202.

［26］皮埃尔·布迪厄（`Bourdieu P）.实践感［M］.蒋梓骅，译.北京：译林出版社，2012：46–52

［27］吴俊，唐代剑.旅游体验研究的新视角：具身理论［J］.旅游学刊，2018，33（1）：118–125.

［28］谢彦君，徐英.旅游场中的互动仪式：旅游体验情感能量的动力学分析［J］.旅游科学，2016，30（1）：1–15.

［29］杨振之.东道主与游客：青藏高原旅游人类学研究［M］.北京：中国社会科学出版社，2016.

［30］樊友猛，谢彦君.旅游体验研究的具身范式［J］.旅游学刊，2019，34（11）：17–28.

［31］Wong U，Mcintosh A，Ryan C. Visitor management at a Buddhist sacred site［J］. *Journal of Travel Research*，2016，154（5）：491–508.

［32］马凌，朱竑.面向人的存在的旅游功能再认识研究：基于人文主义的视角［J］.旅游学刊，2018，33（6）：14–23.

［33］Curcija M，Breakey N，Driml S. Development of a conflict management model as a tool for improved project outcomes in community based tourism［J］. *Tourism Management*，2019，70：341–354.

OSM路网和POI数据相融合的城市休闲旅游功能区识别研究

刘　璐[1]，鞠洪润[1]，张生瑞[2]

（1. 青岛大学旅游与地理科学学院，山东 青岛 266071；

2. 中国海洋大学管理学院，山东 青岛 266100）

摘　要：大数据与地理信息技术的快速发展使得基于开放数据快速、自动识别休闲旅游功能区成为可能。本文以青岛市为研究区，基于 OSM（Open Street Map，OSM）道路网和 POI（Point Of Interest，POI）兴趣点数据，利用核密度估算法对城市的休闲旅游功能区进行识别研究。研究首先利用 OSM 道路网数据将城市划分为最小用地单元，以确保每一研究单元具有相同的社会经济作用；然后基于 POI 兴趣点数据并采用核密度估算法对青岛市的休闲旅游功能区进行识别，并根据频率密度划分为不同的功能区；最后，基于现有地图数据对功能区的识别结果进行验证。研究结果表明，对青岛市的休闲旅游功能区的识别共包括康娱休憩类、文化休闲类、自然休憩类和专项休闲类 4 种单一功能区、7 种上述功能区的混合类型，及综合功能区共 11 种类型，与高德地图对比后的识别准确度较高。因此，基于 OSM 路网和 POI 兴趣点数据并结合空间分析的方法，能够比较准确和快速地对城市的休闲旅游功能区进行识别，可为城市休闲旅游发展规划与管理提供借鉴。

关键词：OSM 路网；POI；休闲旅游；功能区；识别

一、引言

随着社会经济的发展和人民生活水平的提高，休闲旅游逐渐成为大众生活中的一部分，在日常生活中扮演着重要角色。城市居民休闲和娱乐服务已成为城市的重要标志和社会经济发展的驱动力[1]，休闲生活质量的高低成为城市居民衡量其居住环境和幸福感的重要指标[2]。休闲旅游功能区的分类对城市旅游的管理与规划具有重要的意义。在大数据时代，利用 OSM 道路网数据与 POI 兴趣点数据相融合的方法对城市休闲旅游功能区进行识别与分类，对景区结构优化、旅游资源合理配置、制定城市旅游相关规划等方面有着积极的作用。

目前，通过 POI 数据对城市功能区和城市空间结构进行分析的方法较多[3-5]。蒋云

［基金项目］国家自然科学基金项目（项目编目：42001243）；教育部人文社会科学研究项目（项目编号：20YJC630212）；山东省自然科学基金项目（项目编号：ZR2020QD008）课题阶段性成果之一。

［作者简介］刘璐（1997—），女，山东潍坊人，硕士研究生，研究方向为地理信息科学和旅游地理，E-mail：liulu_geo@163.com；鞠洪润（1990—），通讯作者，女，山东青岛人，讲师，博士，硕士研究生导师，研究方向为土地利用 / 土地覆盖变化、旅游地理，E-mail：juhr@qdu.edu.cn；张生瑞（1990—），山东莱芜人，讲师，博士，硕士研究生导师，研究方向为旅游资源开发与管理、生态旅游，E-mail：zhangshengrui@ouc.edu.cn。

良等人将手机基站位置把城市划分为不同的单元，利用模糊聚类分析的方法，结合 POI 数据对城市不同区域的功能进行识别[6]。李欣利用核密度分析、热点分析和加权叠加分析方法，结合 POI 数据对郑州市的城市空间分布结构进行了研究，得出了郑州市主城区的各类城市要素呈现中心集中、沿线蔓延的圈层状空间分布结构，具有结构不均衡的特点[7]。郑志键等人基于道路网络数据将研究区域划分为不同的单元，并结合 POI 数据和 Place2vec 模型对广州市白云区的城市功能区进行了识别[8]。郭昭等人以东莞市城市功能兴趣点数据为基础，采用核密度法、区位熵指数、信息熵、均衡度等多种方法，从宏观的城市尺度识别城市功能空间，并在社区尺度上进一步探究了城市功能复合化特征[9]。汪斐等人利用 POI 数据，对合肥中心城区进行功能区的识别，分析并比较了不同功能区的空间分布特征[10]。袁晶等基于人口流动和 POI 数据识别了北京市的不同城市功能区[11]。

利用 POI 兴趣点数据对城市的休闲旅游功能区进行的研究较少。唐梦鸽等人选取了成都市辖区与旅游休闲相关的 4 类 POI 数据和路网数据，采用点密度、热点和核密度 3 种分析方法对成都市旅游休闲相关设施的集聚区进行了识别[12]。贾晓婷等人基于百度 POI 数据，运用 Ripley’s K 函数、最近邻层次聚类、空间自相关等方法，对乌鲁木齐市公共休闲设施空间布局进行了研究，得出了城市休闲空间具有明显的向心集聚性特点的结论[13]。徐冬等人以百度地图为研究对象，基于休闲旅游 POI 数据，运用空间点格局分析的方法探讨了南京市休闲旅游空间特征，得出了南京市休闲旅游空间呈主城集聚与外围分散并存的态势的结论[14]。但是这些方法均识别出的休闲旅游功能区均为空间点密度数据，不能具体反映旅游休闲功能区的空间范围与边界。

本文在借鉴前人研究结果的基础上，拟提出基于 OSM 路网和 POI 数据结合核密度估算法的旅游休闲功能区识别方法，并对青岛市的休闲旅游功能区识别进行研究，以期为城市休闲旅游发展规划与管理提供借鉴。

二、数据与预处理

（一）研究区

青岛市位于山东半岛南端，面积 10654 平方千米，2020 年常住人口约 950 万。现辖市南、市北、李沧、崂山、城阳、黄岛、即墨 7 个区及胶州、平度、莱西 3 个县级市（图 1）。青岛依山傍海，风景秀丽，冬暖夏凉，气候宜人，是国家历史文化名城、首批中国优秀旅游城市、首批全国文明城市和 2008 年奥运会帆船比赛举办城市。休闲旅游区结构复杂多样，故本研究选取青岛市为研究区域适用于本文进行休闲旅游功能区的识别。

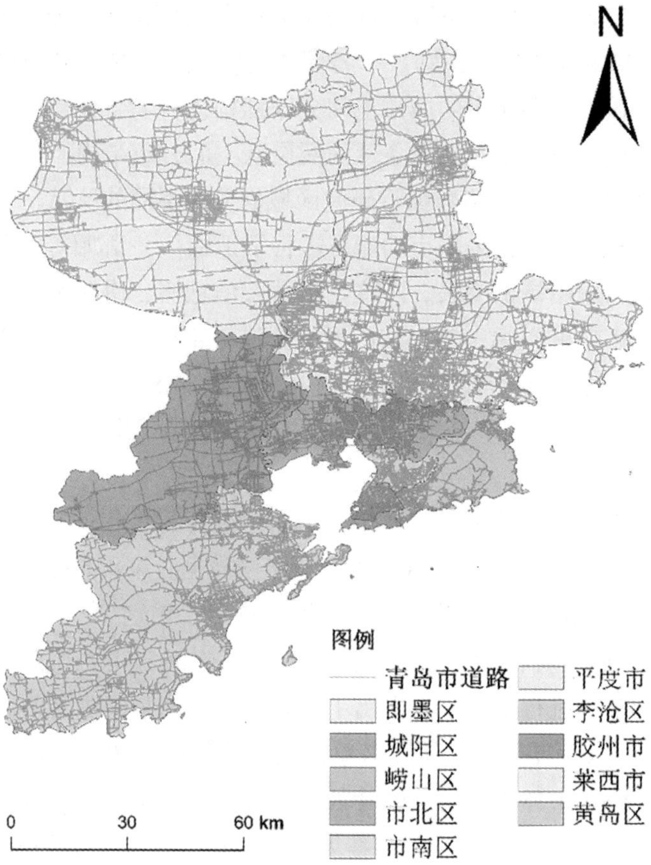

图 1　青岛市行政区与道路分布

（二）研究数据

（1）OSM 道路网数据。OSM 旨在为用户提供免费且易于访问的数字地图资源，是现阶段最受欢迎的自发地理信息（Volunteered Geographic Information，VGI）[15]。相对于其他的空间地理数据，OSM 最大的特点和优点是开放性[16]。除此之外，其定位精度和拓扑关系也非常高，包含多种道路基本属性，并且可以直接从官网下载。青岛市 OSM 数据如图 1 所示。

（2）POI 兴趣点数据。通过高德地图获取了 231447 个青岛市的 POI 兴趣点数据，包括名称、类别、地址、省市区、经纬度等基本属性信息。由于原始 POI 数据太过于复杂且存在数据冗余，需要进行数据清洗和数据重分类。首先将数据按旅游资源分类国家标准，并结合青岛市实际情况，将其分成康娱休憩类、文化休闲类、自然休憩类和专项休闲类 4 个大类和 14 个亚类（表 1）。其次进行数据清洗，将不属于休闲旅游类别的 POI 数据进行删除，将重复数据进行合并，最终得到青岛市的休闲旅游 POI 数据分布（图 2）。

表 1　青岛市休闲旅游点数据分类体系及比重

主类（数量）	亚类	POI 数量（个）	比重（%）
康娱休憩类（10412）	餐饮休闲类	5814	45.20
	购物休闲类	537	4.17
	保健疗养类	431	3.35
	体育健身类	2104	16.36
	娱乐休闲类	1185	9.21
	公共休憩类	341	2.65
文化休闲类（1039）	人文综合类	182	1.41
	历史遗产类	170	1.32
	文化场馆类	687	5.34
自然休憩类（1001）	自然综合类	778	5.87
	地文景观类	61	0.47
	生物休闲类	162	1.22
专项休闲类（793）	产业休闲类	711	5.53
	其他专项休闲类	82	0.64

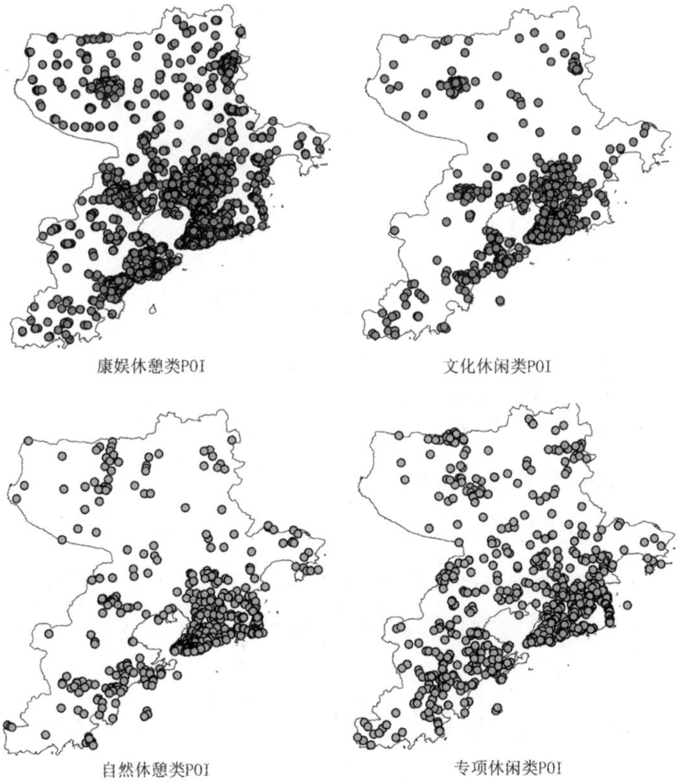

图 2　青岛市休闲旅游 POI 数据分布

三、研究方法

（一）基于 OSM 道路网划分土地单元

利用青岛市 OSM 路网数据，对其进行筛选，筛选出一级道路、二级道路、三级道路、高速公路和主干道，然后，根据《城市道路工程设计规范》并结合研究区实际情况，将道路划分为 3 个等级，其中高速公路、主干道为第一等级，一级道路、二级道路为第二等级，三级道路为第三等级，并分别生成 40 米、20 米、10 米的缓冲区[17]，进而形成道路空间，最后把道路空间从研究区内剔除，并删除面积较小的土地单元，最终生成 582 个土地利用单元（图 3）。

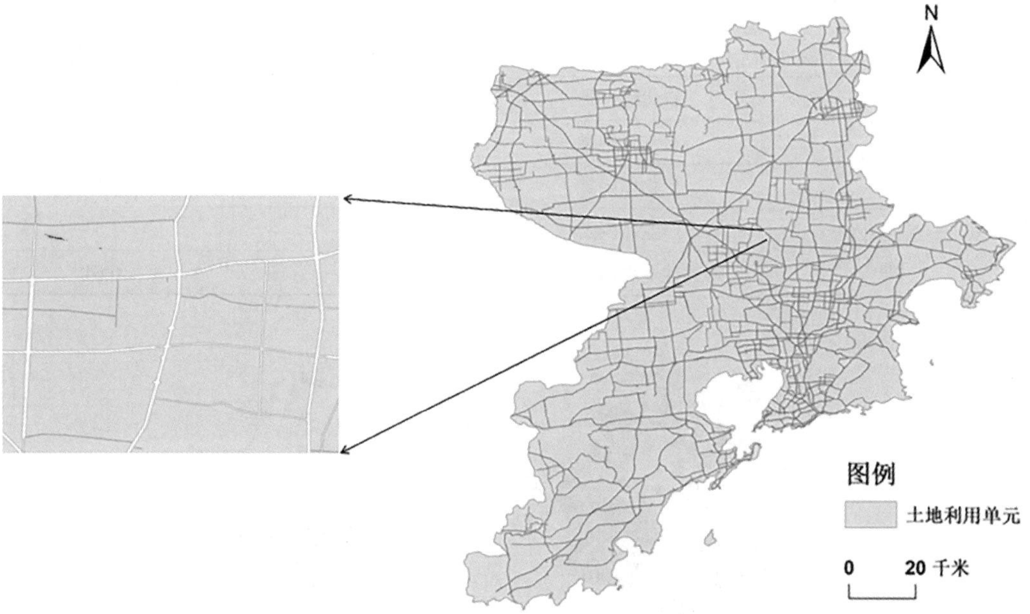

图 3　青岛市土地利用单元

（二）计算核密度并转点

核密度法是以地理学第一定律为理论依据探讨点集的空间分布规律，即距离越近的事物关联越紧密，与核心要素越近的位置获取的密度扩张值越大[18]，该方法能直观地反映出离散测量值在连续区域内的分布情况。其结果是中间值大周边值小的光滑曲面，栅格值即为单位密度，在邻域边界处降为 0。核密度估计的计算公式为：

$$f(x)=\sum_{i}^{n}\frac{1}{h^2}K\left(\frac{x-x_i}{h}\right) \tag{1}$$

$$K\left(\frac{x-x_i}{h}\right)=\frac{3}{4}\left(1-\frac{(x-x_i)^2}{h^2}\right) \tag{2}$$

式（1）（2）中：$f(x)$ 为密度函数，K 为核函数；h 为搜索半径，即 x 点附近的曲面在空间上的延伸宽度，决定了核密度表面的光滑程度；n 为 x 点在搜索带宽内包含的要素点数[19]。

将每类 POI 点数据进行核密度分析，得到每一类 POI 的核密度分析图（图 4）。

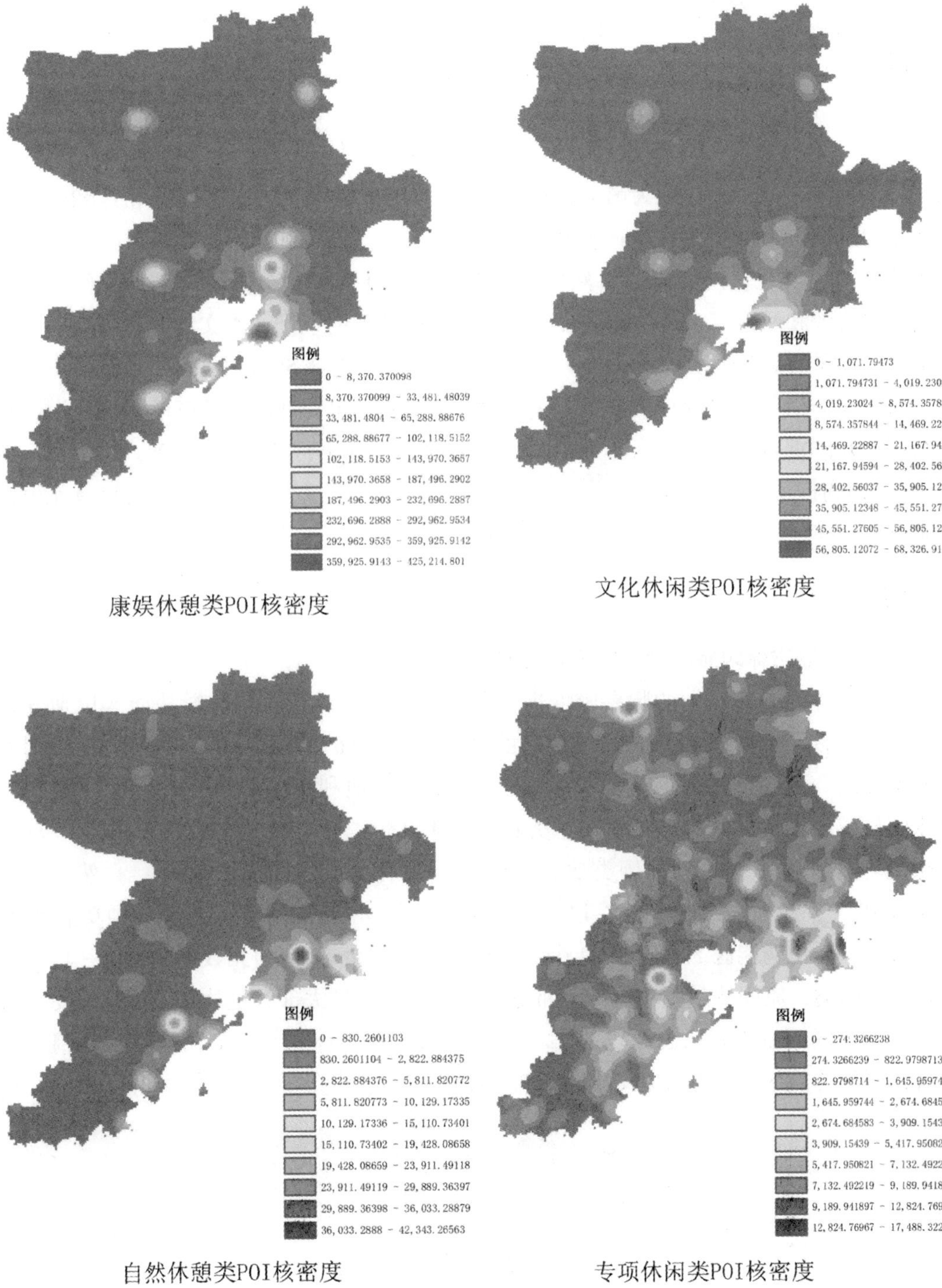

图 4　各类 POI 核密度分析

（三）计算频率密度并进行功能区划分

将每类 POI 数据的核密度分析结果进行栅格转点，然后将得到的各类 POI 核密度点数据依次与划分单元进行空间连接，得到各类 POI 在每个土地利用单元内核密度和，然后计算四类 POI 数据在每个单元内的总密度和，最后根据各类 POI 的权重计算土地利用单元内各类 POI 的频率密度，以此作为功能区划分的依据。计算公式为：

$$F_i = 100\% \times W_i \times d_i / \sum_{j}^{4} (W_j \times d_j) \quad (3)$$

式（3）中：F_i、W_i、d_i 分别为第 i 类 POI 在单元内的频率密度、权重、核密度和。根据各类休闲旅游 POI 数据的占地面积和公众认知度[20]，将其赋予不同的权重，分别为康娱休憩类 40、文化休闲类 40、自然休憩类 55、专项休闲类 30。且为了对研究区内单一用途的功能区和两种或多种功能混合的区域均进行准确的识别，本文针对不同的功能区种类提出不同的频率密度划分标准：当某类 POI 频率密度≥ 50% 时，则将该单元识别为单一功能区；当单元内两种 POI 的频率密度值在 20%~50% 时，则将该单元识别为这两种类别 POI 的混合功能区；当单元内两种以上的 POI 频率密度值均在 20%~50% 时，则将该单元识别为综合功能区；当单元内的各类 POI 频率密度皆为 0 时，则将该单元识别为无数据区域。

四、结果

（一）青岛市休闲旅游功能区识别结果

通过对各类 POI 数据的频率密度进行分类，得到青岛市休闲旅游功能区识别分布图（图 5），并根据每类休闲旅游功能区的总面积（图 6a）和划分个数（图 6b）得到相应的统计图。由此可知，研究区一共划分为 582 个土地利用单元，并识别出 11 种相应的休闲旅游功能区，其中，康娱休憩类功能区 128 个、文化休闲类功能区 31 个、自然休憩类功能区 94 个、专项休闲类功能区 97 个、文化—康娱功能区 58 个、自然—康娱功能区 19 个、专项—康娱功能区 13 个、专项—文化功能区 4 个、自然—专项功能区 22 个、自然—文化功能区 5 个以及 94 个综合功能区，剩余 17 个为无数据区。单一功能区共划分为四类，康娱休憩类功能区分布范围最为广泛，且大部分呈片状分布，主要分布在青岛市市区，占研究区总面积的 22.99%；其次是自然休憩类功能区和专项休闲类功能区，两种功能区大都紧靠康娱休憩类功能区分布，分别占研究区总面积的 17.61% 和 17.79%。

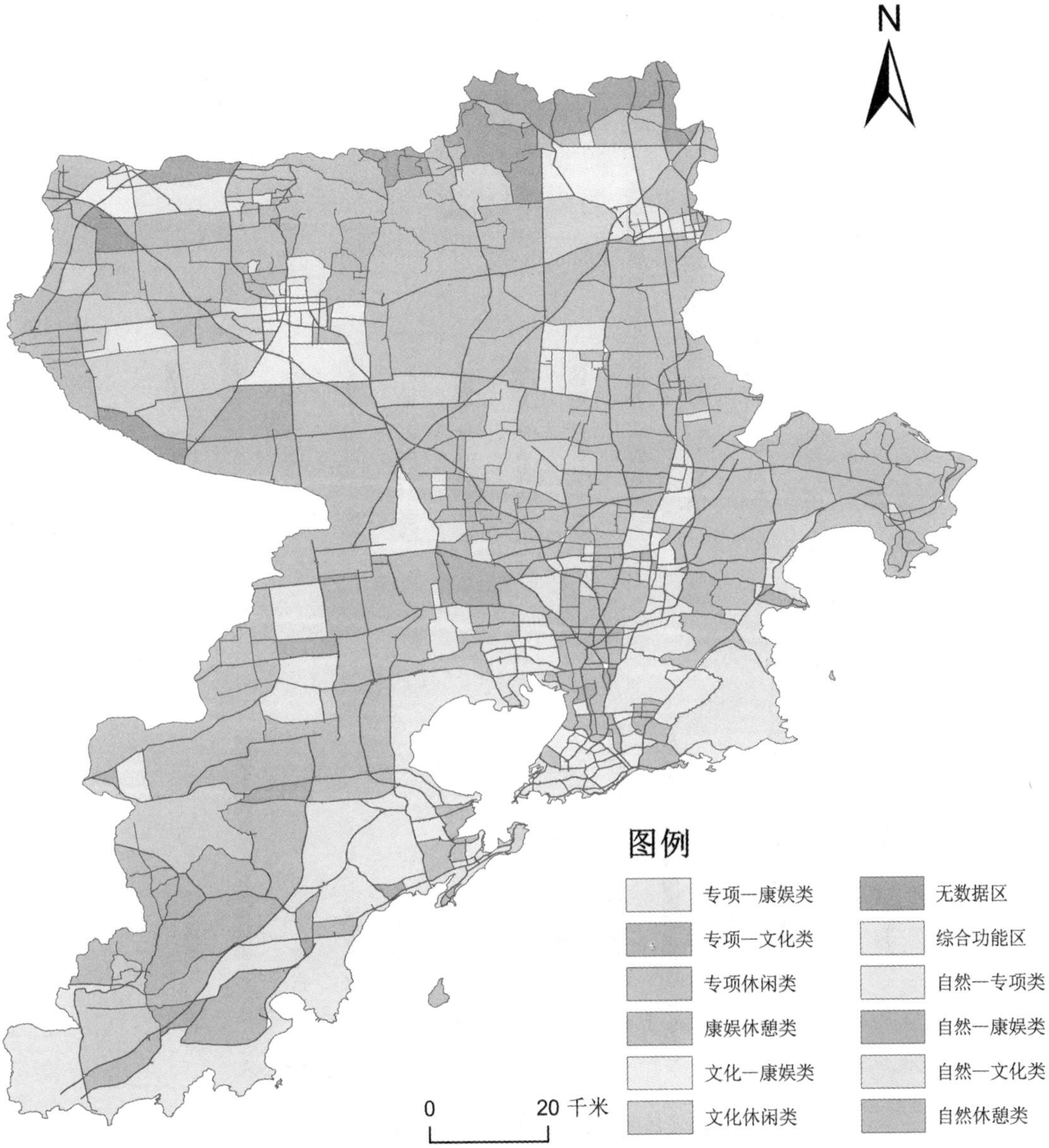

图 5　青岛市休闲旅游功能区识别分布

混合功能区共划分为六类，两种类型的混合功能区五类，依次为康娱—文化功能区、康娱—自然功能区、康娱—专项功能区、文化—专项功能区、自然—专项功能区和自然—文化功能区，其中康娱—文化和自然—专项功能区分布较为广泛，分别占研究区总面积的 4.52% 和 4.66%，三种及三种以上类型混合分布的综合功能区占研究区总面积的 11.58%。

另外，无数据区占研究区总面积的 4%，该类型土地利用单元内无休闲旅游 POI 点分布，是未来青岛市旅游资源开发的良好参考依据。

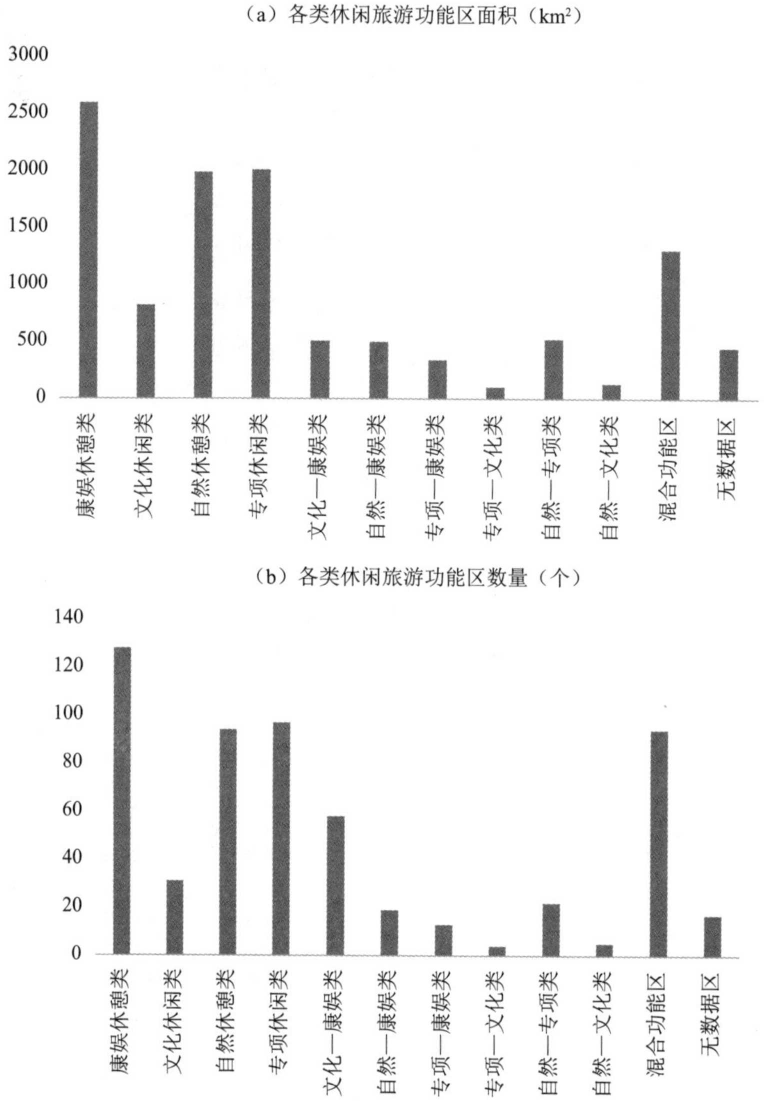

图 6　各类休闲旅游功能区划分总面积和数量统计

（二）结果验证

从 582 个土地利用单元中提取中心并随机选取 50 个中心点所在的土地利用单元与高德地图进行对比验证（图 7），并计算出正确率达 88%。现选取典型区域与高德地图的对比结果如图 8 所示。本文将 A、B、C 区域分别识别为自然—专项类功能区、自然—文化类功能区和专项休闲类功能区，高德地图显示该 A 区域内分布有华楼游览区和少山大红杏采摘园、B 区域内分布有崂山风景区和山东大学（青岛校区）、C 区域内分布有多个采摘园，符合识别结果。

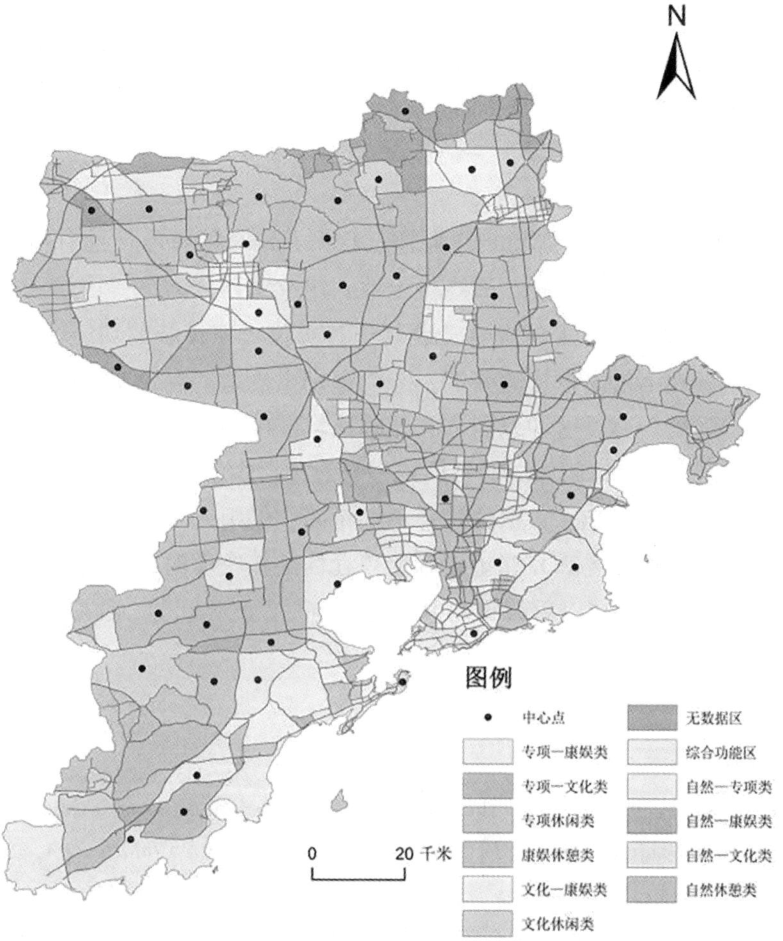

图 7　随机选取中心点分布

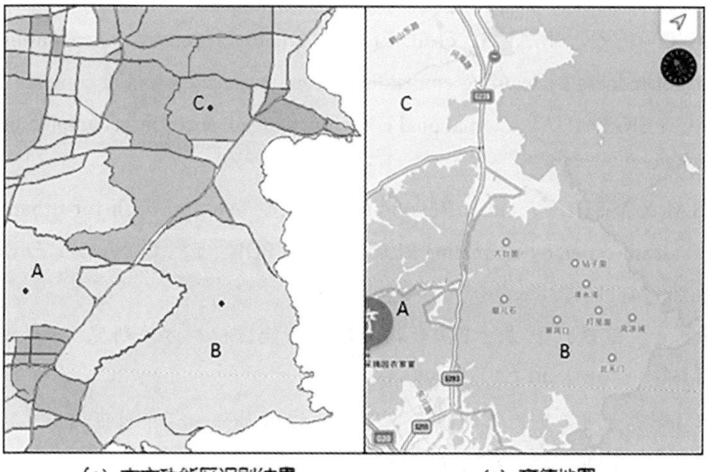

（1）本文功能区识别结果　　（2）高德地图

图 8　识别结果验证

从识别结果与高德地图对比来看，本研究对于休闲旅游功能区的识别结果较为准确，且相比只有单一类型功能区的城市规划图，本文方法可以较好地识别出混合用地、综合用地类型，划分单元的细节也更加丰富。

五、结论

本文基于 OSM 道路网数据和 POI 兴趣点数据并结合核密度估计分析的方法，对青岛市的休闲旅游功能区进行识别，最终将土地利用单元划分为单一功能区、两种混合类型的功能区以及两种类型以上的综合功能区三种类型。与传统的功能区识别方法相比，该方法改善了其识别结果离散化的弊端，并能识别出复杂的混合功能区，进一步提高了识别结果的精确程度。通过这种识别方法能够比较准确和快速地对城市的休闲旅游功能区进行识别，可以为城市休闲旅游的发展规划与管理提供借鉴。

本文的不足之处在于 POI 数据的筛选不够精确，仅用人工分类的方法使部分 POI 点有遗漏和重复；在计算各类 POI 在土地利用单元内的核密度时，权重的配置带有一定的主观性，容易存在偏差。在以后的研究中会进一步改善此类问题，使研究结果更加精确。

参考文献

[1] CAN C，WANG J，WU Z，et al. The socio-spatial distribution of leisure venues：A case study of Karaoke Bars in Nanjing，China [J]. *International Journal of Geo-Information*，2016，5（9）：150.

[2] 陈华英. 上海市中心城区休闲设施空间分布及其影响因素研究 [D]. 上海：师范大学，2016.

[3] YAO Y，LI X，LIU X P，et al. Sensing spatial distribution of Urban landuse by integrating points-of-interest and Google Word2vec model [J]. *International Journal of Geographical Information Science*，2017，31（4）：825-848.

[4] YAN B，JANOWICZK，MAI G，et al. From ITDL to Place2vec：Reasoning about place type similarity and relatedness by learning embeddings from augmented spatial contexts [A] //Proceedings of the 25th ACM SIGSPATIAL international conference on advances in geographic information systems. ACM，2017，35.

[5] ZHAI W，BAI X Y SHI Y，et al. Beyond Word2vec：An approach for urban functional region extraction and identification by combining Place2vec and POIs [J]. *Computers, Environmentand Urban Systems*，2019，74：1-12.

[6] 蒋云良，董墨萱，范婧，等. 基于POI数据的城市功能区识别方法研究 [J]. 浙江师范大学学报（自然科学版），2017，40（4）：398-405.

[7] 李欣. 基于POI要素空间聚集特征的城市多中心结构识别——以郑州市为例 [J]. 北京大学学报（自然科学版），2020，56（4）：692-702.

[8] 郑至键，郑荣宝，徐嘉源，等. 基于POI数据和Place2vec模型的城市功能区识别研究 [J]. 地理与

地理信息科学，2020，36（4）：48–56.

［9］郭昭，刘凯，李雨思.基于POI数据的城市功能空间识别及中心城区功能复合测算——以东莞市为例［J］.城市勘测，2020（3）：40–46.

［10］汪斐，顾康康.基于POI数据的合肥中心城区的功能区识别研究［J］.淮阴工学院学报，2019，28（5）：56–61.

［11］Yuan Jing，Zheng Yu，Xie Xing. Discovering Regions of Different Functions in City Using Human Mobility and POIs［C］. The 18th ACM SIGKDD International Conference on Knowledge Discovery and Data Mining，New York，USA，2012.

［12］唐梦鸽，罗明良，魏兰，等.基于POI数据的成都市休闲娱乐热点识别［J］.资源开发与市场，2018，34（9）：1191–1195.

［13］贾晓婷，雷军，武荣伟，等.基于POI的城市休闲空间格局分析——以乌鲁木齐市为例［J］.干旱区地理，2019，42（4）：943–952.

［14］徐冬，黄震方，吕龙，等.基于POI挖掘的城市休闲旅游空间特征研究——以南京为例［J］.地理与地理信息科学，2018，34（1）：59–64，70，3.

［15］HONG Y，YAO Y.Hierarchical community detection and functional area identification with OSM roads and complex graph theory［J］.*International Journal of Geographical Information Science*，2019，33（8）：1569–1587.

［16］张绛丽，张笑非，徐丹，等.基于OpenStreetMap的智能交通路网数据的构建［J］.道路交通与安全，2014，14（1）：41–47.

［17］ZHANG Y，LI Q Z，HUANG H P，et al. The combined use of remote sensing and social sensing data in fine–grained urban land use mapping：A case study in Beijing，China［J］. *Remote Sensing*，2017，9（9）：865–888.

［18］禹文豪，艾廷华. 核密度估计法支持下的网络空间POI点可视化与分析［J］. 测绘学报，2015，44（1）：82–90.

［19］丁彦文，许捍卫，汪成昊.融合OSM路网与POI数据的城市功能区识别研究［J］.地理与地理信息科学，2020，36（4）：57–63.

［20］赵卫锋，李清泉，李必军. 利用城市POI数据提取分层地标［J］. 遥感学报，2011，15（5）：937–988.

对《关于审理旅游纠纷案件适用法律若干问题的规定》的评析和思考

王春霞[①]

（北京市房山区人民法院，北京 102401）

摘　要：最高人民法院根据《民法典》的最新规定，围绕旅游者生命健康权、精神权益、知情权、选择权、个人信息等方面，从完善概念界定、法律事实、归责原则和法律责任的角度出发，对《关于审理旅游纠纷案件适用法律若干问题的规定》进行修订，解决了长期存在的一些法律适用争议。

关键词：旅游合同；商事合同；归责原则

近年来诉至人民法院的旅游纠纷案件逐年增多，从旅游合同的订立、不可抗力的认定标准、旅游合同惩罚性赔偿、旅游合同精神损害赔偿、旅游经营者的安全保障义务以及挂靠经营商事合同等各个环节的纠纷在司法实践中都有体现。《中华人民共和国民法典》（以下简称《民法典》）已经于2021年1月1日起施行。与旅游业发展和案件审理最密切相关的就是最高人民法院于2010年9月13日审议通过的《关于审理旅游纠纷案件适用法律若干问题的规定》（以下简称“2010年司法解释”）。12月29日，最高人民法院对2010年司法解释从10个方面修改了8条、删除了3条，以确保司法解释符合《民法典》规定，确保在旅游纠纷案件的审理过程中能够做到法律适用标准统一。本文旨在梳理民法典相关规定对于旅游合同及其案件审理的影响，力求为审判实践提供支持。

一、法律语言是传递司法价值的重要途径

（一）立法依据应当适时进行调整

2010年司法解释的立法依据包括《民法通则》《合同法》《消费者权益保护法》《侵权责任法》和《民事诉讼法》5部法律法规，由于《民法典》实施后《民法通则》《合同法》《侵权责任法》被废止，上述3部法律不应再作为2010年司法解释的立法依据，与之不相适应、矛盾的条款和原则也将不再作为法院审理和纠纷处理的依据。立法依据的调整会给合同履行带来一系列变化。按照情势变更原理，因情势变更致使合同不能履行或者显失公平时，双方可以协商变更合同的内容，达成新的合意，不能协商一致的，双方可解除合同。按照这个规则，如果订立旅游合同所依据的法律法规和司法解释已经修改或者废止，那么，一些合同就可能出现与法律法规和司法解释不相符，甚至是违反法

［作者简介］王春霞（1983—），女，山东威海人，北京市房山区人民法院，审判员，硕士研究生，研究方向为民商法与金融法实务，E-mail：371545557@qq.com。

律法规和司法解释的情况。比如，《民法典》第四百六十九条规定，以电子数据交换、电子邮件等方式能够有形地表现所载内容，并可以随时调取查用的数据电文，视为书面形式。该条款明确了电子数据交换、电子邮件也可视为书面形式。由此，对于《旅游法》第五十八条规定的“包价旅游合同应当采用书面形式”，就可以认定电子数据交换、电子邮件也属于包价旅游合同的一种书面形式。可见，根据法律法规和司法解释的变化适时变更旅游合同的相关内容，在旅游实践中是十分必要的（表 1）。

表 1 立法目的对照

2010 年司法解释立法目的	《民法典》第一千二百六十条	2020 年司法解释立法目的
为正确审理旅游纠纷案件，依法保护当事人合法权益，根据《中华人民共和国民法通则》《中华人民共和国合同法》《中华人民共和国消费者权益保护法》《中华人民共和国侵权责任法》和《中华人民共和国民事诉讼法》等有关法律规定，结合民事审判实践，制定本规定。	本法自 2021 年 1 月 1 日起施行。《中华人民共和国婚姻法》《中华人民共和国继承法》《中华人民共和国民法通则》《中华人民共和国收养法》《中华人民共和国担保法》《中华人民共和国合同法》《中华人民共和国物权法》《中华人民共和国侵权责任法》《中华人民共和国民法总则》同时废止。	为正确审理旅游纠纷案件，依法保护当事人合法权益，根据《中华人民共和国民法典》《中华人民共和国消费者权益保护法》《中华人民共和国旅游法》《中华人民共和国民事诉讼法》等有关法律规定，结合民事审判实践，制定本规定。

（二）从立法技术上将“要求”修改为“请求”

诉讼请求指一方当事人向对方当事人主张的法律上的权利以及请求法院做出具体判决的意思表示。《民法典》第一百八十六条规定，因当事人一方的违约行为，损害对方人身权益、财产权益的，受损害方有权选择请求其承担违约责任或者侵权责任。本次修改将司法解释第三条修改为“因旅游经营者方面的同一原因造成旅游者人身损害、财产损失，旅游者选择请求旅游经营者承担违约责任或者侵权责任的，人民法院应当根据当事人选择的案由进行审理”（表 2）。

“法律只有通过解释方法来发现、补充和修正，才会获得运用自如、融通无碍的弹性。[①]”这一修改，一是回应了民事立法的准确、肯定、严谨的技术要求，文字表述也更为科学合理；二是赋予当事人享有选择请求对方承担违约责任，或是承担精神损害赔偿的侵权责任，有利于更充分保护旅游者的民事权益，体现了对民事主体更充分、更全面、更完善的保护。

表 2 请求权对照

2010 年司法解释第三条	2020 年司法解释第六条
因旅游经营者方面的同一原因造成旅游者人身损害、财产损失，旅游者选择要求旅游经营者承担违约责任或者侵权责任的，人民法院应当根据当事人选择的案由进行审理。	因旅游经营者方面的同一原因造成旅游者人身损害、财产损失，旅游者选择请求旅游经营者承担违约责任或者侵权责任的，人民法院应当根据当事人选择的案由进行审理。

① 季卫东.“法律解释的真谛——探索实用法学的第三道路”对西方法律解释理念发展史的回顾与总结［J］.中外法学，1998（5）：20.

（三）“格式合同”调整为“格式条款”

简单地说，格式条款是订立合同时未与对方协商的条款，格式合同是含有格式条款的合同。全国人大常委会2013年修订《消费者权益保护法》时，将旧法第二十四条第一款中的“格式合同”修改为第二十六条第二款“经营者不得以格式条款、通知、声明、店堂告示等方式，作出排除或者限制消费者权利、减轻或者免除经营者责任、加重消费者责任等对消费者不公平、不合理的规定，不得利用格式条款并借助技术手段强制交易”。《民法典》第四百九十七条也以“格式条款”的表述，确认了《消费者权益保障法》的最新修订成果。这种细微差别的表述变化，本质区别在于“格式条款”表述可以减少以往对一般合同中格式条款识别认定的困难，扩大消费者受保护的范围，体现了加强消费者权益保护的立法宗旨。因此，目前2010年司法解释第六条的“格式合同”表述有必要进行修订，体现《民法典》和《消费者权益保护法》的最新变化（表3）。

表3　格式条款对照

2010年司法解释第六条	《消费者权益保护法》第二十六条第二款	《民法典》第四百九十七条
旅游经营者以格式合同、通知、声明、告示等方式作出对旅游者不公平、不合理的规定，或者减轻、免除其损害旅游者合法权益的责任，旅游者请求依据《消费者权益保护法》第二十四条的规定认定该内容无效的，人民法院应予支持。	经营者不得以格式条款、通知、声明、店堂告示等方式，作出排除或者限制消费者权利、减轻或者免除经营者责任、加重消费者责任等对消费者不公平、不合理的规定，不得利用格式条款并借助技术手段强制交易。	有下列情形之一的，该格式条款无效： （一）具有本法第一编第六章第三节和本法第五百零六条规定的无效情形； （二）提供格式条款一方不合理地免除或者减轻其责任、加重对方责任、限制对方主要权利； （三）提供格式条款一方排除对方主要权利。

二、旅游者人格权保护的司法进路

（一）旅游者个人信息作为具体人格权

获取旅游者的身份、家庭、身体健康状况等个人信息，是旅游经营的需要，但与之相伴的是旅游者个人信息被用作他途的问题也屡禁不止。“人格权的内容随着社会变迁、个人人格觉醒及不法侵害态样，具体化于不同的保护范围，形成个人人格权益，保持一种持续发展及实践的动态发展过程。①”《民法典》设立“隐私和个人信息保护编”，强化了对于个人信息处理环节的规制，对个人信息保护做了更加全面细致的规定。

此次修改将司法解释第九条改为“旅游经营者、旅游辅助服务者以非法收集、存储、使用、加工、传输、买卖、提供、公开等方式处理旅游者个人信息，旅游者请求其承担相应责任的，人民法院应予支持”。其变化在于以下两个方面：一是删除了“未经旅游者同意公开其个人信息”的文字表述，其目的是强调处理私密信息必须取得权利人的“明确同意”，否则旅游经营者、旅游辅助服务者不得默认旅游者同意授权个人信息，以

① 王泽鉴．人格权法［M］．北京：北京大学出版社，2013：43.

此防范经营者将搭售商品或者服务作为默认同意选项的行为；二是采纳了《民法典》第一百一十一条“不得非法收集、使用、加工、传输他人个人信息”的观点，明确个人信息的处理包括收集、存储、使用、加工、传输等，强化了旅游经营者、旅游辅助服务者在收集使用旅游者个人信息上的责任义务（表4）。

表4 旅游者个人信息保护对照

2010年司法解释第六条	2020年司法解释第九条	《民法典》第一百一十一条
旅游经营者、旅游辅助服务者泄露旅游者个人信息或者未经旅游者同意公开其个人信息，旅游者请求其承担相应责任的，人民法院应予支持。	旅游经营者、旅游辅助服务者以非法收集、存储、使用、加工、传输、买卖、提供、公开等方式处理旅游者个人信息，旅游者请求其承担相应责任的，人民法院应予支持。	自然人的个人信息受法律保护。任何组织或者个人需要获取他人个人信息的，应当依法取得并确保信息安全，不得非法收集、使用、加工、传输他人个人信息，不得非法买卖、提供或者公开他人个人信息。

（二）违约惩罚性赔偿制度保障旅游者人格权

惩罚性赔偿是我国民事责任立法的重大突破。《消费者权益保护法》第五十五条第一款规定属于合同之诉的惩罚性赔偿或者说是欺诈行为的惩罚性赔偿，即只要经营者实施了欺诈行为，无论消费者是否遭受损失，都要对消费者承担惩罚性赔偿责任。《消费者权益保护法》第五十五条第二款规定属于侵权之诉的惩罚性赔偿，其将经营者的主观过错限定为故意，并以受害人实际遭受损害为要件。可见，是否满足“主观过错”和“严重损害”的构成要件，是消费者权益保护法这两个条款的显著区别。

值得注意的是，2010年司法解释第十七条第二款与《消费者权益保护法》第五十五条第一款的立法精神一脉相承，两者都对合同之诉的惩罚性赔偿进行了规范，差异在于一个是双倍赔偿、一个是三倍赔偿，更大的问题可能在于2010年司法解释遗漏了旅游者选择侵权之诉的制度空间，即旅游经营者明知旅游行程存在问题隐患，仍然向旅游者提供，造成旅游者死亡或者健康严重损害时，如何行使惩罚性赔偿请求权的问题。而此次修改也没有明确旅游经营者过错下的惩罚性赔偿制度，留有立法遗憾，未来应考虑予以完善。因此，首先应提高违约之诉的惩罚性赔偿标准。同时，对旅游经营者致旅游者严重损害的，应研究给予更严厉的惩罚性赔偿（表5）。

表5 违约惩罚性赔偿对照

2010年司法解释第十七条第二款	《消费者权益保护法》第五十五条
旅游经营者提供服务时有欺诈行为，旅游者请求旅游经营者双倍赔偿其遭受的损失的，人民法院应予支持。	经营者提供商品或者服务有欺诈行为的，应当按照消费者的要求增加赔偿其受到的损失，增加赔偿的金额为消费者购买商品的价款或者接受服务的费用的三倍；增加赔偿的金额不足五百元的，为五百元。法律另有规定的，依照其规定。 经营者明知商品或者服务存在缺陷，仍然向消费者提供，造成消费者或者其他受害人死亡或者健康严重损害的，受害人有权要求经营者依照本法第四十九条、第五十一条等法律规定赔偿损失，并有权要求所受损失二倍以下的惩罚性赔偿。

（三）适用精神损害赔偿进一步拓展

在民法典颁布实施之前，最高人民法院《关于确定民事侵权精神损害赔偿责任若干问题的解释》《关于审理人身损害赔偿案件适用法律若干问题的解释》以及《侵权责任法》均认为，出现违约责任和侵权责任竞合，旅游者不能同时选择违约责任、侵权责任之诉，并且提起违约之诉还不能适用精神损害赔偿。与上述规则一致，2010 年司法解释第二十一条不支持违约之诉精神损害赔偿。

“精神损害的物质赔偿从无到有，反映了法律对人的关怀已从物质世界扩展到精神世界。这一方面得益于立法技术的发展，而更多的则是基于一种价值判断。①”《民法典》采纳了与上述司法解释不同的观点。《民法典》第九百九十六条规定“因当事人一方的违约行为，损害对方人格权并造成严重精神损害，受损害方选择请求其承担违约责任的，不影响受损害方请求精神损害赔偿。”该条款突破了我国法学理论一直坚持的“违约行为不得请求精神损害赔偿责任”的说法，打破了 2010 年司法解释第二十一条“旅游者坚持提起精神损害赔偿，人民法院不予支持”的裁判规则。基于上述区别和冲突，2020 年司法解释删除了第二十一条的规定。

违约精神损害赔偿的范围如何界定，也是司法实践面临的问题。理解《民法典》下的精神损害赔偿需要把握两点：一是扩大了精神损害赔偿的适用范围。根据《民法典》第一千一百八十三条第二款的规定，因故意或者重大过失侵害自然人具有人身意义的特定物造成严重精神损害的，被侵权人有权请求精神损害赔偿。可见，精神损害赔偿侵权行为的客体扩展到“具有人身意义的特定物”，不同于以往要求“具有人格象征意义”，且为“特定纪念物品”的规定，说明我国法律注重精神权益、人格权益的保护，这是对旅游者精神权益的承认和保护。二是删除了原精神损害赔偿司法解释第四条“要求造成永久性灭失或者毁损的后果”的规定，但要求“造成严重精神损害”。这样规定是为了防止精神损害赔偿被滥用，并不会向所有精神损害给予赔偿，而应当达到对人格权造成严重精神损害的情况。需要强调的是，2020 年司法解释虽然删除了第二十一条的规定，没有进行适应修改保留这一条款留有遗憾，但删除并不是否定旅游者主张违约精神损害赔偿的诉讼权利。相反，若因旅游经营者一方的违约行为，损害旅游者人格权并造成严重精神损害，旅游者提起违约之诉，主张精神损害赔偿的，人民法院会给予保护（表 6）。

表 6　精神损害赔偿对照

2010 年司法解释第二十一条	《民法典》第九百九十六条
旅游者提起违约之诉，主张精神损害赔偿的，人民法院应告知其变更为侵权之诉；旅游者仍坚持提起违约之诉的，对于其精神损害赔偿的主张，人民法院不予支持。	因当事人一方的违约行为，损害对方人格权并造成严重精神损害，受损害方选择请求其承担违约责任的，不影响受损害方请求精神损害赔偿。

① 叶金强．论违约导致的精神损害赔偿［M］．北京：中国人民大学出版社，2004：285.

三、旅游纠纷案件的合同责任及归责原则

（一）不可抗力变更合同的司法规则

2010年司法解释第十三条第二款规定，因不可抗力等不可归责于旅游经营者、旅游辅助服务者[①]的客观原因变更旅游行程，在征得旅游者同意后，旅游经营者请求旅游者分担因此增加的旅游费用或旅游者请求旅游经营者退还因此减少的旅游费用的，人民法院应予支持。换言之，因不可抗力等不可归责于旅游经营者、旅游辅助服务者的客观原因变更旅游行程的，旅游经营者和旅游者应当共同分担因此增加的旅游费用。这与《旅游法》第六十七条第（二）项规定“合同变更的，因此增加的费用由旅游者承担”截然不同。

2020年7月13日，最高人民法院、司法部、文化和旅游部颁布《关于依法妥善处理涉疫情旅游合同纠纷有关问题的通知》（法〔2020〕182号）。其中的第八点规定，旅游经营者与旅游者均同意变更旅游合同的，除双方对旅游费用分担协商一致的以外，因合同变更增加的费用由旅游者承担，实质上也否定了2010年司法解释“增加费用由旅游经营者和旅游者共同负担”的裁判规则。上述归责原则取舍的原因在于，《旅游法》没有肯定“旅游经营者承担风险的能力大于旅游者，双方共同分担损失更为公平合理”的观点。相反，《旅游法》和2020年司法文件都认为，旅游者和旅游经营者协商变更旅游行程，相当于形成了新的合意，在对旅游费用分担没有特殊约定的情形下，由旅游者承担增加的费用，更符合权利义务一致的原则。基于2010年司法解释第十三条第二款与上位法相冲突，2020年司法解释删除了这一款的规定（表7）。

表7　不可抗力司法认定对照

2010年司法解释第十三条第二款	2020司法文件第八点	《旅游法》第六十七条第（二）项
因不可抗力等不可归责于旅游经营者、旅游辅助服务者的客观原因变更旅游行程，在征得旅游者同意后，旅游经营者请求旅游者分担因此增加的旅游费用或旅游者请求旅游经营者退还因此减少的旅游费用的，人民法院应予支持。	积极引导变更旅游合同。结合纠纷产生的实际情况，准确把握疫情或者疫情防控措施与旅游合同不能履行之间的因果关系，积极引导当事人在合理范围内调整合同中约定的权利义务关系，包括延期履行合同、替换为其他旅游产品，或者将旅游合同中的权利义务转让给第三人等合同变更和转让行为，助力旅游企业复工复产。旅游经营者与旅游者均同意变更旅游合同的，除双方对旅游费用分担协商一致的以外，因合同变更增加的费用由旅游者承担，减少的费用退还给旅游者。	因不可抗力或者旅行社、履行辅助人已尽合理注意义务仍不能避免的事件，影响旅游行程的，按照下列情形处理： （二）合同解除的，组团社应当在扣除已向地接社或者履行辅助人支付且不可退还的费用后，将余款退还旅游者；合同变更的，因此增加的费用由旅游者承担，减少的费用退还旅游者。

（二）因旅游辅助服务者造成侵权的归责原则

“所谓‘归责’，即确认和追究侵权行为人的民事责任。[②]”2010年司法解释对旅游

① 《旅游法》第一百一十一条第（六）项规定，履行辅助人，是指与旅行社存在合同关系，协助其履行包价旅游合同义务，实际提供相关服务的法人或者自然人。旅游纠纷司法解释第1条中的“旅游辅助人”概念存在差异。参见刘凯湘，吴才毓．论旅行社转团的法律关系与责任承担——基于一个经典案例的解释［J］．法学杂志，2014（4）：29-30.

② 张新宝．侵权责任法原理［M］．北京：中国人民大学出版，2005：24.

辅助服务者违反安全保障义务、告知义务和保密义务以及造成行李物品损害应当承担的赔偿责任都作了全面和详细的规定。其中，2010 司法解释第十四条第二款规定，旅游经营者对旅游辅助服务者未尽谨慎选择义务，旅游者请求旅游经营者承担相应补充责任的，人民法院应予支持。这是旅游经营者对旅游辅助服务者承担补充责任的一个专门规定。换言之，造成物品损害，旅游者应当要求直接加害人承担损害赔偿责任，但出现旅游辅助服务者无法承担或者无法全部承担责任时，旅游者可以请求旅游经营者承担与其过错相应的补充责任。

与上述归责原则不同，《民法典》第一百八十六条规定，因当事人一方的违约行为，损害对方人身权益、财产权益的，受损害方有权选择请求其承担违约责任或者侵权责任。根据这一规定，受损害方可以主张违约损害赔偿请求权，也可主张侵权损害赔偿请求权。《旅游法》第七十一条第二款规定，由于地接社、履行辅助人的原因造成旅游者人身损害、财产损失的，旅游者可以要求地接社、履行辅助人承担赔偿责任，也可以要求组团社承担赔偿责任；组团社承担责任后可以向地接社、履行辅助人追偿①。但是，由于公共交通经营者的原因造成旅游者人身损害、财产损失的，由公共交通经营者依法承担赔偿责任，旅行社应当协助旅游者向公共交通经营者索赔。理由在于，地接社、履行辅助人的违约行为造成旅游者人身损害、财产损失的，属于违约责任与侵权责任竞合，当事人只能选择其中一个请求权提起诉讼，不能同时选择两个请求权。在旅游辅助服务者造成侵权时，旅游者可以选择提起侵权之诉，要求地接社、履行辅助人承担损害赔偿责任；也可以提起违约之诉，要求组团社承担赔偿责任，组团社有权向地接社、履行辅助人追偿。同时，《旅游法》第七十一条并未提及旅行社的过错问题，因此是对于公共交通经营者的侵权责任，旅行社仅承担协助索赔的义务（表 8）。

表 8　旅游辅助服务者侵权责任对照

2010 年司法解释第十四条	《旅游法》第七十一条第二款
因旅游辅助服务者的原因造成旅游者人身损害、财产损失，旅游者选择请求旅游辅助服务者承担侵权责任的，人民法院应予支持。 旅游经营者对旅游辅助服务者未尽谨慎选择义务，旅游者请求旅游经营者承担相应补充责任的，人民法院应予支持。	由于地接社、履行辅助人的原因造成旅游者人身损害、财产损失的，旅游者可以要求地接社、履行辅助人承担赔偿责任，也可以要求组团社承担赔偿责任；组团社承担责任后可以向地接社、履行辅助人追偿。但是，由于公共交通经营者的原因造成旅游者人身损害、财产损失的，由公共交通经营者依法承担赔偿责任，旅行社应当协助旅游者向公共交通经营者索赔。

（三）挂靠经营构成共同侵权的责任承担

我国《旅游法》明确规定，设立旅行社应当取得旅游主管部门的许可，经营出境和边境旅游业务应当取得相应的业务经营许可，禁止出租、出借旅行社业务经营许可

① 不真正连带责任人承担责任之后，对其他连带责任人无求偿权，仅对终局责任人具有求偿权。参见李永军.论连带责任的性质［J］.中国政法大学学报，2011（2）：86.

证，或者以其他形式非法转让旅行社业务经营许可。虽然旅游法从经营主体资格、业务经营范围、禁止性事项和法律责任等方面都对旅游活动予以严格规定，但实践中以“包桌”“加盟”“营业点”等名义进行挂靠经营的现象仍然屡禁不止。

为了解决旅行社业务许可“挂而不管”的问题，修改后的司法解释重申了“挂靠经营是共同侵权”，明确提出被挂靠人要承担较重的责任，以此督促其对挂靠的旅行社进行有效管理。这样修改的理由在于：一是旅游经营者与挂靠人是共同故意或者共同过失造成他人损害的，应当承担共同侵权责任；二是即使旅游经营者与挂靠人没有共同故意也没有共同过失，但行为结合造成侵权结果的，也属于共同侵权；三是只有明确挂靠人负有相应的管理责任，让旅游经营者与挂靠人都承担相应的连带责任，才能引导旅行社行业杜绝挂靠经营现象，逐渐向着专业化、品牌化方向发展。那种认为旅游经营者只是收取了少许管理费，并不参与挂靠人的实际经营，让旅游经营者承担连带责任不符合权利义务一致原则、不利于行业发展的观点，是不符合法律精神的。当然，在内部责任分担上，旅游经营者承担连带责任，其可以根据挂靠协议向挂靠人行使追偿权（表 9）。

表 9 挂靠经营共同侵权对照

2010 年司法解释第十六条	2020 年司法解释第十四条	《民法典》第一千一百六十八条
旅游经营者准许他人挂靠其名下从事旅游业务，造成旅游者人身损害、财产损失，旅游者请求旅游经营者与挂靠人承担连带责任的，人民法院应予支持。	旅游经营者准许他人挂靠其名下从事旅游业务，造成旅游者人身损害、财产损失，旅游者依据民法典第一千一百六十八条的规定请求旅游经营者与挂靠人承担连带责任的，人民法院应予支持。	二人以上共同实施侵权行为，造成他人损害的，应当承担连带责任。

（四）意外事件作为免责事由的审查标准

关于行李物品损毁，司法解释第二十二条第二项删除了原文中有关“意外事件”的表述。

这样修改的原因在于：一是不可抗力和意外事件的法律性质不同。不可抗力在国际惯例和各国合同法中都是明确的法定免责事由，而意外事故并不一定都是免责事由，不适宜将两者并列作为免责事由。二是《民法典》没有将意外事件作为法定免责事由。按照《民法典》第一百八十条规定，不可抗力是不能预见、不能避免且不能克服的客观情况。《旅游法》第六十七条将其表述为“不可抗力或者旅行社、履行辅助人已尽合理注意义务仍不能避免的事件”，司法解释第十三条将其表述为“因不可抗力等不可归责于旅游经营者、旅游辅助服务者的客观原因”，其实质都将“意外事件”排除在外。三是因不可归责于保管人的事由造成保管物毁损、灭失的，旅游经营者、旅游辅助服务者不负赔偿责任。《民法典》第八百九十七条规定，无偿保管人证明自己没有故意或者重大过失的，不承担赔偿责任。实践中，旅游经营者或者旅游辅助服务者为旅游者代管行李物品通常都是无偿的，因此，只要证明自己没有故意或者重大过失是可以主张免责的（表 10）。

表 10　意外事件免责事由对照

2010 年司法解释第二十二条	2010 年司法解释第十九条	《民法典》第一百八十条
旅游经营者或者旅游辅助服务者为旅游者代管的行李物品损毁、灭失，旅游者请求赔偿损失的，人民法院应予支持，但下列情形除外： （一）损失是由于旅游者未听从旅游经营者或者旅游辅助服务者的事先声明或者提示，未将现金、有价证券、贵重物品由其随身携带而造成的； （二）损失是由于不可抗力、意外事件造成的； （三）损失是由于旅游者的过错造成的； （四）损失是由于物品的自然属性造成的。	旅游经营者或者旅游辅助服务者为旅游者代管的行李物品损毁、灭失，旅游者请求赔偿损失的，人民法院应予支持，但下列情形除外： （一）损失是由于旅游者未听从旅游经营者或者旅游辅助服务者的事先声明或者提示，未将现金、有价证券、贵重物品由其随身携带而造成的； （二）损失是由于不可抗力造成的； （三）损失是由于旅游者的过错造成的； （四）损失是由于物品的自然属性造成的。	因不可抗力不能履行民事义务的，不承担民事责任。法律另有规定的，依照其规定。 不可抗力是不能预见、不能避免且不能克服的客观情况。

（五）自行安排的旅游活动“自甘风险”规则

《民法典》第一千一百七十六条首次建立了我国的自甘风险制度。适用自甘风险规则应当满足三个要件：一是明知风险且自愿参加，二是参加的是具有一定风险的文体活动，三是造成损害的其他参加者没有故意或重大过失。具备上述三个要件，就可能产生减轻或免除加害人赔偿责任的法律后果，这就是自甘风险制度的基本要义。虽然自甘风险规定中并未出现“旅游”的表述，但因旅游活动具有要素多、链条长的特点，包括攀岩、漂流、竞技、射击等演艺体育活动都是旅游产品的基础项目，因此旅游活动也可以适用自甘风险的规定。需要注意的是，2010 年司法解释第二十五条第二款规定旅游者自行安排的旅游活动受到侵害的，不能向旅游经营者、旅游辅助服务者请求承担责任，应当自担风险。但是有三种情形需要注意：一是损害是由于侵权行为造成的，旅游者有权向侵权人主张权利；二是损害是由第三人造成的，旅游者可以向第三人主张权利；三是虽然损害不是由旅游经营者、旅游辅助服务者造成的，但是有证据证明其未尽到安全保障义务的，旅游者可以向其主张承担补充责任（表 11）。

表 11　旅游自甘风险对照

2010 年司法解释第二十五条第二款	2010 年司法解释第七条	《民法典》第一千一百七十六条	《民法典》第一千一百九十八条
旅游者在自行安排的旅游活动中合法权益受到侵害，请求旅游经营者、旅游辅助服务者承担责任的，人民法院不予支持。	旅游经营者、旅游辅助服务者未尽到安全保障义务，造成旅游者人身损害、财产损失，旅游者请求旅游经营者、旅游辅助服务者承担责任的，人民法院应予支持。 因第三人的行为造成旅游者人身损害、财产损失，由第三人承担责任；旅游经营者、旅游辅助服务者未尽安全保障义务，旅游者请求其承担相应补充责任的，人民法院应予支持。	自愿参加具有一定风险的文体活动，因其他参加者的行为受到损害的，受害人不得请求其他参加者承担侵权责任；但是，其他参加者对损害的发生有故意或者重大过失的除外。 活动组织者的责任适用本法第一千一百九十八条至第一千二百零一条的规定。	宾馆、商场、银行、车站、机场、体育场馆、娱乐场所等经营场所、公共场所的经营者、管理者或者群众性活动的组织者，未尽到安全保障义务，造成他人损害的，应当承担侵权责任。因第三人的行为造成他人损害的，由第三人承担侵权责任；经营者、管理者或者组织者未尽到安全保障义务的，承担相应的补充责任。经营者、管理者或者组织者承担补充责任后，可以向第三人追偿。

基于信息生态视角的在线旅游信息分享特征研究
——以新浪微博话题“拙政园”为例

廉同辉，李　芹

（南京财经大学，江苏 南京 210023）

摘　要：信息分享特征的认识对在线平台和旅游机构有重要意义，社会化媒体环境下旅游信息分享成为当前旅游研究的重要方面。本文基于信息生态系统，构建社会化媒体旅游信息分享体系，以微博热点话题“拙政园”为研究对象，对社会化媒体环境下旅游信息分享特征进行实证研究。研究结果表明，信息人的地域分布和年龄分布与拙政园的游客来源分布基本一致，用户的关注数和粉丝数均符合幂律分布；信息内容中图片信息较一般的信息而言所占比例更大，传达出更多的视觉感受；信息环境中点赞数、评论数和转发数均符合幂指数分布；信息技术方面，移动互联网的发展促进了信息分享方式的变革。本研究对旅游信息的分享与传播具有一定的补充意义。

关键词：信息生态理论；新浪微博；信息分享；旅游

一、引言

互联网的发展改变了旅游信息的传播方式和游客的信息分享方式，网络已经成为游客获取和分享旅游信息最重要的渠道。根据中国互联网络中心的第47次中国互联网络发展状况统计报告显示：截至2020年12月，我国网民规模达9.89亿，占国民整体的70.4%[1]。CHEN等将人在社交网站上的行为分为主动行为和潜伏行为，主动行为是指内容创造、内容传播、关系构建和关系维护，潜伏行为是指被动浏览社交网络内容[2]。狭义的信息分享行为是用户分享、转发他人（或公众号）的视频、链接等不同形式的内容[3]，广义的信息分享行为是信息的获取与分享。信息分享行为是个人将获取的信息分享给其他人，所以信息的获取与分享两者是结合在一起的行为[4]。信息的搜集与分享经常是交错进行且互相影响的，在搜集信息的同时也进行了分享的行为，信息分享并非只是单纯的分享而已，信息分享的同时，往往都伴随着其他行为的发生。本文的研究以广义的信息分享概念为基础，认为旅游信息分享既包括旅游信息的发布，也包括旅游信息的点赞、转发和评论等行为。

微博作为新型的社会化媒体以傲然的姿态出现在大众面前，强势占有市场，成为中

［基金项目］国家社科基金项目“在线用户旅游信息分享行为及协同监管研究”（项目编号：20BGL162）。

［作者简介］廉同辉（1983—），安徽颍上人，博士，副教授，硕导，研究方向为旅游电子商务，E-mail：liantonghui@163.com；李芹（1997—），女，江苏东海人，硕士研究生，研究方向为旅游电子商务。

国最具争议与话题度的网络平台。随着微博使用人数的不断增加，各色各样的信息涌入微博，人们可以在微博上抒发自己的情绪，输出知识、新闻等内容。旅游微博现如今已经成为我国旅游行业当中的一个缩影。旅游者发布的旅游微博、旅游攻略和微博签到等数据信息，是研究旅游时空分布特征[5-6]、旅游者情绪感知[7]、目的地网络形象[8]和进行旅游营销[9]的重要参考。在旅游信息分享领域，微博用户可以分为旅游官博和个人微博。旅游官博建立了线上媒体与线下景区之间的联系，保证了信息传递的时效性、交互性和高质量。赵晓罡基于国内 5A 级景区的官方微博数据[10]，构建了影响力综合评价指标体系，对国内的景区官方微博影响力进行评价。以全国 19 个省份的旅游官博为研究对象，采用多分 Logistic 回归方法对用户的转发行为进行分析，唐佳发现了微博活动信息、粉丝数和图片是三个影响力最强的因素[11]。个人分享旅游信息多为原创信息，自由、年轻化是微博信息分享的特点，用户之间的交互为微博营造了一个良好的社交氛围，有助于信息的创造、传播与接收。由于数据获取和处理的复杂度，目前有关个人微博旅游信息分享的研究比较匮乏。

旅游业是信息密集型产业，旅游业的发展离不开旅游信息资源的支持[12]。根据《中华人民共和国国民经济和社会发展第十四个五年规划和 2035 年远景目标纲要》，加快数字化发展，协同推进产业数字化和数字产业化，营造良好的数字生态，建设数字中国。产业数字化是指以数据为中心，以科技平台为支撑，进行品牌价值赋能和生态融合共生。信息网络是产业数字化的纽带，信息资源是关键生产要素，信息平台则是产业的生态载体。因此，将信息生态理论应用于旅游信息分享的研究是十分必要的。当前学者有关旅游信息分享的研究集中在旅游信息分享的影响因素研究[13]、旅游信息分享的动机领域[14]，数据多为问卷调查获得的小数据，缺乏大数据对旅游信息分享特征的研究。本文通过 Python 获取大样本的微博数据，在研究用户的旅游信息分享特征时引入信息生态理论，将研究内容细分为信息人、信息活动、信息技术和信息技术四个方面，探讨旅游信息分享的特征。

二、相关研究

（一）信息分享行为特征

目前已经有学者对用户的信息分享行为进行研究，包括信息分享行为动机研究、信息分享行为影响因素研究和信息分享行为特征研究。（1）信息分享行为动机的研究。例如，Boyd 等分析 Twitter 中各种信息转发行为的不同形式，探讨了微博用户对信息转发行为的多种可能性动机[15]；Yuan 等以一个在线旅游社区的航空旅行者为研究对象，构建结构方程模型探讨信息共享行为的驱动因素[16]。（2）信息分享行为影响因素的研究。例如，万晓榆通过数据挖掘技术基于微博数个话题的文本研究不同情绪类型对用户分享意愿的影响[17]；王晰巍引入信息生态理论对微信用户信息共享行为的影响因素进行分析[18]。（3）信息分享行为特征研究。例如，Yang 等则通过对 Twitter 微博的实证研究，从时间距离、用户属性以及博文特征等方面归纳出信息转发行为的 22 个特征，人们可根据这些特征变量对用户信息转发行为的演化进行预测[19]；Kwon 等通过对微博数据的收集和处理，对信息转发行为的特征及影响机制进行了实证研究，构建了微博用户信息转发行为理论模型，用于对用户转发行为进行预测和分析[20]。

信息分享作为信息传播中的一部分，可以从整个传播链来探讨信息分享特征。用户、话题内容和用户间的关系构成了信息传播的三大影响因素[21]。在有关用户的研究中，盛东方等以新浪微博为研究案例，对社会化分享用户及其行为特征进行识别，研究发现尽管粉丝数、关注数分别与社会化分享量之间存在一定的相关关系，但相关性都极弱，甚至在粉丝数、关注数排名较高的用户中，这两项指标与社会化分享量不存在相关性[22]；Zhou 等基于用户的社交关系和影响行为做了用户角色识别[23]，构建动态用户网络模型，可以识别出四种特殊的用户角色以协调用户间的信息传递和信息共享。相比于传统信息传播方式，社会化信息传播弱化了话题内容的主体地位，形成了用户间的扁平化人际关系结构[24]。用户与信息的关系在很大程度上受到了用户与用户之间关系的影响。因此平亮等依靠复杂网络和社会网络理论，通过新浪微博中的相关数据，以用户间的“关注”与“被关注”作为研究重点，从中心性、度、节点等网络属性特征角度构建了微博信息网络传播模型[25]。Shi 等基于可能性模型（ELM）研究了个人传播行为的决定因素[26]，发现话题相关性和个人的社会网络关系对个人转发行为影响最大。

信息技术的发展促进了信息分享行为特征的研究，以推特、微博为代表性的社会化媒体的出现改变了信息传播的方式和特征。随着微博在国内的兴起，国内学者逐渐投身于微博信息研究：如微博信息传播研究、微博文本语义研究、微博数据挖掘研究等。相较之下，很少有文章聚焦于旅游信息分享行为特征的研究。

（二）信息生态理论及其在信息分享中的应用

信息生态最早出现在 1978 年由 Horton 发表的文章中[27]，后来 Bonnie Nardi 和 Vicki O’Day 将信息生态学定义为特定环境中的人、实践、价值观和技术系统[28]，认为在信息生态学中，焦点不是技术，而是技术所为的人类活动。之后的学者在对信息生态系统的要素研究中也都不约而同地将人的信息活动放在核心的位置[29]。在对信息生态系统的组成要素的识别方面，形成了三大主要观点：一是“两要素”论，如娄策群认为信息生态系统就是信息人之间、信息人与信息环境之间的交互形成的有机整体[30]；二是“三要素”论，如魏辅铁进一步的归结出信息生态系统的三个核心要素是，即信息活动、信息和信息环境[31]；三是王晰巍提出的“四要素”论，认为信息生态系统是由信息、信息人、信息技术和信息环境四个因子组成[32]。本篇研究就是以王晰巍提出的信息生态系统为理论基础的。

随着互联网络的发展，运用信息生态理论进行信息方面的研究范围逐渐扩大。Petrovar 认为数字环境使人们大脑接受和处理信息的方式以及情感发生改变[33]，提出了信息生态学理论下人与数字环境和谐共存的理念。杨小溪基于信息生态理论构建了网络舆情预警指标体系，将信息人、信息环境和信息活动分别对应为信息生态位宽度、信息繁衍状态和信息间竞合关系[34]。蒋知义基于技术接受模型和UTAUT模型，将交互氛围、信息有用性和信息易用性、自我效能、技术安全性和技术促进性分别映射于信息生态理论中的信息环境、信息、信息人和信息技术，从四个角度探讨影响在线健康社区用户共享行为的主要因素[35]。谢镕键基于信息生态学的信息人、信息种群和信息群落的层级结构构建了旅游业各个主体之间协同信息服务模式[36]。蓝娅萍根据信息生态系统的"信息人、信息、信息技术和信息环境"四个评判标准对用户进行画像分析[37]，将用户状态分为进入期、成长期、成熟期和衰退期四个阶段，对用户的群体分布态势和未来的行为发展趋势进行预测。

综上所述，国内外学者对于信息生态理论的研究既存在争议也有共通性。近几年基于信息生态视角进行的信息研究逐渐深入各个领域，但尚未运用到旅游信息领域。本文在前人研究的基础上做出进一步探讨，研究旅游信息分享的信息生态行为特征。

三、数据分析

（一）数据来源

新浪微博是新浪在 2009 年推出的一款社交媒体平台，它允许用户自由发布文字、图片、音频、视频等信息，其他用户可以进行浏览、点赞、转发和评论等行为，目前新浪微博是我国用户数量最多的社交类微博[38]。

拙政园作为中国四大名园之一，被列为首批全国重点文物保护单位，入选《世界遗产名录》。作为具有代表性意义的景观类旅游目的地，拙政园一度成为苏州最负盛名的旅游景点。因此本文以新浪微博"拙政园"话题为例，采用 Python 爬取用户微博内容和用户数据。获取字段包括用户名、用户 ID、用户个人资料、微博内容、发布时间、点赞评论和转发数量等字段。获取时间为 2019 年 1 月 1 日—12 月 31 日，共获取数据 13592 条，将这些数据进行整理、清洗和去除缺失值后剩余有效数据 11377 条，如表 1 所示。将获得的数据用 Excel、SPSS 等软件进行分析，得到有关用户旅游信息分享特征。

表 1　拙政园话题数据整理

用户名	悠悠远远的鱼	张雅倩 Wendy	乔老爷玩转地球
微博内容	苏州攻略 Day1，平江路—观前街—苏州博物馆—山塘街（夜景）Day2，金鸡湖—诚品书店—圆融购物中心—苏州中心 Day3，拙政园—狮子林—留园 Day4，阳澄湖—奕欧来—华谊 Day5，本色美术馆—御窑金砖博物馆—苏州小外滩 # 苏州旅行攻略 # # 苏州旅游攻略 #@ 海盐焦糖 __	第一次来到苏州必须参观四大园林之首的拙政园风景不错呀［米奇比心］拙政园，位于江苏省苏州市始建于明正德初年，是江南古典园林的代表作品。# 旅游 ## 苏州园林 ## 带着宝宝去旅行 #	中国旅游姑苏拙政园，是几百多年来江南水乡古典园林的杰出的代表作品。曾几度分合，或为"私人"宅园，或做"金屋"藏娇，或是"王府"治所，留下了许多诱人探寻的遗迹和典故。via. 苏州园林 @ 苏州园林 # 带着微博去旅行 ## 十一出游好去处 # @ 微博旅游 @ 新浪旅游

续表

用户名	悠悠远远的鱼	张雅倩 Wendy	乔老爷玩转地球
发布时间	2019/03/07/23：11	2019/06/04/ 22：34	2019/09/24/07：41
来源	即刻笔记	iPhone 客户端	HUAWEI Mate 20 Pro
点赞数	137	245	82
评论数	36	62	68
转发数	95	53	79
关注数	1071	328	2061
粉丝数	511090	1170349	1009562

（二）数据结果

1. 信息人特征

用户地区分布和用户地域随时间序列变化曲线分别如图 1 和图 2 所示。

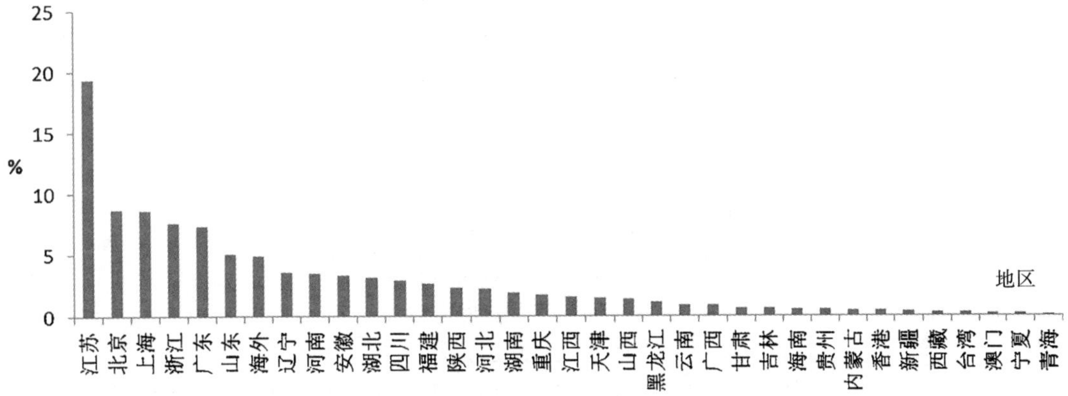

图 1　用户地区分布

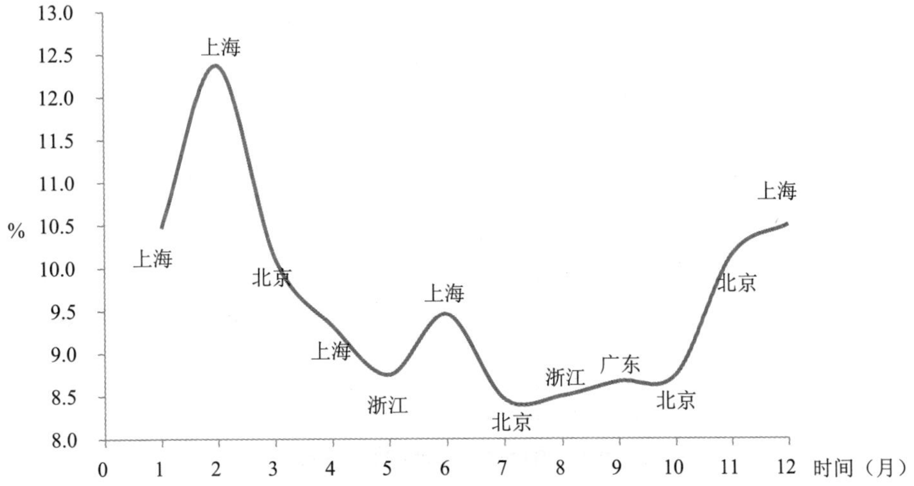

图 2　用户地域随时间序列变化曲线（江苏除外）

拙政园位于江苏省苏州市，其主要客源地有北京、上海和广州这样的一线城市，也有江苏、浙江、山东这样的周边省份。图 1 是用户的地区分布图，拙政园最大客源地仍是江苏，占比高达 19%，其他城市均低于 10%。在不考虑江苏用户的情况下调查用户的主要来源地，得到图 2 的用户地域随时间变化曲线，发现进行拙政园旅游信息分享的用户主要来源于上海和北京这两大城市。在研究城市旅游地网络结构特征时，徐敏根据 2010 年和 2016 年微博签到数据也发现北京和上海始终是第一等级城市[39]，是全国性中心城市；广东广州、浙江杭州、四川成都、重庆、江苏南京和苏州等属于第二等级城市。这些数据证明旅游活动与城市的发展水平、基础设施、旅游资源等条件密不可分。苏州拙政园既处于长三角经济带，又位于以上海为中心城市的旅游网络体系，其辐射范围可达东部和中部大部分省份。

用户性别和年龄随时间变化曲线如图 3 和图 4 所示：

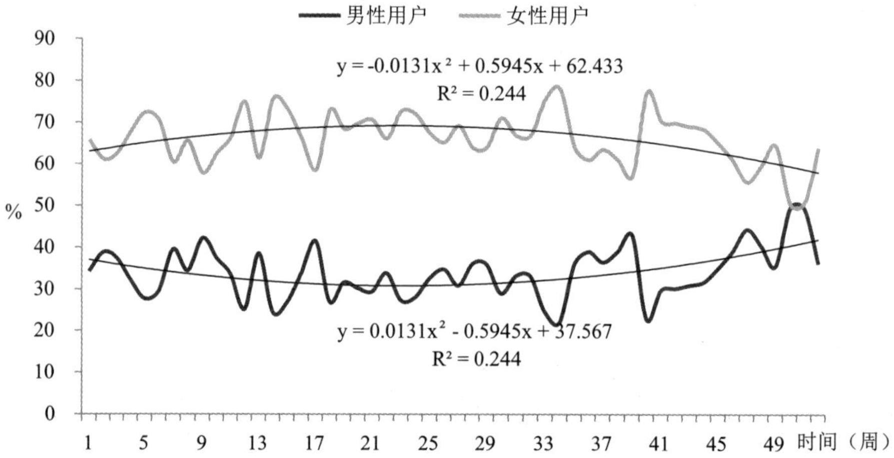

图 3　用户性别随时间变化曲线

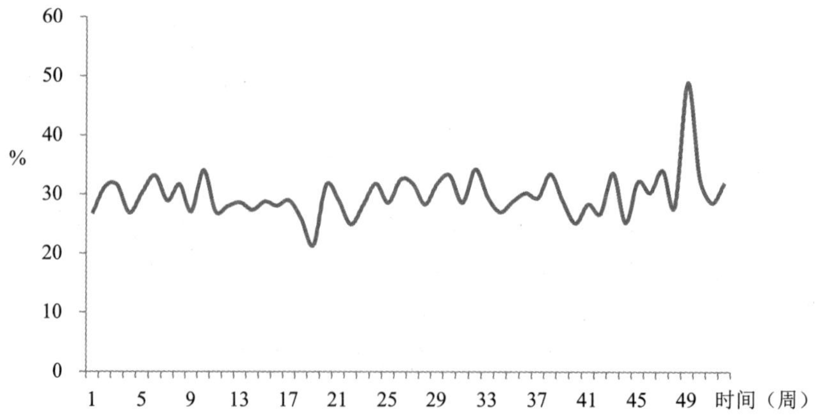

图 4　用户年龄随时间变化曲线

根据微博平台 API 途径可获得的用户相关信息有昵称、性别、年龄、地区、粉丝数、关注数和微博数量。用户的性别随时间的变化呈现出一个性别差异逐渐拓宽到差异逐渐减小的比较平缓的抛物线形。经过多项式拟合，用户的性别与时间的确有一个相关关系，但相关系数比较小，拟合程度也不高。

用户的平均年龄曲线呈现出波浪形，但始终围绕着 30 岁上下略微浮动，表明参观过拙政园并且在微博平台进行信息分享的用户的平均年龄为 30 岁左右，并且该平均年龄与时间无关。拙政园是中国四大园林之一，也是最有代表性的古典园林，是中国古典艺术爱好者和园艺爱好者的最佳观赏地。根据统计出的数据显示，在微博上面进行旅游信息分享的用户的平均出生年代是 20 世纪 80 年代，但是需要考虑到中老年人对于网络世界的距离远远大于青年人。参观过拙政园的一些中老年人并不会在微博这类年轻化的社交媒体上进行信息分享，而是更倾向于朋友圈等操作简单的社交平台。

用户平均粉丝数和平均关注数分布曲线如图 5 所示：

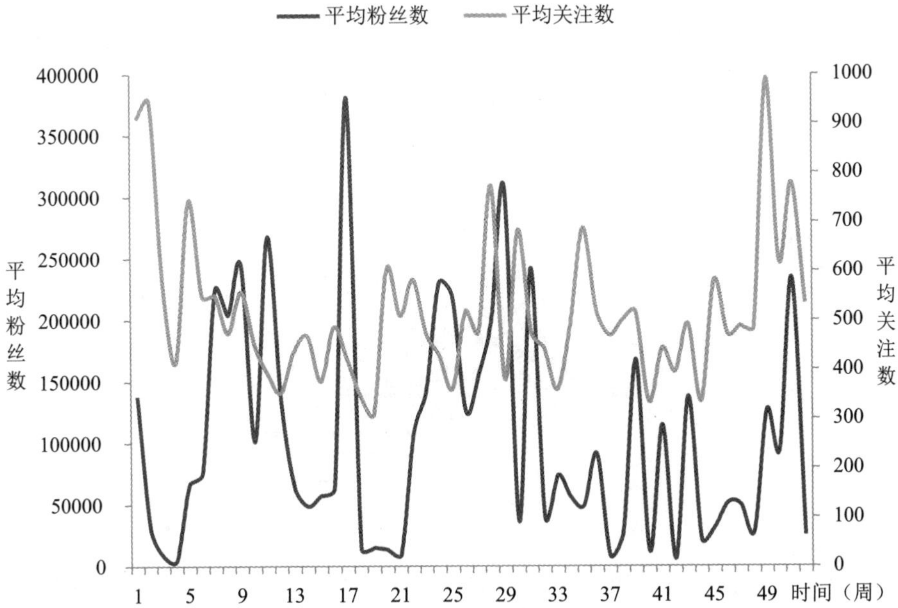

图 5 用户平均粉丝数和平均关注数变化曲线

从用户的平均粉丝数与平均关注数的变化曲线来看，进行信息分享的用户在上半年度平均粉丝数与平均关注数分布较为杂乱，彼此之间没有明显的相关关系，但在下半年度，用户的粉丝数和关注数随时间的变动逐渐趋于一致，有一定的弱相关关系。

用户粉丝数和关注数频率分布和累积分布如图 7 所示。

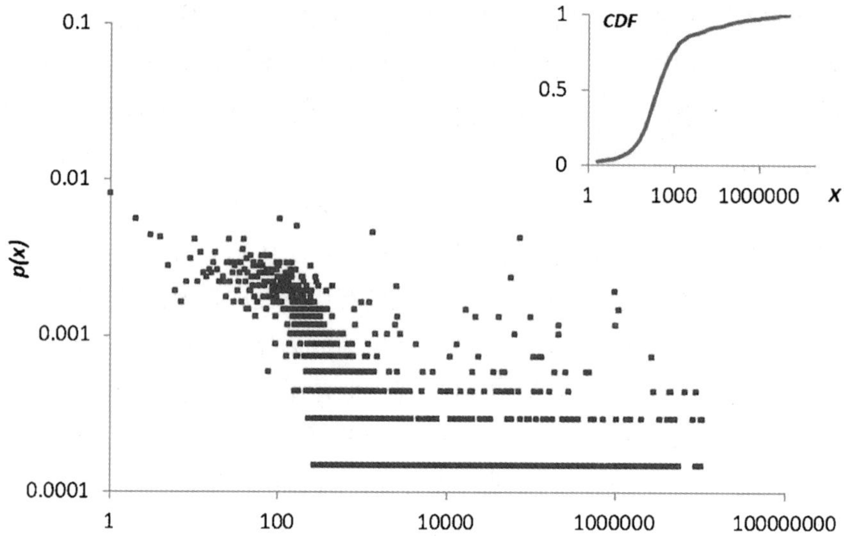

图 6　用户粉丝数分布

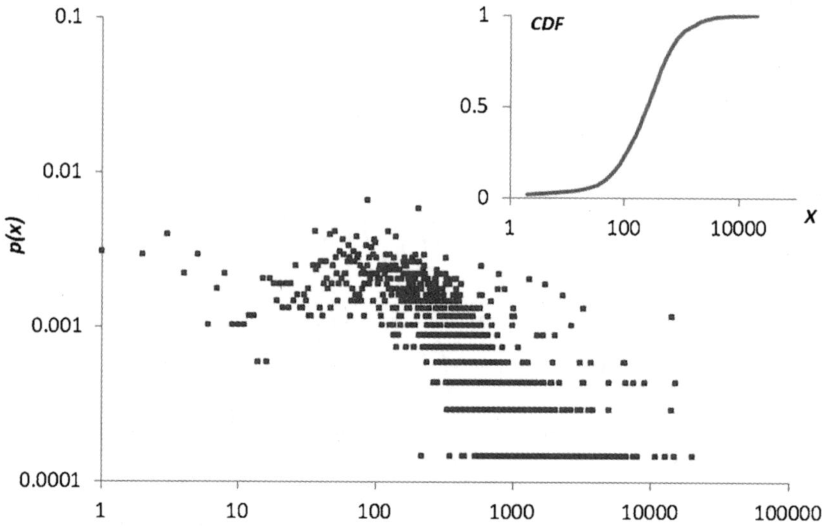

图 7　用户关注数分布

对用户粉丝数的频率分布，构建累积分布图。首先设 X 为用户的粉丝数，P（X ≥ x）为数据中出现次数不少于 x 的概率，然后对累积部分曲线取双对数后得到图 6。对关注数的频次取双对数后得到图 7。根据图中的结果，用户的粉丝数和关注数均符合幂律分布。幂律分布是唯一具有无标度性分布，是复杂网络的基本特性之一。BBS 网络、社交网络和博客网络的度都服从幂律分布[40]。Robin Dunbar 教授曾在 1929 年提出一项人际交往法则：150 法则[41]，即一个人的大脑提供的认知能力最多只允许和 150 个人建立稳固的人际关系，这种“小世界”特征使得用户在接受信息时出现“信息茧房”效应[42]。

微博“拙政园”话题下用户的关注数和粉丝数在0~150和150~1500这两段符合幂律分布，由此可见，社会化媒体下用户的关注数和粉丝数均符合150法则。

2. 信息特征

旅游微博中图片内容随时间变化曲线如图8所示。

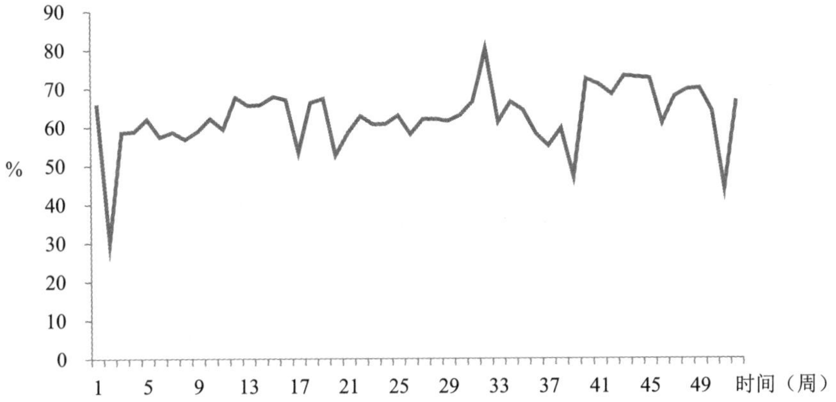

图8 图片内容随时间变化曲线

社会化媒体环境下，用户信息分享形式由传统的文字内容分享转变为以图片和视频为主的新媒体信息内容分享。图8统计了2019年这一年发表在微博拙政园旅游话题中的信息中图片的比例，结果显示图片占比在50%~70%浮动。赵丹在研究“埃博拉”舆情传播特征时发现，图片占比在疫情暴发时高达90%以上，而后随着舆情逐步减少到50%并趋于稳定[43]。旅游信息较一般舆论信息更注重视觉感受，图片能够直观地显现出目的地美丽的景观，因此相较于赵丹[43]有关埃博拉舆情中的图片占比，拙政园话题的图片比例更高。

3. 信息环境特征

3. 信息环境特征

用户旅游微博的转发数、评论数和点赞数曲线如图9、图10和图11所示。

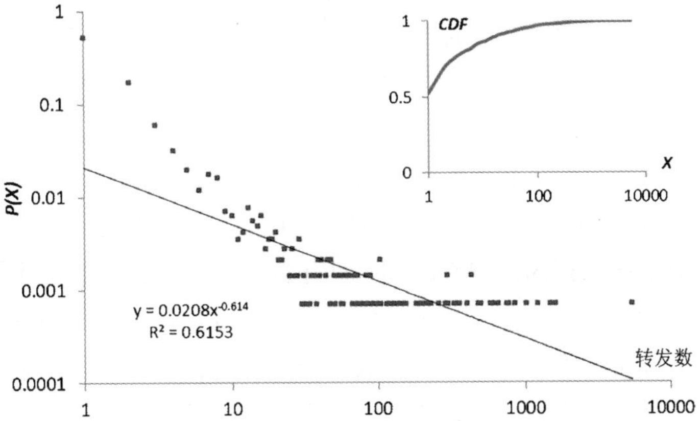

图9 转发数及行为曲线

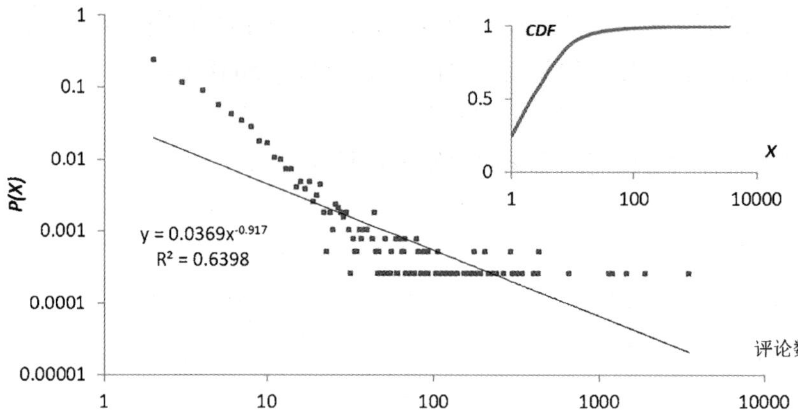

图 10　评论数及行为曲线

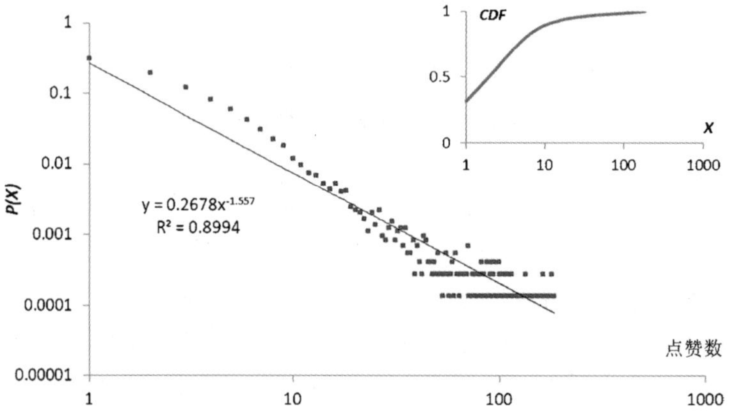

图 11　点赞数及行为曲线

点赞、评论和转发是社会化媒体最基本的功能，点赞表示浏览者对发布者所发布的内容表示欣赏或者赞同；评论表示该条微博信息引起了浏览者的兴趣或者探讨的欲望，情感相较于点赞更进一步；转发则表示用户愿意将这条微博引进自己的主页分享给自己的粉丝，让更多人看见，参与度愈加深入。因此点赞行为、评论行为和转发行为是一种递进式分享行为，用户的重视程度和参与程度层层深入。获取数据的双对数散点图表明用户的三种分享行为均符合幂律分布，其中点赞数的拟合程度最高。

信息环境特征量的幂律分布曲线均具有长尾特征。长尾是幂律特性的常见特征，经常出现在社交网络的相关研究中[44]。在复杂网络的研究中，幂律分布能够发现大部分用户的热点关注，但是在细致的用户兴趣和个性化推荐方面，长尾数据才是大家需要分析解决的问题[45]。根据拙政园话题获取的数据，用户的旅游信息分享特征量行为曲线头部明显，尾部稀疏，分布不均匀。头部为少数几个出现次数多的元素，是大部分用户的喜好；尾部是大量出现次数少的元素，是各个用户的个体偏好。也就是说，大部分发布在

“拙政园”旅游话题中的信息内容只能收到少数人的点赞、评论和转发行为，累积分布曲线 CDF 的纵截距也证明了这一点。王乐在研究社交网络中信息的传播时也发现：用户的兴趣是多维的[21]。兴趣的多维性导致用户参与不同的社会交互，形成不同的社会分享模式。而现阶段的旅游营销广泛集中于少数几个普遍而广泛的兴趣点，缺乏多角度兴趣点的开发。这种模式使得用户的参与度降低。Bekir 在研究游客信息共享与目的地参与时将客户生成内容分为“参与者共享”和“非参与者共享”，并指明“非参与者共享”是影响潜在游客参与的更重要因素，参与不仅能够带来潮流效应，还能带来诱捕效应[46]。因此从各个方面来说，增加用户的参与度从而激发潜在游客的兴趣是有意义的。

4. 信息技术特征

工具端汇总数前 20 位如表 2 所示。

表 2　工具端 TOP20 汇总

排名	客户端	占比（%）	工具端类型	排名	客户端	占比（%）	工具端类型
1	iPhone 客户端	42.42	移动工具端	11	华为系列手机	1.86	移动工具端
2	HUAWEI 系列手机	13.94	移动工具端	12	前置双摄 vivo X9s	1.57	移动工具端
3	荣耀系列手机	5.67	移动工具端	13	三星系列手机	1.54	移动工具端
4	小米系列手机	5.45	移动工具端	14	小米 8 周年旗舰手机	1.34	移动工具端
5	微博 weibo.com	4.60	传统工具端	15	iPhone X	1.33	移动工具端
6	OPPO 智能手机	4.46	移动工具端	16	前后 2000 万 OPPO R11	1.33	移动工具端
7	vivo 智能手机客户端	2.92	移动工具端	17	iPhone	1.25	移动工具端
8	皮皮时光机	2.44	传统工具端	18	新浪博客	1.15	传统工具端
9	Android 客户端	2.31	移动工具端	19	nova 系列手机	1.12	移动工具端
10	微博国际版	2.31	移动工具端	20	微博视频	1.01	移动工具端

从用户所使用的工具端来看，表 2 列出了 2019 年参与拙政园旅游话题信息分享的用户工具端前 20 位。在这前 20 名中，只有三名使用的是传统客户端，占比 8.19%，移动端占比 91.81%，表明移动端已经成为网民信息分享的主要手段。根据中国互联网络发展状况统计报告[1]，截至 2020 年年末，我国手机网民规模为 9.89 亿，是全体网民规模的 99.7%。而“拙政园”话题下旅游信息分享用户是平均年龄 30 岁的青年人，对手机的使用率更高。在移动端进行旅游信息搜寻的网民有 24.3% 的人会选择在微博进行旅行经历的分享[47]，也间接验证了高信息技术下旅游微博的流行性。

四、结果与讨论

（一）结论

本文在理论层面运用了信息生态理论将用户的信息分享行为特征分为信息人、信息内容、信息环境和信息技术四个层面。在实践层面通过 Python 采集了“拙政园”话题的

2019 年度相关微博及个人数据，从旅游话题出发讨论用户的旅游信息分享行为特征。研究结果表明，信息生态理论可以与信息行为特征很好地结合，为用户的信息分享行为特征提供清晰的逻辑关系。

本文得到以下结论：第一，信息人的地域分布和年龄分布与该景区的游客来源分布基本一致，用户的关注数和粉丝数均符合幂律分布。第二，在信息内容方面，图片信息较一般的信息而言所占比例更大，传达出更多的视觉感受。第三，信息环境中点赞数、评论数和转发数均符合幂指数分布，点赞数的拟合程度最高。第四，在信息技术方面，使用移动客户端分享信息的用户多达 90%，移动互联网的发展促进了信息分享方式的变革。总而言之，用户的旅游信息分享既符合一般信息人兴趣驱动的特点，又有旅游独特的“图文并茂”特征，突出信息分享注重真实视觉效果和情感感受。本文采用了统计分析技术与实证研究相结合的方法，讨论了社会化媒体环境下用户的旅游信息分享行为特征，显示了信息分享特征与信息传播的内在联系。在信息生态理论的指导下对用户的信息行为进行研究，丰富了信息分享行为研究的理论。

（二）讨论

信息人是信息生态理论中最具有主观能动性的因子，健康和谐的信息环境需要信息人的积极广泛参与。社会化媒体作为线上的虚拟社交网络，给用户提供了“伪装”自己的机会。在线信息网络的旅游信息分享行为并不限于游客身份，旅游目的地居民也可以参与其中。在旅游信息网络构建中，共享结构是面向目标的，当地人可以形成覆盖特定领域专业知识的旅行信息代理网络[48]，如酒店住宿、食物、价格、机场、活动和交通。这些旅游目的地居民可以作为旅行专家、旅游博主，以当地旅游大使的身份提供情报，使信息更加健全完整，涵盖各个旅游领域的信息。

信息是信息分享行为的主要内容，是信息传播的主体，而信息技术带来了产业领域的革新，改变了信息传播的方式。由于社交媒体上的在线社区开放了潜在游客之间以及他们与旅游组织之间的直接交流渠道，因此在线信息分享正在重新定义旅游市场[49]。在这种高效便捷的交流环境中，用户分享的信息和经验对于旅游产品的体验性和宣传性越来越重要，并且对潜在游客的决策产生影响。新型信息来源的真实性比传统信息如广告、宣传册等更加可靠。UGC 是由社交媒体用户创建的，营销人员无法在自己或其他独立的社交媒体网站上控制 UCG 的质量和数量[50]。因此旅游景区需要和社交媒体建立联系，加强合作，互惠互利。

参考文献

［1］CNNIC.第47次中国互联网络发展状况统计报告［R］. 北京：中国互联网络中心，2021.

［2］Chen A H，Lu Y B，Patrick Y K，et al. Classifying，measuring，and predicting users’ overall active behavior on social networking sites［J］. *Journal of Management Information Systems*，2015，31（3）：213–253.

［3］于玲玲，周密，赵西萍，等. 移动社交网络用户内容创造与分享行为研究——社会网络与自恋的交互作用［J］.情报学报，2016（9）：1000–1008.
［4］徐海波. 网络社区中信息分享行为研究［J］. 当代职业教育，2012（10）：59–62.
［5］蔡卫民，曾铭，李冬杰. 中国会展城市旅游微博时空分布特征及其影响因素［J］. 经济地理，2020，40（8）：185–193.
［6］陈曦，李啸虎，关靖云. 基于微博签到数据的天山天池景区游客流时空特征研究［J］. 地域研究与开发，2019，38（4）：85–91.
［7］李勇泉，李蕊，阮文奇. 大型节庆活动微博用户情感态势的时空规律——以故宫上元灯会为例［J］. 华侨大学学报（哲学社会科学版），2019（6）：27–38.
［8］刘梦晓，袁勤俭. 旅游目的地微博形象及其提升策略研究［J］. 现代情报，2017，37（1）：131–136.
［9］李红岩. 微博时代背景下旅游目的地整合营销策略探讨［J］. 商业经济研究，2015（23）：123–125.
［10］赵晓罡，王瑶，常亮. 基于改进熵值法的景区微博平台影响力评价研究——以全国5A 级景区为例［J］. 贵州社会科学，2019（2）：153–160.
［11］唐佳，李君轶. 基于多分Logistic回归的旅游局官博转发影响因素研究［J］. 旅游学刊，2015（1）：32–41.
［12］覃子珍，娄策群. 旅游网络信息生态链结构模型构建与分析［J］. 情报理论与实践，2017（7）：127–131.
［13］王文琛，张补宏. 旅游虚拟社区中用户倦怠与消极使用行为影响因素研究——以“马蜂窝”旅游网为例［J］. 地理与地理信息科学，2020，36（5）：86–94.
［14］任斐.“90后”大学生旅游信息网络分享行为研究——以武汉市在校大学生为例［J］. 湖北函授大学学报，2016，29（21）：22–23.
［15］Boyd D，Golder S，Lotan G. Tweet，tweet，retweet：Conversational aspects of retweeting on twitter［C］. *43rd Hawaii International Conference on System Sciences (HICSS). IEEE,* 2010：1–10.
［16］Yuan D H，Lin Z B，Zhuo R. What drives consumer knowledge sharing in online travel communities? Personal attributes or e–service factors? ［J］. *Computers in Human Behavior*，2016，63（10）：68–74.
［17］万晓榆，杨腾，袁野，等. 微博信息情绪类型对用户分享意愿的影响研究［J］. 情报科学，2019（8）：97–107.
［18］王晰巍，曹茹烨，杨梦晴，等. 微信用户信息共享行为影响因素模型及实证研究——基于信息生态视角的分析［J］. 图书情报工作，2016（15）：6–13.
［19］Yang J，Counts S. Predicting the speed，scale，and range of information diffusion in twitter［C］. *Proceedings of the International AAAI Conference on Web and Social Media.* 2010，4（1）.
［20］Kwon S，Cha M，Jung K，et al. Aspects of rumor spreading on a microblog network［M］. *Cham: Springer International Publishing*，2013.
［21］王乐，王勇，王东安，等. 社交网络中信息传播预测的研究综述［J］. 信息网络安全，2015（5）：47–55.

[22] 盛东方，剧小红. 基于社会化分享模式的信息共享用户与其行为特征识别——以新浪微博为例[J]. 情报科学，2018，36（8）：67–71.

[23] Zhou X K，Wu B，Jin Q. User role identification based on social behavior and networking analysis for information dissemination [J]. *Future Generation Computer Systems*，2019，96：639–648.

[24] 易成岐，鲍媛媛，薛一波，等. 新浪微博的大规模信息传播规律研究[J]. 计算机科学与探索，2013，7（6）：551–561.

[25] 平亮，宗利永. 基于社会网络中心性分析的微博信息传播研究——以Sina微博为例[J]. 图书情报知识，2010（6）：92–97.

[26] Shi J，Hu P，Lai K K，et al. Determinants of users' information dissemination behavior on social networking sites：An elaboration likelihood model perspective [J]. *Internet Research*，2018，28（2）：393–418.

[27] Horton F W. Information ecology [J]. *Journal of systems management*，1978，29（9）：32–36.

[28] Nardi B A，O'Day V，O'Day V L. Information Ecologies：Using technology with heart [M]. *Ambridge: MIT Press*，1999.

[29] 张新明，王振，张红岩. 以人为本的信息生态系统构建研究[J]. 情报理论与实践，2007（4）：531–533.

[30] 娄策群，周承聪. 信息生态链：概念、本质和类型[J]. 图书情报工作，2007（9）：29–32.

[31] 魏辅轶，周秀会. 信息生态系统构建核心问题研究[J]. 图书馆工作与研究，2010（7）：6–8.

[32] 王晰巍，刘铎. 企业信息生态系统的要素及评价指标构建研究[J]. 图书情报工作，2010，54（16）：22–25.

[33] Petrova E V. Information Ecology as a "Survival Strategy" of a Person in the Digital Environment [J]. *Voprosy Filosofii*，2020（10）：89–98.

[34] 杨小溪，郑珊珊，等. 基于信息生态理论的网络舆情预警评价指标体系研究[J]. 情报理论与实践，2021，44（3）：143–148.

[35] 蒋知义，曹丹，谢伟亚. 信息生态视角下在线健康社区用户信息共享行为影响因素研究[J]. 图书馆学研究，2020（21）：32–44.

[36] 谢镕键，何绍华. 旅游网络信息生态系统中的协同信息服务[J]. 现代情报，2016（11）：71–75.

[37] 蓝娅萍. 信息生态理论视角下移动社交媒体使用行为生命周期画像研究[J]. 情报探索，2019（12）：15–21.

[38] 罗斌，陈翔. 幂律特性在新浪微博个性化推荐中的应用研究[J]. 计算机工程与科学，2018（4）：731–739.

[39] 徐敏，黄震方，曹芳东，等. 基于大数据分析的城市旅游地网络结构特征及其演化模式——以新浪微博签到数据为例[J]. 地理研究，2019，38（4）：937–949.

[40] 熊熙，曹伟，周欣，等. 社交网络形成和演化的特征模型研究[J]. 四川大学学报（工程科学版），2012，44（4）：140–144.

[41] Dunbar R I M. Neocortex size as a constraint on group size in primates [J]. *Journal of Human Evolution*，1992，22（6）：469–493.

[42] 段荟，袁勇志，张海. 大数据环境下网络用户信息茧房形成机制的实证研究［J］. 情报杂志，2020，39（11）：158–164.

[43] 赵丹，王晰巍，李师萌，等. 新媒体环境下的网络舆情特征量及行为规律研究——基于信息生态理论［J］. 情报学报，2017，36（12）：1224–1232.

[44] Fu F，Chen X J，Liu L H，et al. Social dilemmas in an online social network：the structure and evolution of cooperation［J］. *Physics Letters A*，2007，37（1）：58–64.

[45] 冼伟成，刘伟，刘宏韬，等. 面向对象软件度量因子的幂律分布研究［J］. 计算机应用与软件，2018，35（1）：9–14，141.

[46] Dedeoğlu B B，Okumus F，Yi X，et al. Do tourists' personality traits moderate the relationship between social media content sharing and destination involvement?［J］. *Journal of Travel & Tourism Marketing*，2019，36（5）：612–626.

[47] CNNIC. 2014 年中国在线旅行预订市场研究报告［R］. 北京：中国互联网络中心，2015.

[48] Edwards D，Cheng M，Wong I A，et al. Ambassadors of knowledge sharing［J］. *International Journal of Contemporary Hospitality Management*，2017，29（2）：690–708.

[49] Wang Y，Yu Q，Fesenmaier D R. Defining the virtual tourism community：Implications for tourism marketing［J］. *Tourism Management*，2002，23（4）：407–417.

[50] Kang M.，Schuett M A. Determinants of sharing travel experiences in social media［J］. *Journal of Travel & Tourism Marketing*，2013，30（1–2）：93–107.

新发展格局下老年旅游高质量发展研究

侯平平

（中国旅游研究院，北京 100005）

摘　要：在双循环发展格局下，通过多途径推动老年旅游高质量发展，对推动旅游供给侧改革，释放我国老年人的旅游消费需求，深度开发老年旅游市场，进而促进我国旅游经济的发展具有重要作用。本研究在对老年旅游市场开发研究的基础上，分析了老年群体出游面临的人际制约、健康制约、外在资源制约、旅游产品和服务供给制约，并从供给侧、需求侧和政府侧三个层面出发，提出推动老年旅游高质量发展的不同路径。老年旅游高质量发展，不仅可以充实老年人的精神生活，提升老年人的生活品质、生活幸福感，实现成功老龄化，还能发挥“银发经济”对旅游经济增长的正面影响，从而促进整个国民经济的良好发展。

关键词：新发展格局；老年旅游；高质量发展；路径研究

在新的发展阶段，我国正在推动以高质量发展为主题，着力构建以国内大循环为主体、国内国际双循环相互促进的新发展格局（习近平总书记在全国政协十三届三次会议经济界委员联组会上的讲话，2020）。在此背景下，通过促进旅游消费扩大内需市场，畅通国内旅游市场大循环，推动国内国际市场相互促进，实现旅游业高质量发展，更好地满足人民日益增长的美好生活需要，是当前旅游业面临的重要任务。同时，新发展格局下，我国也将长期处于老龄化社会，老年群体将成为旅游市场的重要组成部分。因此，在新发展格局背景下，推动老年旅游高质量发展，为老年人提供优质旅游产品和服务，不仅能提高其获得感和幸福感，实现积极老龄化；还能有效拉动旅游内需，促进消费市场的振兴。

一、老年旅游市场快速发展

我国老龄化趋势的加剧，使得老年群体成为旅游市场新的增长极，受到多层面关注。庞大的老年群体为老年旅游市场的发展奠定了客源基础。老年人购买力的增强，使得老年旅游成为拉动旅游经济增长的重要力量。旅游企业和部分地区的产品和产业布局，丰富了老年旅游产品体系，从供给方为老年旅游者提供了更多的消费选择。多个政策和标准的出台，有利于老年旅游市场的稳步发展。

［作者简介］侯平平（1989—），女，安徽阜阳人，管理学博士，中国旅游研究院博士后，研究方向为老年旅游、旅游企业管理、康养旅游，E-mail：742373530@qq.com。

（一）老年人是重要的旅游市场群体

根据国家统计局公布的数据，截至2019年年末，我国60周岁及以上人口达到25388万人，占总人口的18.1%；其中65周岁及以上人口17603万人，占总人口的12.6%。中国老龄化全国委员会（CNCA）预测，到2050年，老年人口将达到4.87亿的峰值，占总人口的35%。依照联合国的相关标准，一个国家或地区60岁以上老年人口占人口总数的10%，即意味着该国家或地区的人口处于老龄化社会中[1]。由此可知，我国已经处于老龄化社会，且随着老龄化程度在不断加剧，将成为世界老龄化最严重的国家之一。老年人口的增多带来旅游消费需求的转变，进而也会对旅游业的产品和服务提供产生影响。尤其是在未来的二十年到三十年间，我国将由快速老龄化向加速老龄化转变，老年人势必成为重要的旅游消费群体，占据较多的市场份额。同时，学者也指出在整个旅游市场群体中，老年旅游市场群体一直呈上升趋势[2]。因此，老年人作为旅游消费的重要人群，是旅游市场的重要组成部分；老年人口的不断增多，社会福利的完善，使得该群体有着旺盛的旅游需求和巨大的旅游市场增长潜力，并将成为未来旅游业的潜在增长极和重点开发市场。

（二）旅游企业大力开发老年旅游市场

在行业层面，相关旅游企业已经认识到老年群体作为一个旅游细分市场的重要性[3]，携程旅游、同程旅游、途牛旅游等在线旅行服务企业，以及凯撒旅游、国旅总社等旅行社也开始布局老年旅游市场。自2016年以来，同程旅游成立了“百旅会”，其联合全国优质旅游供应商和合作伙伴，从品牌、服务和口碑三个方面，为中老年人打造高标准、高性价比和高品质的旅游产品。2016年3月，途牛旅游网推出“乐开花爸妈游”系列产品，打造出涵盖爸妈度假游、爸妈疗养游和爸妈周末游的全系列老年旅游产品线。2018年5月，携程发布了适应老龄化社会的老年旅游创新产品，以及33项新的老年旅游服务标准，这也是市场中首家推出老年旅游服务标准的旅游企业。

一些线下旅行社也开始关注老年旅游市场。如中旅总社针对老年旅游者，已经开始进行产品形态转型，推出的多个主题游线路收到老年市场非常好的反馈，如额济纳胡杨林专列、油菜花专列等主题游产品；在对老年人的宣传方式上采取传统纸媒和微信广告营销相结合的模式，既符合很多老年人通过看报接收信息的习惯，也满足了另外一些老年微信用户的信息阅读习惯。凯撒旅游针对老年旅游进行了一系列的创新、改造，一方面，联合社区开了很多门店，从零售端近距离接触到老年人，为其提供多样服务，另一方面，提供“凯撒到家”服务，只需一个电话，旅游顾问就能到顾客家里提供咨询服务。

（三）地方政府发力布局老年旅游市场

除了相关旅游企业和行业关注到老年旅游市场，一些地方政府也看到老年旅游市场巨大的发展潜力，也相继开始发力布局老年旅游市场，以“银发经济”作为新的增长点来促进经济的发展。如北京将全方位发展老年旅游产业，山东提出要成为世界老年旅游的交流平台，山西提出要积极发展老年旅游。北京针对老年旅游出台了具体的政策：一是 2017 年 6 月专门发布了《老年旅游奖励资金管理办法》，鼓励旅游企业组织在京老年人赴京郊旅游，并按照组织人次的多少，给予企业 5 万 ~15 万元不等的奖励，引导支持旅游企业加大老年旅游投入力度；二是针对老年旅游服务接待不完善、不专业的问题，正式颁布《老年旅游接待基地服务规范》，包括自然生态环境、服务项目安排、服务设施、旅游产品等内容，通过服务标准的制定来规范提升北京市老年旅游接待基地的产品和服务质量，打造高质量、适合老年人身心需求的接待服务基地，让老年人玩的安全舒适便捷；三是全力支持老龄产业协会成立旅游专业委员会，不断加强老年旅游工作的组织领导，搭建政府与协会、市场协调共促的创新发展平台。

（四）政策红利促进老年旅游市场发展

政策催化是推动老年旅游市场发展的重要因素之一。近年来，与老年旅游相关的政策陆续发布，不仅给行业带来了政策上的红利，也给各参与方提出了明确的要求和标准，让老年旅游市场的发展有法可依，有利于促进老年旅游市场高速运行，表 1 展示了近年来在国家层面上关于促进老年旅游发展的相关政策。如国务院颁布的《关于进一步促进旅游投资和消费的若干意见》和《“十三五”旅游业发展规划》、原国家旅游局发布的《“十三五”全国旅游公共服务规划》等，这些政策都专门提出要开发老年旅游市场、为老年人提供其所需要的旅游产品和服务。其中，尤以 2016 年 9 月正式实施的《旅行社老年旅游服务规范》最具旅游行业特色，是在国家层面首次制定的老年旅游行业标准，对规范老年旅游市场秩序和旅行社的经营行为起到重要引导作用，推动老年旅游市场走上正轨快速发展。2020 年 12 月，文化和旅游部办公厅、国家文物局办公室联合发布《关于切实解决老年人运用智能技术困难的实施方案》，该《方案》提出公共文化机构、文化和旅游类企业要提供更多适老化智能产品和服务，推动老年人享受智能化服务更加普遍，传统服务方式更加完善。推动老年人在文化和旅游、文物领域享受智能化服务水平显著提升、便捷性不断提高，线上线下服务更加高效协同。

表 1　促进老年旅游快速发展的相关政策

发布时间	发布部门	文件名称
2012.12	全国人大	《老年人权益保障法》
2013.2	国务院办公厅	《国民旅游休闲纲要》
2013.9	国务院	《关于加快发展养老服务业的若干意见》
2014.8	国务院	《关于促进旅游业改革发展的若干意见》
2015.8	国务院	《关于进一步促进旅游投资和消费的若干意见》
2016.5	发改委	《关于促进消费带动转型升级的行动方案》
2016.9	原国家旅游局	《旅行社老年旅游服务规范》
2016.12	国务院	《“十三五”旅游业发展规划》
2017.3	原国家旅游局	《“十三五”全国旅游公共服务规划》

续表

发布时间	发布部门	文件名称
2017.12	国家标准委	《老年旅游服务规范景区》
2020.12	文化和旅游部办公厅、国家文物局办公室	《关于切实解决老年人运用智能技术困难的实施方案》

资料来源：本研究整理。

二、老年群体出游面临诸多制约

但在看到老年旅游市场发展前景广阔的同时，老年群体外出旅游还面临诸多制约因素。主要分为两个方面：一是老年人自身的因素，如视力下降、腿脚不灵活、心理不适应、旅游安全等；二是旅游企业的因素，如旅游产品单一、服务不足，与老年旅游需求的个性化、多样化不匹配等。

（一）人际制约

对于老年旅游者来说，配偶不喜欢旅游、缺少旅游伙伴或伴侣也是重要的旅游制约因素[4]。刘力（2016）通过问卷调查对安徽省 6 个城市的老年人旅游制约进行研究，结果发现，老年人旅游制约主要包括缺少同伴、负面认知、费用制约、时间制约和家庭责任 5 个方面[5]。Lee 和 Tideswell（2005）的研究表明，老年人的旅游制约主要包括其他人的负面影响（例如，"其他人告诉我，我太老了不能旅行"或"我的配偶不喜欢旅行"），以及老年人内心制约，即对外出旅游感到内疚；而在身体上、财务上和实际行动方面，很少有真正的制约因素去阻止他们旅游，他们自己的信念和其他人的意见看法是制约他们外出旅游的心理制约因素[6]。尽管受制约的旅行者并不认为旅行对他们的生活质量很重要，但他们认为旅行活动会减轻他们的厌烦情绪。

（二）健康制约

健康是制约老年人旅游参与的重要因素[7]。自我评估健康对老年人的旅游参与有重要影响，老年人表示担心访问长途或欠发达的目的地会存在健康风险，如飞行持续时间长、湿度大等会影响健康[8]。Fleischer 和 Pizam（2002）的研究表明，健康制约对年龄较大游客（65 岁以上）的影响变得更加突出，这会使得他们缩短假期的天数[9]。随着年龄的增长，度假或娱乐就会减少；老年人的身体状况制约了度假目的地和度假活动的选择[10]。同时，老年人更容易受到年龄、行动能力、健康状况和体力的影响[11]。

（三）外在资源制约

怕麻烦、担心没有时间和缺少金钱是老年人感知的外在资源制约[12]。Fleischer 和 Pizam（2002）发现时间和收入制约一直持续到 65 岁，而退休后，时间制约不再存在，收入处于顶峰；但从那时起，由于收入减少使得经济状况成为一个制约因素，从而影响休假天数[9]。此外，信息缺失等也是制约老年人出游的主要因素。杨蕾和杜鹏（2016）

的研究表明，老年旅游群体旅游信息使用过程中最常见的障碍主要包括图文阅读、信息甄选、操作难度、安全顾虑[13]。

（四）旅游产品和服务供给制约

在看到老年旅游发展前景广阔的同时，老年旅游市场还存在出游成本过高、旅游产品不具有针对性、缺乏旅游保障等问题[14]。一是多数旅游企业对老年旅游产品重视不够，市场上现有的老年旅游产品主题单一，没有特色，种类单调。二是针对老年旅游者的低价团盛行，一些商家提供超低价旅游产品揽客，在旅游过程中引诱老年旅游者进行高价的二次消费。三是旅游企业不诚信经营，有的旅游产品经营者在低价团的宣传过程中并没有如实告知老年旅游者产品的实际信息，打着旅游的旗号带老年旅游者去购物；更有甚者还会为老年旅游者上课洗脑，将参团的老年人发展成为自己产品的下线。此外，目的地舒适度、行程节奏舒缓度、目的地游览观光类型、饮食安全也是制约老年人出游的重要因素[15]。

三、从需求侧培育老年旅游市场主体

（一）保持并增强自身的身心健康

一方面，一些老年人认为自己年龄大了，身体健康状况不好或者是行动不便，因此不愿意参加旅游活动；另一方面，一些老年人存在心理上的制约，担心在旅游中的人身安全，害怕外出旅游。由于拥有健康的身体与心理状况是老年人参与旅游活动的必要条件，因此，老年人要保持好的身心条件。一是老年人应当正确认知个体身体功能的衰老，以乐观的态度面对老龄化过程中的人体机能老化。二是积极转变退休后的角色变化，积极参与到各种社会活动中，如参加老年大学、舞蹈团等，在参与活动过程中增加自己的人际交往，增进彼此的感情，丰富自己的精神生活，保持健康的身心状态。三是加强人际交往，保持与亲朋好友之间的良好人际关系，创建新的旅游人际关系网，从而减少人际制约。四是积极锻炼身体，参加各种体育锻炼活动，增强个体身体素质。

（二）培养自己参与旅游活动技能

老年人也需要不断地学习，培养自己的旅游活动技能，以便能更好地参与到旅游活动中。如在移动网络社会，老年人需要学习上网搜索信息的技能，通过网络来搜索旅游信息、预订旅游产品和旅游交通车票等。通过各种途径积极学习新技能，做好出游前的各方面准备，以更好的心态和技能面对旅游中出现的各种问题、不好体验或现象。

（三）做好时间与财务管理

虽然老年人在退休后有更多的可支配自由时间，可以运用这些时间去从事各种自己喜欢的活动。调研发现，时间还是制约老年人不能出游的一个重要因素，如承担家庭与社会责任（照顾孙子、老伴或老人）、参与其他活动、工作等。这就使得老年人没有足够的时间去参与旅游活动。因此，老年人需要合理安排自己的日常活动，以减少时间对旅游参与的制约，以及选择一个适合自己时间的旅游产品。此外，调研还发现多数老年人是以退休金作为旅游花费的主要来源。由于老年人在退休后的收入减少，也需要老年人个体做好旅游花费的预算，如选择符合自身预算的旅游产品、存储钱以便外出旅游等。

四、从供给侧提供老年友好型产品和服务

（一）提供老年友好型旅游产品和服务

老年友好型旅游服务体系主要包括餐饮产品和服务、旅游游览服务传递、旅游住宿产品和服务、旅游产品服务等[16]。就餐饮服务而言，要提供以健康为导向的餐饮服务，如老年人的身体机能退化，要提供清淡可口易于消化的食物。在住宿服务方面，要通过创建老年友好型酒店，为他们提供符合其身心需求的友好产品与服务，如提供友好的无障碍服务设施，卧室和公共空间光线明亮等。在游览服务体系方面，游览线路的时间安排要宽松，游览设施要便利。在旅游产品设计方面，不仅要针对不同老年群体设计不同的旅游产品，还要充分考虑不同年龄、月收入水平、受教育程度、健康状况、职业等对老年人旅游制约产生的影响，在此基础上设计相应的旅游产品。如针对人际制约，旅行社可以设计家庭游产品、主题旅游产品等来满足不同老年旅游者的需求。通过开发有特色的旅游产品，形成完整的老年旅游产品体系。此外，在旅游产品开发过程中，旅游企业之间应该协同合作、共享信息，建立创新的合作机制，共同开发老年旅游产品[17]。

（二）提供专业的旅游服务保障

专业化的旅游服务保障主要包括旅游宣传营销、旅游保险服务、旅游安全服务等。在旅游宣传营销方面，要考虑到老年人的信息接收习惯和信息接收能力，采用符合其需求的信息传播手段。携程专门开展了线下传播、社区营销等，就适合很多老年人喜欢面对面咨询的消费习惯。在旅游保险服务方面，开发符合老年人身心和旅游需求的商业服务保险已经成为行业急需解决的问题。携程与保险公司合作，为老年旅游者设计了高保障的旅游保险，承保年龄可达到 90 周岁。在旅游安全方面，旅游企业在组团旅游中，可以配备相应的医务人员随同服务，或者派遣具有医疗救护知识的导游为老年人服务，减少老年人对旅游安全的担心，降低其旅游风险，增强老年人外出旅游的信心。

（三）设计贴心的服务传递流程

贴心的便捷服务是指旅游企业要对员工进行老年知识培训、设计友好和便捷的服务传递流程。在员工培训方面，以旅游企业为代表的服务企业要给从事老年旅游产品设计和服务传递的员工提供老年行为学、心理学、消费心理等相关老年知识和服务态度的培训，让员工充分了解老年人的身心特征，以设计符合其身心需要的创新性旅游产品和友好服务，最终为其创造满意的旅游体验。在服务流程方面，旅游企业要以老年人为中心，结合其身心特征，优化服务传递流程，提高服务传递效果，为其提供老年友好型旅游服务体系。尤其是导游服务人员要为老年人提供公平、态度友好、专业化的服务，避免强迫购物、旅游行程安排过于密集等产生的不好旅游体验。只有为老年旅游者提供高质量

的产品和服务，才能让老年旅游者有更好的旅游体验，有更高的旅游满意度。

（四）实现诚信经营

目前，旅行社的老年旅游产品存在虚假宣传、夸大宣传，旅游产品和实际不相符等问题；有些旅游景区存在乱收费、门票贵等问题。这些都在一定程度上对老年群体参与旅游活动产生制约。因此，旅游企业应诚信经营，从品牌信用方面去营造良好的老年旅游市场诚信环境，不欺诈老年游客，在游览的过程能够关心老年旅游者的利益，尤其要提醒老年人注意各种安全事宜，提高旅游企业的诚信品牌形象；在信息宣传方面，要真实宣传旅游产品和信息，遵守相关的法律法规，清楚地告知老年人旅游产品中所包含的旅游活动内容和服务、需要自费的项目；在员工诚信方面，旅游企业员工要具有相应的老年知识，提供服务时要耐心，为老年旅游者提供态度良好、服务专业和高品质的老年友好型服务，尤其是导游在带团期间要公平对待每位游客，安排好团餐和乘车座位，在讲解过程中要耐心、速度放慢让老年人有更好的旅游体验[17]。研究者调研发现，老年人更多的是通过其他人的口碑介绍来选择旅游产品和旅行社。因此，旅游企业诚信经营，能在老年群体中形成良好的口碑，树立旅游企业长久的品牌形象。

五、从政府侧完善老年旅游发展的政策保障体系

（一）提供规范化的老年旅游服务支持体系

老年旅游服务支持体系主要是指政府部门要鼓励和引导老年旅游市场的发展，制定促进老年旅游产业发展的各种政策、法规等，为向老年人提供旅游产品和服务的企业营造良好的外部经营环境和服务支持系统。此外，政府还可以制定相关产业政策和行业标准引导社会各方积极参与到老年旅游服务和产品供给的创新、生产中来。如可以采用税收优惠政策鼓励旅游企业发展老年旅游产业。目前，北京已经出台了促进老年旅游发展的奖励政策，在2019年4月印发了《北京市老年人文化旅游奖励资金管理办法（试行）》，旨在充分发挥政府资金的导向和激励作用，促进老年人文化旅游市场的繁荣与发展。办法规定将对积极落实老年人文化旅游的相关国家标准、规范提供老年人旅游产品和服务的旅游企业给予奖金，即按照组织人次的多少给予不同档次的奖励：组织接待人次排名1~5名，每个企业奖励15万元；6~10名，每个企业奖励10万元；11~15名，每个企业奖励5万元。因此，政府通过营造良好的老年旅游市场环境和氛围有助于旅游企业加大对老年旅游市场的开发，在一定程度上可以解决老年人旅游面临的旅游供给制约问题。

（二）创建老年友好型旅游目的地服务体系

目前在老龄化社会中，旅游目的地并没有重视老年旅游群体，在旅游产品设计、游览设施提供、服务传递等方面尚未充分考虑到老年人的身心特征和旅游需求。因此，政府应该创建老年友好型旅游目的地服务体系，解决老年人在旅游目的地的交通、旅游公共设施、旅游信息获取不方便等问题，同时营造良好的人文环境与自然环境，吸引老年人的到来。如在救援服务体系方面，旅游目的地要建立老年旅游者出行过程中的意外事

故救助体系，尤其是专门针对老年人的医疗保健服务、紧急救助服务。此外，在国家大力倡导要通过发展优质旅游为游客提供高质量旅游产品和服务的背景下，创建老年友好型旅游目的地[16]，不仅可以减少或弱化目的地属性制约对老年人参与旅游活动的负面影响，还能推动旅游目的地的供给侧改革，在各个方面为老年人提供友好型的产品和服务。这对深度开发老年旅游市场，释放老年人的旅游消费需求，进而促进目的地旅游经济的可持续增长具有重要作用。

（三）建立完善的社会福利保障制度增强老年人的幸福感

老年旅游的发展是建立在宏观社会经济环境基础之上的，而国家的社会养老保障机制、养老政策、老年人群的生活消费水平是该产业发展的重要前提。因此，需要健全社会养老保障机制，以促进老年旅游发展[18]。具体来说，一是政府建立完善的社会福利保障制度能在一定程度上解决老年人出游面临的经济制约。二是借鉴西方的社会旅游制度，帮助低收入老年群体，让他们也能够参与到旅游活动中，享受旅游带来的身心愉悦，增加对生活的满意度和幸福感。三是政府在旅游景区门票、公共交通费用等方面对老年旅游者实行优惠政策，从而克服老年人旅游的支持性制约。而且建立完善的社会保障制度也是实现老年人“老有所养、老有所乐”的前提。从而真正发挥旅游业作为幸福产业的真正作用，让老年人通过旅游祛病延年、增添乐趣，获得更多幸福感[19]。

六、总结

在新的发展格局下，推动老年旅游高质量发展，不仅可以充实老年人的精神生活，提升老年人的生活品质和生活幸福感，还能发挥“银发经济”对旅游经济增长的正面影响，从而促进整个国民经济的良好发展。在老龄化社会中，老龄产业正在成为新的经济形态和增长极，发展“银发经济”也是老龄社会转变经济发展方式和实现经济结构调整的重要主攻方向。老年旅游业是老龄产业的重要板块，不仅能促进旅游经济的可持续增长，也在一定程度上能减弱旅游淡季对相关行业和市场的不利影响，平衡旅游经济的淡旺季收入差异。在双循环发展格局背景下，通过多途径推动老年旅游高质量发展，对推动旅游供给侧改革，释放我国老年人的旅游消费需求，深度开发老年旅游市场，进而促进我国旅游经济的发展具有重要作用。

参考文献

[1] 孙敬之. 80年代中国人口变动分析［M］.北京：中国财政经济出版社，1996：29.

[2] 唐代剑. 国内旅游市场呈显“四化”特征［J］.旅游学刊，2008，23（5）：6–7.

[3] Sedgley D，Pritchard A，Morgan N. Tourism and ageing：A transformative research agenda［J］. *Annals of Tourism Research*，2011，38（2）：422–436.

[4] Gao J，Kerstetter D L. Using an intersectionality perspective to uncover older Chinese female's perceived travel constraints and negotiation strategies［J］. *Tourism Management*，2016，（57）：

128–138.

[5] 刘力. 老年人旅游动机与制约因素 [J]. 社会科学家，2016（3）：91–95.

[6] Lee S H，Tideswell C. Understanding attitudes towards leisure travel and the constraints faced by Senior Koreans [J]. *Journal of Vacation Marketing*，2005，11（3）：249–263.

[7] Balderas–Cejudo A，Rivera–Hernaez O，Patterson I. The strategic impact of country of origin on senior tourism demand：The need to balance global and local strategies [J]. *Journal of Population Ageing*，2016，（9）：345–373.

[8] Hunterjones P，Blackburn A，Chesworth N E. Understanding the relationship between holiday taking and self–assessed health：An exploratory study of senior tourism [J]. *International Journal of Consumer Studies*，2007，31（5）：509–516.

[9] Fleischer A，Pizam A. Tourism constraints among Israeli seniors [J]. *Annals of Tourism Research*，2002，29（1）：106–123.

[10] Romsa G，Blenman M. Vacation patterns of the elderly Germans [J]. *Annals of Tourism Research*，1989，（16）：178–188.

[11] Kattiyapornpong U，Miller K E. Socio–demographic constraints to travel behavior [J]. *International Journal of Culture, Tourism and Hospitality Research*，2009，3（1）：81–94.

[12] Alén E，Losada N，Carlos P. D. Understanding tourist behaviour of senior citizens：Lifecycle theory，continuity theory and a generational approach [J]. *Ageing & Society*，2016，1（7）：1–24.

[13] 杨蕾，杜鹏. 智慧旅游背景下的老年群体出游影响路径与帮扶策略研究 [J]. 山东社会科学，2016（6）：170–176.

[14] 季战战，武邦涛. 聚焦老年旅游需求的供给侧创新问题研究——以上海地区为例 [J]. 上海管理科学，2018，40（3）：62–66.

[15] 伍百军. 基于AHP的银发族旅游目的地选择影响因素实证研究 [J]. 云南地理环境研究，2015，27（1）：10–15.

[16] 姚延波，侯平平. 老年友好型旅游目的地服务体系研究 [J]. 北华大学学报（社会科学版），2019，20（3）：104–109.

[17] 姚延波，侯平平. 游客视角的旅游企业诚信评价体系研究 [J]. 旅游学刊，2017，32（12）：80–88.

[18] 刘佳，韩欢乐. 我国老年旅游开发与产业结构调整路径 [J]. 广西大学学报（哲学社会科学版），2015，37（2）：45–50.

[19] 梁学成. 旅游产业增进社会福祉的逻辑诠释 [J]. 旅游学刊，2019，34（7）：3–4.

《中国旅游评论》征稿启事

《中国旅游评论》是中国旅游研究院主办的按季度连续出版物，由戴斌院长担任主编。注重理论和实践相结合，倡导根植实践的经验总结、问题探索和理论提炼，欢迎有思想、有温度、有品质的文章，在遵循学术规范的前提下无须八股。

1. 常设栏目

旅游大讲堂、旅游人茶座、旅游市场、旅游产业、旅游规划、旅游治理、国际旅游、旅游基础理论等。另根据需要设主题栏目。

2. 收录情况

《中国旅游评论》是中国人民大学书报资料中心重要转载来源，入选 CNKI 中国学术期刊网络出版总库。

3. 稿件审阅

所有来稿须经过论文相似度检测。编辑部对稿件实行双向匿名审稿制度，3 个月内完成审稿。拟录用文章将通过电子邮件回复作者。请勿一稿多投。

4. 著作权授权声明

凡经《中国旅游评论》刊录的论文，其数字化复制权、发行权、汇编权及信息网络传播权将转让予《中国旅游评论》编辑部。

5. 文责自负

本刊所发表的文章不代表编辑部观点，若发表的论文引起著作权纠纷，由作者自行负责，本刊不负任何连带责任。

6. 刊物邮寄

稿件刊出后，编辑部将于当月月底或次月月初以快递形式向作者邮寄样刊两本。

7. 版面费和稿费

本刊不收取版面费，也不向作者发放稿费。

8. 格式规范

（1）文章篇幅一般为 6000~12000 字（重要论文篇幅可放宽），“旅游人茶座”栏目文章篇幅为 2500~4000 字。

（2）稿件内容包括：文章标题、作者署名、单位信息（单位、省份城市邮编）、中文摘要（300 字左右）、关键词（3~5 个）、正文、参考文献、作者简介。“旅游人茶座”栏目文章可省略中文摘要和关键词。

（3）作者简介包括姓名、性别、籍贯、工作单位、职称、学位、研究方向、通信地址、邮政编码、联系电话、电子邮箱。

多个作者之间用分号隔开，同一作者的介绍之中不出现句号。如有通讯作者，请标明。

（4）文内标题按一、（一）、1、（1）分级编写序号。表、图应随文插入，且在文中注明如表 1（图 1）所示。表题居中位于表的上方，图题居中位于图的下方。如果图表中引用了其他文献的数据资料，应注明详细的资料来源。

（5）注释、引文和参考文献，应提供齐全的著录项：

著作类：作者（译者）姓名、书名、出版地、出版社名称、出版年份、页码（直接引文时标明）。

论文类：作者姓名、文章名、所载报刊名称、年份、期号、页码。

注释采用脚注方式，每页重新编号。脚注中如涉及公开发表的文献（包括电子文献）应作为参考文献在文后出现，不宜采取脚注方式。

参考文献格式参照中华人民共和国国家标准 GB/T 7714—2015《信息与文献文后参考文献著录规则》进行修改。参考文献标注方式允许采用角标方式或夹注方式，两种标注方法任选其一，不要混用。推荐使用角标方式。

——角标方式

正文引文处用上角标标注，按在文中出现顺序排列。

★角标一般应放在标点符号之前，如［1］；多个文献可以用简单标注，如：［15-18］。

★多次引用同一文献时采用原标注。如：戴斌指出：……［1］。……戴斌指出：……［1］。

★如果多次引用同一文献而引用页码不一致，角标采用同一个标注，在文末参考文献中按出现顺序列出页码，两次引用的页码之间用分号隔开。

★参考文献按照方括号［1］/［2］/［3］……在文末排列，按照出现顺序排序。

——夹注方式

正文引文处用括弧夹注，文尾参考文献按字母顺序排列。

★如果引用同一作者同一年份多个参考文献，用 a、b、c 等标注。

★正文夹注中涉及多个作者用逗号隔开。

★参考文献按照方括号［1］/［2］/［3］……在文末排列，按照文献作者姓氏拼音排序。

（6）文章（包括正文、图、表、注释）中出现的英文（包括名词、作者姓名、其他）请翻译成中文，采用中英文对照形式，英文放在括号当中。如果只是在括弧中出现，可以不翻译成中文。

在文后参考文献中，英文姓名的缩写不用加点，在正文、图、表、注释中出现的英文姓名的缩写要加点。

英文的期刊名、著作名用斜体。文章篇名不用斜体。

英文文献篇名统一为第一个字母大写，著作名和期刊的首字母也需大写。

9. 投稿方式

投稿邮箱：zglypl@126.com；联系电话：010-85166167；传真：010-85166055。

责任编辑： 刘志龙
责任印制： 闫立中
封面设计： 中文天地

图书在版编目（CIP）数据

中国旅游评论. 2021. 第三辑 / 中国旅游研究院主编. -- 北京 : 中国旅游出版社, 2021.9
ISBN 978-7-5032-6822-9

Ⅰ. ①中… Ⅱ. ①中… Ⅲ. ①旅游业发展－中国－文集 Ⅳ. ①F592.3-53

中国版本图书馆CIP数据核字(2021)第202687号

书　　名： 中国旅游评论：2021 第三辑

作　　者： 中国旅游研究院主编
出版发行： 中国旅游出版社
（北京静安东里 6 号　邮编：100028）
http：//www.cttp.net.cn　E-mail：cttp@mct.gov.cn
营销中心电话：010-57377108，010-57377109
读者服务部电话：010-57377151
排　　版： 北京旅教文化传播有限公司
经　　销： 全国各地新华书店
印　　刷： 北京盛华达印刷科技有限公司
版　　次： 2021 年 9 月第 1 版　2021 年 9 月第 1 次印刷
开　　本： 787 毫米 ×1092 毫米　1/16
印　　张： 11
字　　数： 227 千
定　　价： 45.00 元
I S B N　978-7-5032-6822-9
